信任经济

快手是什么 III

快手研究院 著

中信出版集团 | 北京

图书在版编目（CIP）数据

信任经济 / 快手研究院著. -- 北京：中信出版社，2022.3

ISBN 978-7-5217-4039-4

Ⅰ．①信… Ⅱ．①快… Ⅲ．①网络营销 Ⅳ．① F713.365.2

中国版本图书馆 CIP 数据核字（2022）第 035782 号

信任经济
著者：　　快手研究院
出版发行：中信出版集团股份有限公司
　　　　　（北京市朝阳区惠新东街甲 4 号富盛大厦 2 座　邮编　100029）
承印者：　北京尚唐印刷包装有限公司

开本：787mm×1092mm 1/16　　　印张：24.75　　　字数：305 千字
版次：2022 年 3 月第 1 版　　　　印次：2022 年 3 月第 1 次印刷
书号：ISBN 978-7-5217-4039-4
定价：73.00 元

版权所有·侵权必究
如有印刷、装订问题，本公司负责调换。
服务热线：400-600-8099
投稿邮箱：author@citicpub.com

数字化方式正有效打破时空阻隔,提高有限资源的普惠化水平,极大地方便群众生活,满足多样化个性化需要。

《"十四五"数字经济发展规划》

(国务院2021年12月12日印发)

宿 华
快手科技创始人、董事长

随着互联网行业大发展，目前我国网民规模超过 10 亿，形成了全球最庞大的数字社会、最繁荣的数字经济和数字生态。

短视频直播平台正在与实体经济、各行各业深度融合，催生出新业态、新模式，促进了传统行业转型升级，迸发出了更大的经济潜能与社会价值。

面向未来，快手将不断丰富优质网络文化产品供给，倡导诚实守信的价值理念，让亿万用户共享数字生活，助力网络文明与物质文明的共同繁荣。

程一笑
快手科技创始人、CEO

我去长春访问一位叫王贝乐的房产主播,中间和他还有他的粉丝一起吃饭。王贝乐说,之前做中介都不敢和客户吃饭,骗了人家,喝了酒,酒后吐真言怎么办?说不定会打起来。而现在是信任的状态,主播可以和购房者一起吃饭,购房者也知道这是帮他解决问题的人。

我还拜访了一位做教育的主播峰哥。我问看他直播的小女孩和她妈妈:看了峰哥,学到什么了?小女孩哭了,说变得更好的地方,是妈妈不打她了。妈妈说,听完课之后,她的内心和家庭都有巨大改变,她和女儿的关系更像母女了,之前可能是敌对两方。峰哥教的知识,告诉孩子为什么要学习,告诉家长如何保护好孩子的学习积极性,这是更重要的知识。

我觉得这两个案例特别好:第一,我们能解决一些用户生活中最痛的事,同时这里面有巨大的商业价值;第二,它会让我找到内心的力量,我会觉得自己做的事情是有价值的。

如果要找个词描述我们,"做用户的老铁"这几个字还是挺好的。我们要走近用户,看看他们生活中有什么核心痛点,看我们是不是解决了这样的痛点,让用户特别开心。社会上还有很多事做得不那么高效、不那么好,我越来越相信用户这样的需求足够多、足够大。

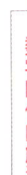

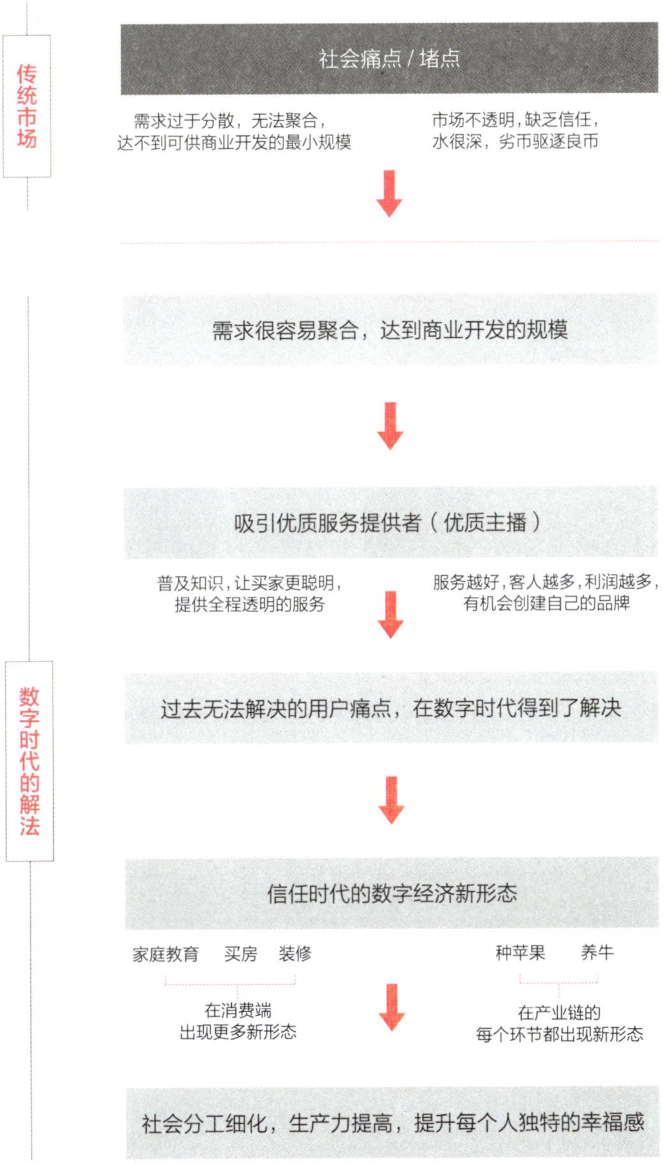

传统市场

社会痛点 / 堵点

需求过于分散，无法聚合，达不到可供商业开发的最小规模

市场不透明，缺乏信任，水很深，劣币驱逐良币

需求很容易聚合，达到商业开发的规模

吸引优质服务提供者（优质主播）

普及知识，让买家更聪明，提供全程透明的服务

服务越好，客人越多，利润越多，有机会创建自己的品牌

数字时代的解法

过去无法解决的用户痛点，在数字时代得到了解决

信任时代的数字经济新形态

家庭教育　买房　装修　　　种苹果　养牛

在消费端
出现更多新形态

在产业链的
每个环节都出现新形态

社会分工细化，生产力提高，提升每个人独特的幸福感

	需求	痛点		优化	公司
数字经济现有形态	购机票 购物 去餐馆	不方便 信息不对称 中间商赚差价 服务差	→ 互联网 汇聚需求 →	方便 随时随地下单 价格透明 服务好 全程透明服务	携程 淘宝 美团

数字经济新形态	更多的需求可以被聚集、被商业开发，形成全新的业态
	让原来的行业变得更透明，升级成新业态

信任经济 | 目录

导言
信任经济是什么 \ 001

**第一部分
数字经济新形态：知识经济**

第一章　知识普及：数字时代的扫盲班 \ 015
瑞芬老师：我在快手教 28 万成年人识字 \ 017
杨朝阳律师：让老百姓更容易获得法律服务 \ 031
阿泽：我在快手教几万人学办公软件 \ 042
铆焊小马：让铆焊工人学会真正有用的技术 \ 053

第二章　家庭教育：首先得把家长教育好 \ 061
峰哥：让 10 万个家长学会跟孩子沟通 \ 065

第二部分
数字经济新形态：信任革命

第三章　医疗健康：重建医患信任 \ 093
尚医生：把胃肠镜检查和手术搬上直播间 \ 095
恩哥：让女性不再对妇科疾病羞于启齿 \ 103
神经内科宋璞医生：直播提高了患者的依从性 \ 116

第四章　汽车销售：从"水很深"到"全程透明" \ 123
二哥说车：一场团购卖出 288 辆车 \ 126
4S 店里的主播：直播卖车会是未来的趋势 \ 138
严东：梦想成为汽车用品行业的带货王 \ 145

第五章　二手车：颠覆二手车行业的"柠檬市场效应" \ 157
北京强哥：帮粉丝买到靠谱的二手车 \ 161
北京车王：在快手一年卖近 3 000 辆二手车 \ 176
小振哥：连欧洲和非洲都有人买我的二手摩托车 \ 186

第六章　房产中介：可以信任的新型房产中介 \ 197
王贝乐：在快手上一年卖掉 1 000 套房 \ 199
小明说房：做让粉丝信任的房产经纪人 \ 209

第七章　装修家居：装修行业的信任革命 \ 217

法宇：做"极致信任"的装修行业 \ 220
阿振：从刮大白小工到装修公司老板 \ 236
一起装修网：直播改变装修行业乱象 \ 240
祝哥：一年卖两个亿的装修材料 \ 248
好莱客：直播已经是一件必做的事 \ 261
林氏木业：为用户创造更有温度的家具购买体验 \ 270

第三部分
数字经济新形态：农业与共同富裕

第八章　粮食生产：全国种粮农民的新社区 \ 279

金博士：快手开启种子市场革命 \ 283
菌崔莱：把好化肥送到农民手里 \ 293
小周说农资：把农药价格打下来 \ 303
贾胖子：让卖粮农民不再轻易受骗 \ 310

第九章　苹果种植：300 万苹果种植户的数字家园 \ 319

江苏小苹果：教种植、卖农资，带果农种出好苹果 \ 322
上海沈老大：讲行情、找销路，帮果农卖出好价钱 \ 333

第十章　肉牛养殖：400 万养牛农民的信息集散地 \ **343**

满族格格明哥：快手降低了农民养牛的门槛 \ 348

牛.生活：在快手上为农民普及养牛技术 \ 356

东莞横沥牛行刘代军：在快手找到靠谱的牛源 \ 362

第十一章　农机维修：全国养农机农民的新社区 \ **369**

小董：内蒙古、广西的客户都来找我修拖拉机 \ 373

刘二胖：放到网上后，行业价格信息透明了 \ 379

信任经济

导言

信任经济是什么

> "我们有超过 11 亿的在线消费者，可以开发出附加值更高，消费者获得感更好，对整个民族、人类的发展有益的数字消费新形态。"
>
> ——清华大学公共管理学院院长江小涓

《信任经济》是快手研究院出的第三本书。本书的使命和前两本书（《被看见的力量》和《直播时代》）是一样的，都是描绘还在快速成长的视频＋人工智能时代，世界会发生什么样的变化。

本书的侧重点放在：有哪些过去长期得不到解决的痛点和难点，在视频时代可以得到解决。

这样的比较，也给了我们一个难得的机会，去观察视频时代与图文时代的不同。

2021 年夏，快手内部启动了一个叫"初心之旅"的项目，重回我们的初心：快手的存在，可以为这个世界带来什么不同。这个项目发现了不少有意思的案例。在此基础上，我们在全国各地进行了深入的调研，又有了很多令人兴奋的发现。本书的 33 个案例就是成果。

本文作者为快手科技副总裁、快手研究院负责人何华峰。

信息经济学告诉我们，信息的获取、存储和传播都是有成本的，因此，市场是不完美的。视频时代是数字化市场构建的重要阶段，信息成本急剧下降，让很多原来不可能的事情成为可能。

具体而言，一是降低了搜寻的成本，二是解决了信息不对称的问题。本书的案例，都可以用这两点来解释。

一

搜寻成本的下降，强化了"需求聚集，分工深化"效应，很多原来不可能的交易可以实现了。这就创造了很多数字经济新形态。

买卖双方要完成一个交易，需要设法找到对方。如果找不到对方，就没法交易。

传统的商业，如果买卖双方是面对面，或在附近，当然就可以交易。如果是远距离的，就会通过设立代理人的方式，设法触达买方。这里提到的代理人可以不止一个。传统的商业模式是卖家→一级批发→二级批发→零售→买家，中间有很多个环节。

所以，中间环节的存在，让交易可以在远距离发生，扩大了市场的范围。中间环节承担着传输信息和商品服务的功能。

但是，中间环节的存在，也有缺点：

1. 每一个中间环节都是有运行成本的，在潜在买家不够集中的地方，无法设立网点，设立了也会因为亏损被关掉。在农村和县城，很多商品和服务是没有的。所以，有很多用户实际上被排斥在交易之外。

  2. 每一个中间环节都是一个利益主体，有自己的利益。把中间环节的费用都加上，对于终端的买家来说，意味着付出的价格会比出厂成本高许多。另外，中间环节占有一定的信息优势，他们很可能会利用信息优势（信息不对称）谋取自己的利益。对于买家来说，这就意味着会被坑。

  3. 消费者个性化的需求表达不出来，即使表达出来，因为中间环节多，也是无法被听见的。即使被卖家听见了，因为供给方很难估计需求的多少，所以也是无法被处理的，或者卖家处理了，生产出商品和服务，也不见得被中间环节接受。

  以上这些问题，都是传统市场固有的问题。如果用"信息—市场"这样的逻辑解释，是在特定的信息条件下，市场必定会呈现这个样子。

  在视频时代，人人都有了手机，上网的门槛几乎没有。信息条件发生了变化，整个市场的信息水平有了质的提升，市场就会整体发生变化。

  这表现在，搜寻成本极大地下降，中间环节不需要了，并创造了数字经济新形态。

  首先，互联网上没有远近之分。视频基本是全民覆盖（这是图文做不到的），意味着每一个人都可以被直接触达，不会再出现因为没有网点而无法服务的情况，市场的边界大大扩大了。因为视频，全国的市场第一次真正意义上连成了一体。

  比如，在瑞芬识字的案例中，全国的3 700万文盲，无论在中国的哪一个角落，都有手机，都可以得到服务。（事实上，市场边界扩到了全球，比如二手摩托车的案例，非洲的用户都可以来买。不过，这一点暂时不做重点讨论。）

其次，快手有推荐机制，进一步降低了搜寻成本。有相同痛点的买家和可以提供相关服务的卖家，因为推荐机制会被匹配在一起。

比如，在亲子关系上有困惑的用户，平台可能会把家庭教育方面的视频和直播推荐给他。如果用户正好需要，就可以关注主播，还可以关注同类的主播进行比较。

最后，视频让知识服务可以远距离、低成本地提供。

在直播和短视频出现后，远距离提供知识服务的门槛大大降低，只要有一部可以上网的手机，就可以当主播提供服务了。

总结一下，因为搜寻成本基本为零，知识服务远距离提供的成本也基本为零，很多服务的交易就成为可能。这在原来是不可能的。过去，必须要有中间机构，生产者才能提供服务，而现在他们可以直接服务用户，可以赚钱了，创造了数字经济新形态。瑞芬教文盲识字，峰哥教家长育儿，都是典型的案例。

在图文时代，传统电商平台也具有把人集聚的功能。消费者可以通过搜索表达自己的需求，找到自己需要的商品。通过关键词，商家可以找到有这部分需求的用户。

与之相比，视频平台的不同点是：

1.视频时代的用户数比图文时代多很多，会产生新的市场。在图文时代，很多人是不上网的，在视频时代上网了，所以市场更大。

2.搜索与推荐是不同的。

传统电商以搜索为主，搜索需要客户知道自己的需求。视频是以内容为主，很多时候用户有了需求但没有意识到，通过推荐机制会有很多突然的发现。这是推荐机制优于搜索的地方。《思考，快与慢》一书说，人的意识占5%，潜意识占95%。5%对应的是搜索，而95%对应的是推荐。

3. 视频推荐企业一样可以做搜索。

4. 在视频时代，买卖双方的信息交互速度大大加快了。买家的个性化需求，卖家可以直接看到。卖家的产品发出来，买家在使用后的体验，卖家也很容易看到，并据此迭代自己的产品。这些无疑加快了创新的速度。

所以，图文时代也会发生亚当·斯密讲的"需求聚集，分工深化"，也会产生数字经济新形态。但视频时代的分工可以做得更细，可以在图文时代的基础上，产生更多的数字经济新形态。

其实，城市同样有"需求聚集，分工深化"的功能。与农村相比，城市的需求更集中，分工更细，因此，我们在城市可以更便宜地享受更多、更好的商品和服务。

不过，今天的视频和推荐机制，让需求聚集的规模大过了城市，让更多的分工成为可能，这是数字经济新形态的来源。

总之，在视频时代，搜寻成本大规模下降之后，"需求聚集，分工深化"现象就会大量出现，带来两个大规模的现象。

一是原来进行的交易，卖家会突然找到很多新客户，市场的范围扩大了。比如，原来在山东临沂，一个商家只能服务周围几百公里的客户，现在，临沂的主播可以服务全国的客户。二是出现了很多以前没有的、更加个性化的行业。这些构成了数字经济新形态。

二

在交易过程中，信息的增加，让信息不对称问题得到解决，让原来"水很浑"的行业变得透明和信任。而且，需要强调的是，交易的整个过程都变得透明。

在交易中，如果买卖双方的信息不对称，一方有信息优势，会带来种种博弈，让信息不足的一方被坑。

在视频和推荐机制下，这个问题得到了比较好的解决。

在信息不对称中，弱势方会有痛点，这些痛点可以聚合，形成规模，会吸引生产者提供信息服务。而生产者传输信息的成本大大下降了，又让服务的提供成为可能。这就带来了信息的对称，很多痛点就没有了。

农民看市场行情，工人学技术，都是这种情况。还有装修市场、二手车市场、医疗市场，也出现了很多提供信息的主播。

在原来的市场，会出现一些提供信息的第三方机构，但它们维持运营的成本比较高。政府也会提供一些这方面的服务，同样有高昂的成本。

但是在快手，一个主播有一部手机，就可以开号，提供信息服务。很多主播本身就是业内人士，对行业非常懂，他们可以挑用户方便的时间，天天讲。这就让买卖双方的信息变得对称起来，改变了买卖双方的博弈局面。

具体而言，改变发生在三个方面：

1. 原来很多人因为不懂或害怕被坑，对参与博弈是有心理障碍的。比如，一个农民想买车，但可能不敢去4S店；一个人担心自己肠胃有问题，但可能不敢去做胃肠镜。有了主播对情况的介绍，他们了解情况了，就敢去了，而且不容易被坑。

2. 在交易中，服务提供者发出"自己是高质量的"的信号，成本大大降低了（在传统市场，这个成本是非常高的）。同时，因为服务市场是没有边界的，好口碑可以带来全国的客户，所以提供好服务的好处很多，对服务提供者具有吸引力。

3. 用户聚集在直播间，带来监督机制，让服务的全程是透明的。《斯蒂格利茨经济学文集》第一卷导言中说，"要连续观察每个人实际上干了什么是有成本的"，但在快手，直播间里有很多用户，可以相互看到别人的经历，一旦主播的服务有问题，就会有人当众指出来，而且随时可以用脚投票，所以服务提供者全程都受到了严格的监督。

全程透明，影响到了卖家，卖家服务越好越划算。这打破了"柠檬市场"的逻辑，卖家无法吃差价了，他们转而通过提供优质服务赚取合情合理的佣金。

从我们收集的案例可以看到，在这些"水很浑"的行业，出现了良币驱逐劣币的现象，优质的服务提供者在不断扩大市场份额，而原来的服务提供者赚钱越来越难。这些"水很浑"的行业，也变成了信任经济的体现。

三

我们可以总结出视频时代的市场特点：

1. 这是更大、更深、创造出更多消费形态的市场。

原来无法参与交易的消费者，也可以享受到商品和服务；原来无法被满足的个性化需求，也可以被集中起来，被开发成新的服务，这些都是数字经济新形态。

2. 这是全程透明、更有信任度的市场。

原来信息不对称的柠檬市场（次品市场），在新的条件下，会变得透明，创造了信任经济，好的服务才可以生存。所有数字经济新形态都是信任经济。

3. 这是按需生产的市场。

每一个行业都变成了按需生产，整个经济以需求为出发点进行重构。

4. 这是更创新的市场。

市场变得更快，消费端的需求可以更快地被供给端捕捉到，供给端的产品可以更快地得到消费端的反馈。

整体而言，这是信息的生产、存储和传播成本整体大规模下降之后，带来的更具有信任的经济形态，解决了原来的很多市场失灵问题。我们可以将此理解成一个全新的"技术—经济"范式，新范式有新特点。就像一条河会挡住人的去路，但对于会飞的鸟来说，这根本不是障碍。

四

　　总结下来，本文研究的是，同样在信息不完美的条件下，当信息水平有一个整体的量级的飞跃时，整个市场会出现什么样的变化。或者说，这是两个信息量不同的市场。

　　回顾人类的历史，这样的事情发生过多次。每一次交通和通信（两者的英文都是communication）的革命，都会带来全新的市场生态。比如，在大航海时代的技术出现后，伦敦取代威尼斯成为商业中心，在中国，上海取代扬州成为中心。

　　亚当·斯密在《国富论》中提出社会分工理论，可以归纳成8个字，"需求聚集，分工深化"。事实上，城市的兴起，就是因为交通和通信条件的变化，或者信息条件的变化，带来了更大规模的聚集，带来了全新的、更有效率的经济形态。

　　在中国，每一个城市的主政官员都很清楚，城市的发展一定是依赖于交通和通信条件的改善，要想富，先修路。今天，长三角和珠三角的发展，也是通过交通和通信条件的变化，带来更大的规模效应，带动市场交易条件的变化，带来发展。

　　在我们的第二本书《直播时代》中，我们着重以服装行业为例，研究视频时代带来的巨大变化。本书中，我们写的是，视频时代创造出了更大、更深、更透明的市场。

　　而这些背后的道理其实很简单，就是信息量的变化。在视频时代，整个世界会在更小的信息颗粒度上"需求聚集，分工深化"，创造出更让人信任的数字经济新形态。

五

最后，我简单介绍一下本书的结构。

第一部分叫知识经济，包括瑞芬识字、峰哥的家庭教育等案例。这些案例都和市场的搜寻成本降低有关，是全新的数字消费形态。

值得一提的是，本书所有的案例都和搜寻成本下降有关，都有知识普及的元素。我们把这些案例单独列出来，主要是因为以前没有这些行业，现在有了。

第二部分是信任革命，讲几个信息不对称非常严重的行业，在视频时代正在被改造成信任行业，包括医疗、新车销售、二手车、房产中介和装修家居。

尤其值得一提的是二手车行业。1970年，31岁的乔治·阿克尔洛夫发表《柠檬市场：产品质量的不确定性与市场机制》一文，文中举了一个二手车市场的案例。乔治·阿克尔洛夫指出，在二手车市场，卖家比买家拥有更多的信息，两者之间的信息是非对称的。买家肯定不会相信卖家的话，即使卖家说得天花乱坠。买家唯一的办法就是压低价格，以避免信息不对称带来的风险损失。买家过低的价格，也使得卖家不愿意提供高质量的产品，从而低质品充斥市场，高质品被逐出市场，最后导致二手车市场萎缩。

"柠檬"在美国俚语中是"残次品"或"不中用的东西"的意思。"柠檬市场"理论非常有名，是信息经济学的一块基石。2001年，乔治·阿克尔洛夫和其他两位经济学家一起获得了诺贝尔经济学奖。

我们的案例可以向50年前的论文致敬。可以看到，在视频时代，因为市场的信息量有极大的增加，所以这些信息严重不对称的行业会被重构。

第三部分讲农业。农业是信息不对称很严重的行业，因为农民很分散，所以也是搜寻成本很高的行业。

视频时代对农业各个方面问题的解决，是令人振奋的。

01

第一部分
数字经济新形态：知识经济

第一章 知识普及：数字时代的扫盲班
第二章 家庭教育：首先得把家长教育好

第一章
知识普及：数字时代的扫盲班

全国第七次人口普查数据显示，中国有3 700多万文盲（15岁以上不识字人口），其中女性占65%。他们在工作和生活中遇到很多不便，却也无可奈何，他们是被世界遗忘的角落。在数字时代，这些人的需求有机会被看见，被汇聚，吸引一些主播开发出针对他们的课程。他们的故事真正诠释了，什么是"用有温度的科技提升每个人独特的幸福感"。

本章篇目

瑞芬老师：我在快手教28万成年人识字	017
杨朝阳律师：让老百姓更容易获得法律服务	031
阿泽：我在快手教几万人学办公软件	042
铆焊小马：让铆焊工人学会真正有用的技术	053

文盲的痛点

1. 不识字，带来生活上的不便、心理上的自卑。

不会写自己的名字，不能签字，不能辅导孩子功课，不敢去给孩子开家长会。不敢单独出门，去商场、超市买东西都看不懂。上网不方便，只会用微信的语音功能，看不懂别人发来的信息，也不会用文字回复别人的信息。手机购物时不会和客服交流，不会退换货。干了活，不会算工钱，担心被骗。

因为不识字，常被周围人笑话和欺负，却又无可奈何，造成心理上的自卑。

2. 已经是成年人，不能进学校学习，也找不到合适的老师教。

继20世纪五六十年代在全国各地农村兴起的扫盲夜校后，中国就再也没有针对成年人的义务教育了。很多文盲年龄大，记忆力差，让家里识字的亲戚教，教几遍没学会，也就失去了耐心。

数字时代的解法

通过快手平台，全国的文盲集聚在一起。老师可以根据他们的特殊情况，有针对性地安排教学进度，做到让每个人都可以学得会。

比如，这些学员学拼音，要学4~5个月。在正式的学校里，不会有进度这么慢的课程。

另外，这些人在平台上遇到与自己相似情况的人，就可以相互参照，相互鼓励。

这些文盲一旦会识字，生活质量就会有质的提高。这个社会也因此变得更好了。

瑞芬老师：
我在快手教 28 万成年人识字

> **要点**
>
> - 全国有 3 700 多万文盲（15 岁以上不识字人口），其中女性占 65%，30 岁以上人口占 73%，主要分布在偏远农村。他们因教育资源不公、重男轻女等因素，在今天还"大字不识几个"。
> - 他们平日里要下地干活，农忙时甚至连续一个礼拜都没有时间听课，无法像小学生一样接受固定时间的长期学习；且他们分布分散，很难在线下组织像 20 世纪一样的扫盲夜校。
> - 短视频和直播平台的出现，让扫盲教育的门槛大大降低，这也改变了广大偏远地区农村妇女的命运。

本文作者为快手研究院研究员刘冉。

小档案

快手账号：瑞芬（识字）

快手ID：2285280903

粉丝数：35.3万

籍贯：河北张家口

垂类：泛知识

◎ 以下为李瑞芬的讲述。

我叫李瑞芬，老家在河北张家口沽源县，今年 35 岁，是两个孩子的妈妈，平时在家会辅导两个孩子识字、算术。

瑞芬在直播间教粉丝拼读、识字
（本书图片均来自快手研究院或受访者）

我在 2006 年上大学，大学毕业后一年就结了婚。婚后，我和老公在北京工作过四五年，其间，我做过辅导班的招生老师，也在幼儿园里代过课。因为我爸生病，我回到老家照顾他。现在，我的儿子 7 岁，念小学二年级；女儿 3 岁，上幼儿园。回了老家我也一直在工作，直到老二出生前，我一直在我们当地的移动营业厅上班。我是这样告诉学员的：女人不能靠别人，要学知识养活自己。

女儿 6 个月大的时候，我开始玩快手。一开始是朋友介绍，说在快手上买东西便宜，慢慢地我也开始发短视频。每天孩子睡着后，我就开始研究怎么拍视频、剪视频。当时我做了一个账号，专门教大家怎么做短视频。

在教老铁做短视频的时候，很多人怎么教也学不会。我发现，原来很多人还不识字，他们看不懂软件里的文字说明。

平时我也会关注快手上一些教幼儿识字的主播，方便我辅导孩子学习。我又发现，教孩子们识字的直播间里，有很多是成年人在学习和连麦提问。

我查找了相关材料，全国第七次人口普查数据显示，中国有 3 700 多万文盲（15 岁以上不识字人口）。在 20 世纪五六十年代，国家轰轰烈烈地办过扫盲夜校，然而全国实行九年义务教育以后，就再也没有人教成年人识字了。

这个时候，我就想，我要不要做个账号专门教成年人识字？

我每天教他们 8 个字

一开始，我不太自信。我讲话时前后鼻音分不太清，发音也不是特别清晰，对比电视里的播音员着实有差距。好在我老公特别支持我做快手，他说，"你的普通话基础虽然不是很好，但练一练就会有提升，至少可以帮很多人学习识字"。

2021年3月15日，我开始在快手做教识字的账号，最开始用的教材就是孩子的课本。不到半个月时间，粉丝涨到了一万多。

有了粉丝的关注，我也有了动力，想教得更好。我开始买书，练习发音，准备课件。每天雷打不动，我要直播两场，上午9点到12点，下午7点到晚上10点，中午下播后的时间用来拍短视频，晚上下播后开始备课，每天都要备课到凌晨一点多。

我每天坚持发短视频。每个短视频都是一个知识点，如果哪天不发，我会想粉丝们今天还没有学习呢，督促自己赶紧发。如果哪天不直播，也会有粉丝给我发私信，"瑞芬老师怎么还不直播？我们还要学习呢"。

我经常会跟我老公交流，讨论怎么教才能让粉丝更容易接受。我老公大专没有上完就出来工作了，但他记忆力比较好，有时候他会帮我整理课件和笔记，有几次都做到凌晨3点才休息。沽源县以农业为主，我老公和我哥哥一起开了一家农产品加工厂，如果我不做快手，就可以去帮我老公，但他从来没有半点埋怨。

粉丝反馈说，我讲得比较仔细，他们能听懂，拼音的声母、韵母，我能教3个月。很多粉丝家里也有亲戚是大学毕业，但他们教得都没有我仔细、有耐心。

我每天教他们8个字，很多学员跟我学了半年，掌握了1 000多个字。拼音我每天都在反复教，学四五个月，粉丝就都能拼出来了。

我的粉丝大多数是农村妇女

你一定会问：瑞芬的粉丝都是些什么人？为什么到今天还"大字不识几个"？

我的粉丝绝大多数是农村妇女，年龄集中在 35 岁至 65 岁，符合这两个条件的粉丝数量可占到我所有粉丝数量的 70%。她们绝大多数分布在甘肃、宁夏、新疆等西北地区，也有少数在东北、河南、贵州等地。她们小时候家庭条件不好，父母重男轻女，所以没能上学。

国家有九年义务教育的政策，现在农村的小朋友都有学上，都能识字。但义务教育还做不到教成年人识字，原因是成年人无法像小朋友一样在规定的时间内上课学习，成年人白天要在地里摘花椒、掰玉米，农忙时节甚至要忙到半夜。

所以我的直播课都开了回放功能。农民在农忙时节，可能连续一个礼拜都没有时间听课学习，错过了直播，还可以看回放，再赶上学习进度。农民们白天都在地里干活，留给自己的学习时间很短。我只能在直播间里反复去教，带大家在课堂上记住。

一开始没有直播回放功能，所以我在 2021 年上半年推出了知识付费课程，主要以拼音、拼读为主，后来又开了算术课。

我为什么要讲算术？这也是粉丝们强烈要求的。

他们给别人发红包、转账，98 元能发成 980 元，29.9 元能发成 2 990 元。很多学员平时也会在镇上打些零工，如果做一个零件可得 1.5 元，每天做 120 个零件，一共工作 5 天，那他应该拿多少工资？很多粉丝不知道怎么计算，雇主给多少钱就收多少钱，被骗了也不知道。

不识数、不会加减乘除，这困扰着他们的日常生活，所以我推出了算术课。我的算术课就是以"讲钱"为主，教大家认识"元、角、分"，教大家算工钱。

粉丝们天天看我直播，对我家的情况都很了解，看我一边带两个孩子，一边直播讲课，都很体谅我。他们也知道我婆婆现在还身患重病，看病也要花钱。本来知识付费课程对于一直听我直播的人来说，可买可不买，但大部分粉丝非常支持我。现在我的付费课程一门卖98元，已经卖了几千份。

我还有些学员是智力上有些缺陷的人，这些人真的挺可怜的。河北一个学员今年9岁，这个孩子内心渴望像其他小朋友一样去学习，但正常学校都不接收他；他父母的经济条件也不允许专门为他请一个私教。好在快手让他有机会跟着我学习识字写字。现在孩子已经会写"aoe"了，也是进步。

还有一个15岁的甘肃学员，也是智力有缺陷，但他很有意思，跟我连麦的时候说，"老师，我没有书，我想要学习，但我没有钱买"。我就免费给他寄了一套书。

我现在的粉丝中，不仅有中国人，还有外国人跟着我学习汉字。他们小时候在自己的国家也没上过学，来了中国以后，反倒跟着我学会了写中国字。

粉丝的进步是我的最大动力

一开始，我认为成年人学习识字，自控能力会很强，但其实，他们就是"大小孩"，我必须给学员们布置很细致的学习任务。有些粉丝甚至会问我："瑞芬老师，这个字我课后应该写几遍？"他们多一遍都不愿意写。

最初我也抓不到粉丝的心理，不知道他们想要学什么。我讲的内容并不都是粉丝想学的；而粉丝们想学的，也不是我一次性就能教会的。比如声母、韵母，我要反复讲五六次，粉丝才能学会。后来，粉丝们认准了我，教完拼音教识字，教完拼读教算术。还有人问我能不能教英语，我的英语不是很好，就不想讲了。我把识字教好、算术教好，就可以帮粉丝解决生活中很大一部分问题了。

最让我头疼的是教粉丝区别声调。很多粉丝一辈子都没有说过普通话，尤其是二声调、三声调从来没分清过，我教的时候，都要手、头并用。我还在直播间里连麦，给粉丝纠正发音，帮大家加深印象。

遇到这种情况，我一开始也没有想过要把大家都教会，就想着能教多少是多少。但是慢慢地，在直播间里我找到了一种存在感和使命感，当粉丝跟我说"谢谢"，我就会很有动力。

基本要一个月时间，才能教会一个 50 岁左右的农村妇女学会声母、韵母。对于成年人来说，学习识字的最大障碍就是记忆力跟不上。农村妇女每天事情很多，要下地干活，要伺候一家老小。

粉丝们跟着我学习，也面临着很大的压力。她们常被周围人嘲笑：四五十岁还在学习识字，是要考大学吗？我只是为了让她们少被骗，生活中更方便一些。学了 6 个月以后，她们的儿女会跟我反馈："妈妈现在会打字了。"

其实，人都想学习更多，都有一颗积极上进的心。当她会认字了，就想要会写字，想要学习成语、近义词、反义词等。我后期还要教他们听写和阅读课文。

  我对和我同年龄段的学员很有感触，她们不会写自己的名字，不会写孩子的名字。她们的想法是，自己不识字可以，但如果自己识字就可以辅导孩子了。否则孩子会说："你都不会，还来教我学习？"我完全理解她们的心情，我有一次教我儿子数学，有一道题我当时没反应过来，我儿子就再也不让我教他了。

  有 30 多岁的学员问我，现在学习还能不能学会。我告诉她们："快学吧，再不学这辈子还有其他机会吗？"会识字、有文化，就能获得他人的尊重，少被欺负、少被骗，慢慢学个一技之长，就能养活自己了。

  直播间里，我知道的年龄最大的学员 67 岁，她学了 3 个多月，能认识 400~500 个字。她在连麦时说："我现在是活到老学到老，我这辈子最遗憾的事情就是没有上过学堂，没有同学老师，你和快手把我一生最大的遗憾弥补了。"

3 位用户的访谈

2021 年 9 月，快手研究院采访了瑞芬的 3 位用户，分别是：53 岁的黑龙江霞姐，30 岁的贵州小月，23 岁的小晚。以下为主要内容。

访谈一：53 岁的黑龙江霞姐

我今年 53 岁，是黑龙江双鸭山人，一直在当地农场务农。在认识瑞芬老师前，我连自己的名字都不会写。

我家里有 5 个兄弟姐妹，我排行老四。小时候，家里条件不好，两个哥哥和一个弟弟到上学的年龄都去上学了，我和姐姐没有学上。

虽然后来村里也办过夜校，免费教大家识字，但我那时只有 10 岁左右，根本没有意识到读书的重要性，念了几天就不愿意去了。父母也没有逼我坚持，现在回想起来真是后悔。

我两个哥哥都念到了初中毕业，弟弟还考上了我们当地的师范学校。他们都因为上学识字，有一技之长和稳定的收入，生活一直过得比我和姐姐好。

我平时出门，必须得我老公带着，自己不会看地图，也不认识路标。我老公初中没毕业，但还是比我强。他做过一些小生意，我不识字，想去帮忙管钱都帮不了。身边总有人笑话我，说我配不上我老公，好在我老公从来没有说什么，他性格很温和，什么事都听我的，家里我说了算。我老公常说我穿戴挺整洁，说话办事也很能拿主意，一般人发现不了我没文化。

我这个人还挺要面子的，因为自己没文化、不识字，特别自卑，所以一辈子活在谎言中，不敢让别人发现我不识字。

比如，年轻时去学校开家长会，班主任让家长在发的材料上签字，我不会写，就装右手受伤了，握不了笔，让同桌家长帮我代写。结果家长会还没开完，我就把这茬忘了，又帮忙搬桌子、搬椅子、收拾卫生。

女儿结婚时，去亲家那里办婚礼，酒店名字、菜谱甚至亲家名字，我都不认识，一会儿装扁桃体发炎说不出话，一会儿装眼睛发炎睁不开，闹出的笑话更多。当时我只有一个信念：千万不能让亲家发现我这个当妈的不识字。

让我下定决心学好识字的，还是2021年发生的一件事。上半年，我带着外孙女去社区卫生服务站打疫苗，打疫苗时要签字，我只能小声跟工作人员说我不识字，结果被这个小姑娘批评了："你不识字你来干吗？怎么不让识字的人来？"外孙女还在上幼儿园，她都知道姥姥不识字。

2021年3月，我开始在快手上跟瑞芬老师学识字。我当时关注了一群教识字的主播，连教幼儿识字的主播都关注了。我想着，谁讲的我能听明白，我就跟着谁学。发现瑞芬老师讲得最好、最有耐心，我就买了她的付费课程。

学到现在，我已经认识800多个字，开始学习成语了。现在我可以自己签名，用文字回复微信，家里微信群的消息也终于能看懂了，老公和女儿都很支持我学习。瑞芬老师对我说："慢慢学吧，只能逐渐进步，不能一蹴而就。"我一定会坚持下去的。

访谈二：30岁的贵州小月

我今年30岁，是贵州六盘水人。像我这么年轻的人还不识字，你们肯定都觉得很奇怪。但我真的是命不好。我小时候，父母、弟弟就相继去世，我和爷爷相依为命许多年，后来爷爷也走了，就剩我孤苦伶仃一个人。我家条件不好，我小学一年级都没有念完。

我22岁和我老公结婚，现在已经生了两个孩子。婚后我主要就是在家带孩子，和公婆一起生活，老公经常去外面打工，农忙时节才回家。因为没有文化，我在婆家受尽了委屈。

我想要改变现状。2021年3月，我在快手上遇到了瑞芬老师，开始跟着她断断续续地学习识字和拼读。

瑞芬老师教我们知识，我也想把从瑞芬老师这里学到的知识教给我儿子。有一次我教儿子认字，告诉孩子知识的"知（zhi）"是不用拼读的。我婆婆在旁边听了，就说要拼读。我婆婆上过小学三年级，她说我没上过学，不能质疑她。

后来，我还花了58元买了瑞芬老师的付费课程，想系统地学习拼读知识。可就因为这58元，我遭到了老公和婆婆的反对。我婆婆说我："你这个脑袋不是学习的脑袋，你不要浪费钱。"我老公还误以为瑞芬老师想骗我花钱。

后来，我在瑞芬老师的直播间里和她连麦，将这些情况告诉了她。瑞芬老师把学费退给了我，但还是鼓励我在直播间里学习。瑞芬老师说，知识改变命运，这句话是永恒的真理。当我们有了知识，就可以掌握自己的命运，获得他人的尊重。

人们都把老师比作蜡烛，瑞芬老师就像一根蜡烛，为我们这些还在苦难中的姐妹带来一线光亮。我会好好跟着她学习，改变自己的命运。

访谈三：23 岁的小晚

我今年 23 岁，中国的亲戚朋友叫我小晚。2016 年，我从越南嫁到中国，生活在丈夫的老家，现在，我已经是两个孩子的妈妈了。

1998 年，我在越南第二大城市河内的乡下出生，父母生了 4 个孩子，我排行老二，有姐姐、弟弟和妹妹，他们现在还生活在越南，在家种地。虽然越南也实行九年义务教育，但在越南时，我和我的兄弟姐妹都没有上过学，不会写越南字。

来中国之前，我一句中国话都不会说，但我和越南的很多年轻女生一样，很喜欢看中国的影视剧，可以听懂一部分普通话。嫁到中国后，通过和丈夫家亲人的日常相处，我学会了讲河南话，又通过看电视剧慢慢学会了说普通话，但一直不识字。

2017 年和 2020 年，我的女儿、儿子在河南出生。我结婚后一直没有工作，老公平时在外打工，就我自己在家里带孩子，平时只能接触到村里的一些邻居。只有节假日老公回家时，才会带我到市区的商场里转转。中国对我来说还是很陌生的。

后来，老公帮我下载了快手。快手里有关风土人情的短视频太多了，看了快手以后我才知道，原来中国每个地区的人过的日子都不一样。很快，除了电视剧以外，快手成了我认识中国的第二扇窗户，为我呈现了更加真实的大千世界。

小晚刚跟着瑞芬学习时候交的作业（左），学习半年后交的作业（右）

但因为不识字，我在中国的生活还是很不方便。比如，中国的网购非常发达，买东西基本在网上买，我老公帮我在手机上填好收货地址，教了我几次。我会付款，但不会搜索、选颜色和退换货，也不会和客服聊天。

有一次去镇上的小超市买速冻水饺，我想吃猪肉玉米馅的，就问店员能不能帮我拿，店员说，"不是在冰柜里吗？你可以自己拿"。我很尴尬，只好随便拿了一袋，回家煮好后发现是韭菜鸡蛋馅的，我一个都没吃。

最要命的是，我女儿上幼儿园以后，经常需要家长签字，还要家长教孩子功课。要签字的时候，我只能跟老师说我不识字，让别人代签，或者按手印。

幸运的是，我在快手上认识了瑞芬老师。2021年3月16日起，我开始跟着瑞芬老师学习识字，目前已经学会了1 000多个字，女儿在上幼儿园大班，我已经可以辅导她学拼音、认字了。

瑞芬老师就像天使一样，下凡教我们这些从国外来到中国的人。我和妈妈打电话，我妈妈都夸我，原来连越南字都不认识，现在已经会写中国字了。如果没有瑞芬老师，我真不知道这辈子还有没有机会学习识字。

杨朝阳律师：
让老百姓更容易获得法律服务

> **要点**
>
> - 三四线城市和农村的老百姓有大量法律需求没有获得满足，法律资源匮乏且分布不均，他们想获得法律服务很困难。
>
> - 老百姓即使遇到问题想找靠谱的律师，也不知道该怎么判断和选择。这是典型的信息不对称问题。
>
> - 通过短视频和直播，律师普法的范围扩大了，老百姓在获取法律服务时不容易踩坑了。律师在短视频直播平台，一方面可以增加经验，提升专业水平；另一方面能够提升知名度，增加信任度，获取案源，增加收入。

本文作者为快手研究院研究员高珮莙。

粉丝的痛点

1. 信息不完全。三四线城市和农村的老百姓要得到律师服务是很不容易的，主要是律师需要设立一个办公室才能服务老百姓，而这些地方的律师经常养不活自己，所以无法设立办公室，无法提供服务。

2. 信息不对称（这也是信息经济学里的术语）。老百姓找律师提供服务，即使获得了服务，一般也搞不清律师的服务是好还是不好（这一类的商品和服务，在专业术语上叫信任品）。

数字时代的解法

1. 老百姓可以在平台上集聚起来，形成了规模，律师就可以提供服务。信息不完全的问题就解决了。

其实，一二线城市里有律师事务所，也是因为城市本身有聚集需求的功能。而快手这样的平台在聚集需求方面的能力超过了一二线城市，律师可以提供免费的科普服务，获得收益（可以为律师带来案源）。

2. 信息不对称问题得到了很好的解决。

前面说了，律师天天科普，老百姓自身就比较懂了。这是其一。其二，在直播间里，大家聚在一起，每一个人都可以看到律师给别人解决问题的完整案例，律师如果提供了不好的服务，就会有用户在直播间里说出来，就会砸了律师的牌子。消除了信息的不对称，就会激励律师提供更好的服务。

小档案

快手账号：朝阳律师
快手ID：Tc500666
粉丝数：1 218.7万
籍贯：北京
垂类：泛知识

◎ 以下为杨朝阳律师的讲述。

我从中国政法大学毕业后一直从事法律工作，以民商事诉讼为主，也兼顾刑事辩护，有一段时间还为政府与社会资本合作的大型基础设施项目担任法律顾问。

2016年年底，我接触了快手，工作之余看一看上面的搞笑段子，觉得很有意思。但我发现，快手这么好的一个平台，上面没有知识类的内容，尤其是法律类的。我就尝试着录制一些与生活相关的法律小视频，给大家普法。

早期涨粉比较快，我有一个视频上了热门，涨了几千粉，当时还是挺兴奋的。这么多粉丝的认可，激发了我继续录视频的热情，我每天都会发3条短视频。

2018年，我每天直播一个小时到一个半小时，在线为粉丝解答法律问题。一开始直播没有连麦功能，大家把问题打到公屏上，我选择有代表性的或粉丝特别着急解决的问题优先解答。有连麦功能后，我就可以一对一地跟粉丝互动了。

2020年4月到2021年10月，我的粉丝量从200多万涨到了1 000多万，在快手上普法的律师也越来越多。

我认为，通过短视频平台普法是未来的大趋势。它触达的范围很广，效率很高。老百姓拿着手机一搜就能找到律师，节约了时间成本和经济成本；律师也可以通过平台宣传推广自己，增加信任度和代理案件的数量。

杨朝阳律师

大量法律需求未被满足

我在快手上发的第一条短视频是自我介绍，大家有什么法律问题都可以咨询我。在网友留言中，咨询农民工讨薪问题的比较多。

当时正好是年底，有很多农民工粉丝留言，说工厂或工地欠钱不给，或者被老板克扣工资。我了解情况后知道，农民工一般不签劳动合同，而是直接干活儿，好一点的包工头按天、按月发工资，有的到年底或项目完工后才结算，农民工被压的工资可能有上万元甚至十几万元。但农民工发工资很多是现金发放，欠工资也是口头欠，没有任何书面证据，维权很困难。

我有针对性地录了一些跟劳动合同法相关的视频，包括没签劳动合同如何维权，加班费怎么主张、怎么计算，反响挺好的，大家都挺爱看。相关法规条例出台后，现在这种问题少很多了。

我做快手之前，对三四线城市和农村地区老百姓的法律困境并不了解，通过快手才慢慢接触，知道他们有那么多法律需求，但是很难得到法律服务。

总结下来，他们遇到的法律问题主要有三种类型。

第一种是跟钱相关的。

一种情况是外借借记卡或信用卡，持卡人刷卡消费或套现之后，卡主需要承担还款责任。如果持卡人不承认，卡主维权是很难的。另一种常见的现象是帮别人借钱做担保，或帮不符合贷款资格的人贷款。一旦贷款人没有还款能力，银行就会找担保人要钱。

这类现象太普遍了，尤其容易发生在亲属、同事、同学之间，大家碍于面子不好拒绝对方的要求，但这些都是大坑，很多人因此深陷债务问题。

第二种是跟婚姻情感相关的，包括骗彩礼、出轨、家暴，以及离婚时争夺财产和孩子抚养权。

一些农村地区盛行给彩礼的风俗，男方可能要给女方十万元甚至二三十万元的彩礼。有一类女子抓住这个机会，假意结婚，但没有夫妻之实，拿到对方二三十万元后，过一段时间就跟对方一拍两散。

在大多数情况下，农村妇女在婚姻家庭中处于弱势地位。农村妇女遇到的法律困境，家暴、出轨是最常见的，还有争夺孩子抚养权，也有男的在外打工一分钱生活费都不给的。

有一个50多岁的甘肃大姐,她老公平时挺好,但喝酒后一言不合就打她,清醒后再求饶,她精神都已经濒临崩溃了。她也尝试过报警,但每次警察来一看是两口子吵架,问问有没有受伤,调解调解就走了,她认为报警也没啥用,后来就不报了。有几次打得比较严重,她去医院看病后也没有保留病历。

我通过直播告诉她,应该怎样收集证据,怎么去起诉离婚。主张家庭暴力得证明对方进行了长期性的精神折磨,要注意收集证据。第一类证据是报警的记录和笔录;第二类是就诊记录,包括病历、诊断证明、影像资料和自己拍摄的照片视频;第三类是寻求村委会、妇联、镇政府、司法部门等机构调解的记录。

第三种是网络诈骗。一线城市也有不少人缺乏法律知识,遇到网聊敲诈勒索或者电信诈骗。

上次有一个小伙子给我打电话,骗子冒充美女跟他聊天,录下这位小伙子的裸聊视频,通过植入木马的方式获取他的手机通讯录,然后再敲诈勒索,不给钱就把视频发给朋友、家人。他给了对方十几万元,但还在持续被勒索,这就是一个无底洞。我告诉他,一分钱都不要转了,对方不会真的把视频发出去。因为他们知道一旦发了,受害人肯定要报警,他们就会面临被公安机关查获的风险。

还有一位北京的大姐,骗子以她的名义网贷了5万多元,给她打电话说她涉及洗钱,这是犯罪所得,要求她把这笔钱和自己卡上的8万多元都转到所谓的"警方指定监管账户",这位大姐一下子损失了十几万元。

像这种情况,事后很难追回,我们只能事前加强普法教育。快手上很多大主播都在推荐大家安装全民反诈的App(应用软件)。

老百姓的三大法律困境

过去，老百姓想要获得法律服务，面临很多困难。

第一个痛点是法律资源匮乏，且分配非常不均。

北京有两万多名律师，大部分都集中在城区，朝阳区有几千名律师，但密云、延庆、怀柔这样的远郊区县，每个区只有十几名律师。这还是北京，外地可能一个县城就一个律师事务所，就一两名律师，他们会有选择地接一些他们认为能挣钱的案子，很多老百姓的案子根本没有精力去管。

北京市律师协会每年都会组织支援边远山区的活动，比如，律师被派驻到西藏、新疆等地两三年。但律师即使去了当地，也是点对点，而不是点对面的，能帮助到的可能也就是几个人。想通过这种方式去满足老百姓的法律需求，是远远不够的。

另外，律师是理论兼顾实践的，需要大量实践才能成长，就像医生需要做很多台手术才能有丰富的经验一样。所以很多地方的律师，专业性相比大城市的律师要差一些。

第二个痛点是老百姓法律意识淡薄。

在很多三四线城市和农村地区，老百姓遇到法律问题束手无策，不知道去哪里找律师，也找不到律师。相比采取法律手段，他们更习惯于凭经验办事，出现问题总想通过自己的方式去解决，但有些时候确实行不通。

但恰恰是在农村地区，人们受教育程度普遍不高，法律意识淡薄，再加上熟人社会，导致他们更在乎人情，更爱面子，更容易遇上一些法律问题。

第三个痛点是老百姓即使遇到问题想找靠谱的律师，也不知道该怎么判断和选择。

　　找律师就像找医生，认知门槛比较高。医生还有专业职称，但律师一没有职级，二没有评分，很难判断。同一个案子，律师的收费可能从几千元到数十万元不等，这种情况非常普遍。

　　律师的职业能力，我们能够从他的表达方式、庭审策略上看出来，但普通老百姓往往没有能力选择合适的律师和方案，也无法判断其收费是否合理。

让老百姓更容易获取法律服务

　　面对粉丝的这些问题，我要做的首先是普法。快手是一个很好的平台，可以通过短视频和直播的方式去给老百姓普法和解答法律问题，而且影响力是很大的。

　　快手的第一个好处，是扩大了系统性普法的覆盖范围。

　　一方面，我们可以帮助老百姓增强法律意识，事前防范风险，遇到问题有维权的意识。另一方面，在他们遇到实际困难的时候，我们教他们去解决问题。

　　我在制作短视频时，首先会关注粉丝在留言中反馈的需求，也会关注一些热点，结合粉丝需求去输出法律知识。

　　受时间所限，短视频只能说一些我认为重要的、可以帮助到大家的内容，但直播是一问一答，是有互动的。粉丝把问题讲清楚了，我再根据他的问题告诉他，国家法律是怎么规定的，他需要做什么，通过什么途径和方式才能维权。

　　我直播一次一般是一个小时到一个半小时，每次连麦10~15

分钟，多的时候能帮十一二个网友解决问题。在解答一个网友的问题时，直播间的其他朋友也能听到。我的直播间通常有2 000多人在线，相当于2 000多人都能学习到。他们将来如果遇到类似的问题，就会避开这个风险。

快手的第二个好处，是让老百姓获取法律服务更容易了，而且省时省钱。

在线下咨询好一些的律师，一个小时的费用为2 000元到5 000元不等，甚至上万元的也有。但现在有专业律师提供线上咨询服务，如果通过电话或直播的方式进行网上咨询，可能一二百元就解决了，而且效果是一样的。

快手的第三个好处，是通过大量丰富的案例讲解，让信息更透明了，老百姓在获取法律服务时不容易踩坑。

短视频有一个好处，是更容易理解。法律条文是死的，但案件是活的，我们在录制法律视频时，可以通过这种让大家很容易理解的形态，把枯燥的法条反映出来。我们学法律时最爱上的课就是律师实务和庭审实务，全是真实案例。

除了讲解法律知识，我还会教粉丝如何在当地找到靠谱的法律资源，避免踩坑。

首先要去正规的律师事务所，不要随便选个小门脸。其次要在沟通过程中看律师的表达，包括他对案件的判断。拍胸脯说包赢的、说跟法院有关系的不要轻信，我相信司法是公正的，客观事实是掩盖不了的。

我还建议当事人在遇到问题时，可以去裁判文书网查询相似的案件，上面会有代理律师的姓名和律所，如果某个律师曾经办理过此类案件并胜诉，可以去跟他沟通一下。

粉丝学习了专业的法律知识，提升了判断能力，遇到问题时就可以找到更靠谱的律师。

很多案件在我们看来特别简单，但隔行如隔山，当事人没有法律基础，确实不懂。所以我会告诉粉丝，你找当地的律师出一个方案，拿着方案再来跟我沟通，我帮你参考收费标准是否合理，诉讼方案、诉讼策略行不行。

还有很多粉丝，拿到判决书之后会来找我帮忙，问这个判决是不是有问题，律师是否实现了承诺。我看完判决书后会帮他分析，解释清楚他有疑虑的地方。这些都是纯公益性质的。

当事人和律师获得双赢

现在打开短视频直播平台，有上百位律师在线上普法。这既有利于粉丝增强法律意识、预防风险，也有利于主播通过平台去宣传推广自己，增加信任度和代理案件的数量，可以说是双赢。

对于律师来说，在快手上处理大量的法律问题，首先可以增加经验，提升专业水平。

2017年刚做快手时，我的热情特别高涨，建了好几个群，每个群都加满了500人。我每天回家不干别的，一边吃饭一边对着手机帮大家解答问题。当时挺累的，但也确实得到了大家的认可。

帮大家解答问题，让我提升了业务能力。律师最重要的就是经验，遇到问题该怎么解决，不懂的话肯定要查。大家提了问题，我就去查阅法律规定和相关判例，看法官对这类案件是如何论述裁判的。掌握裁判尺度和裁判精神后，我的专业水平也得到了提升。

有些案子看起来很简单，但在代理过程中会遇到各种突发事件和证据，越来越困难，或者当事人刻意隐瞒了一些对自己不利的事实，导致我们措手不及。我们接触案例多了，就会有一些经验性的判断，当事人说的话是否符合生活常理，是否符合事物发展的客观规律。

其次，律师在快手上的粉丝多了，知名度高了，大家认可了你的专业性，可能线下有案子就会找你来代理。

现在，很多律师把重心放在快手平台的推广上，主要的收案来源也是快手平台，会招聘专门的助理去揽案、收案，这些助理也叫接线员，已经形成了完整的流水线作业，有的律师每年收案数量确实不少。

我在快手的接案数量并不多。我没有专业的谈案揽案人员，也没有精力去接北京之外的案件。很多粉丝问我能不能接受委托去他们当地打官司，我第一句话就是：你还是在当地找律师。

很多案件当地的律师完全能够帮当事人处理好，而且收费标准会比北京的律师低。同样的案件，北京律师收两万元，当地律师可能收 3 000~5 000 元就可以。此外，北京律师去地方的差旅费用，包括交通费和食宿费用，也是需要当事人承担的，这会给当事人增加不必要的成本。

阿泽：
我在快手教几万人学办公软件

> **要点**
>
> - 很多在农村和三四线城市的人，学历低，从事体力工作，他们渴望通过学习电脑找到一份好工作。但一方面，线下培训机构数量少、价格贵；另一方面，用户缺乏自信，没有勇气尝试学习。还有，过去学员选择培训机构时，不知道哪家机构靠谱，很容易被销售忽悠。
>
> - 在快手上，通过短视频和直播，原本接触不到教育资源的用户也有机会学习办公软件了，而且省时省钱。由于信息公开透明，为了招到更多学生，主播有动力提供更好的教学和售后服务。
>
> - 短视频和直播比图文更容易理解，而且粉丝和主播之间的互动非常方便及时。粉丝在评论中提问，主播当场就可以解答，同时也教会了直播间的其他人。

本文作者为快手研究院研究员高珮菪。

小档案

快手账号：阿泽计算机课堂

快手ID：aze123123

粉丝数：237.4万

所在地：辽宁沈阳

垂类：泛知识

◎ 以下为阿泽的讲述。

我是搞计算机技术的，玩快手之前创业做网站开发、网站推广方面的工作。2018年10月，我不经意间在快手发了两个讲Excel表格的短视频，粉丝很快就涨到了3万多。我发现很多人有学习办公软件的需求，就开始在快手上讲Excel表格、Word排版、PPT演示文稿制作等。

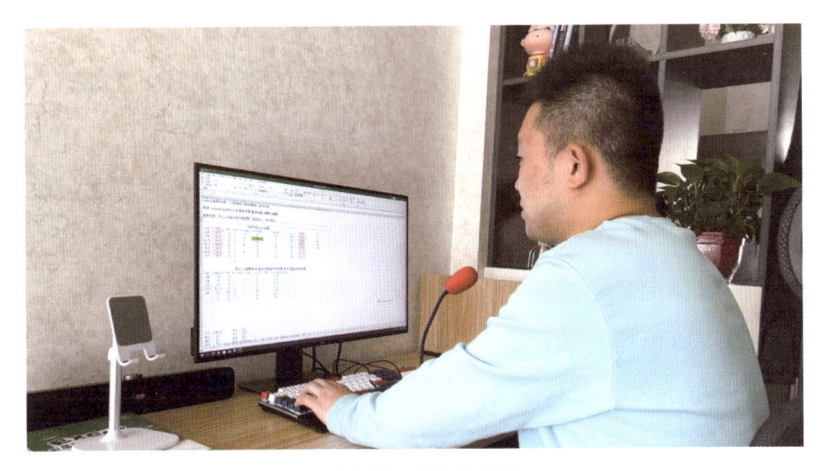

阿泽在直播间为粉丝讲解Excel

那段时间，我每天都会发两三个小视频，但没想过要靠做快手赚钱，就是觉得能把自己的知识分享出去，别人学会后认可我，那种成就感和价值感让我很快乐。

2018年年底，快手推出了付费内容。当时我差不多有200万粉丝，做的第一套付费课程叫"零基础学习表格"，直播4场，卖9块钱，有100个人报名，挣了900元。类似的付费直播课，我做了十几期。

有了变现途径，我把更多精力投入到了短视频和直播上，开始专心做快手。

2019年6月，我推出了系统的视频课程"零基础学习电脑办公"，一共93节课，每节课20~40分钟，分为4个部分。

前4节是电脑基础，讲电脑开关机、键盘使用、鼠标使用等基础知识，这是第一部分。第二部分是30节，讲做表格的Excel知识。第三部分的30节课讲Word排版、打印等知识。第四部分是29节PPT课程。这些课程打包在一起，售价80元，一节课不到一块钱，买了之后还可以反复学习，粉丝都觉得特别方便。

之所以做视频课，是因为直播课太耗费精力，每次都得重新讲同样的内容，而且当时报名人数还有上限。我做过调研，粉丝还是喜欢视频，视频随时随地都可以反复看，而且不会因为讨论问题而浪费时间。

同时我也会坚持免费直播，没买课的粉丝可以来听，有什么问题也可以当场互动。我直播间在线人数一般有二三百人，一场下来有20人左右报名。

学电脑是很多人改变命运的机会

买我课程的人,大多数是生活在三四线城市或农村地区的成年人,学历不高,年龄比较大。很多粉丝过去从事体力工作,他们都知道,坐在办公室里的工作轻松一些,收入也不错,只是苦于不懂电脑。

对这些粉丝而言,学电脑意味着拥有改变命运的机会。原本在农村的想进城,原本从事体力工作的想坐办公室,还有50多岁退休后想再找一份工作的,想进一步提升职位和薪水的,或者毕业后发现工作中需要用到办公软件技能的。他们学电脑,可以说是刚需。

但我在讲课过程中发现,很多粉丝真的是小白,完全零基础,有的根本没接触过电脑,不会开关机,不认识键盘上的回车键和空格键,连电源键都不知道怎么按。还有很多粉丝不会安装Office软件,也听不懂什么是Word、Excel和PPT。

总有同学问我:老师,我小学毕业能不能学会?我都50多岁了能不能学会?我告诉他们,学习跟年龄、学历都没有关系,只要看我直播,哪怕一遍不懂,听两三遍也能懂;记不住就写下来,再对照着在电脑上操作。

有一名粉丝是来自吉林长春的快递员,已经45岁了。随着年龄的增长,他感觉身体已经不允许自己再从事繁重的体力工作了。他知道在快递站点坐在办公室里的文职工作会轻松很多,但他只有初中学历,担心学不会。有一次我直播讲基础入门课程,他抱着试一试的心态,竟然听懂了,也有了学习办公软件的信心。

他为了上课,跟公司协商只派件不收件,并缩小了快递的派送范围，腾出更多精力专注学习。大概学了两个月，他就可以熟练操作办公软件，成功调到快递站点从事文职工作了。这位学员说，虽然收入比以前少了，但对他来说，健康的身体才是最有价值的。

还有一个学员之前是在服装店做销售的，每天都要长时间站着，特别累。她刷快手时无意间看到了我的直播间，感觉能听懂，就报了名。现在，她在公司里做统计物料的工作，坐在办公桌前通过电脑就可以完成，不像过去那么累了，工资也有了提高。

我的直播间帮很多人找到了自信。很多学历低、工作不好的人想通过学习电脑找到一份好工作，但他可能没有勇气尝试，感觉自己学不会。要是在线下，还得去试听，还得花钱，他可能连想都不敢想。但在快手上，玩着手机就刷到了，还能听懂、能学会。

还有一些早期学员，跟我学习完之后，再通过自己的账号分享知识，也能获得一些收入。

有一名来自山东济南的学员，快手账号叫"五月电脑办公"。他之前是做出纳工作的，因为工作要求需要学习办公软件，尤其是 Excel 表格操作。在学习过程中，他担心自己有的地方记得不够牢固，就把学习内容以视频形式记录下来，发到快手上。发了十几个短视频后，他发现自己的快手账号吸引了很多粉丝，更有兴趣了。

从 2019 年年初到 2020 年年末，他已经收获了 120 多万粉丝，也有了尝试变现的想法。在我的指导下，他录制了办公课程，从 2021 年年初开始成为一名电脑教学主播，全职直播卖课，收入比以前有了很大提升，而且稳定发展至今。

像他这样学完后自己在快手上卖课的用户还有不少。有些学员害羞或觉得自己说话有地方口音，不敢去尝试，我也会去鼓励和辅导他们。

线下学习办公软件的三大痛点

我上大学时的专业是物流管理，毕业后在沈阳的德邦物流工作，做一名统计分析员。德邦特别注重数据分析和定期总结汇报，我PPT做得好，能把自己的想法很清晰地表达出来，对升职特别有帮助。

办公软件是最基础的入门级工具，很多人会觉得，做个表、写个文档有什么可学的，但其实如果学习一些技巧，能大大提高工作效率。比如做数据分析工作的人，每天需要用表格处理很多数据，或系统导出数据需要整理，用传统的方式排序筛选特别麻烦，用函数就会更高效。

但过去，用户想在线下学习办公软件，面临很多困难。

首先，线下机构数量少，教育资源匮乏。

因为成本高、不容易赚钱，教办公软件的线下机构并不多。即使在沈阳这样的省会城市，培训机构也就零零星星几个，没有特别出名或规模比较大的。线下机构更倾向于开发编程或设计等学费过万的课程，但并不适合普通人去学习。还有一些粉丝在农村，周围没有好的学习环境，连老师也没有。

其次，线下机构成本高、收费昂贵，粉丝负担不起。

在线下办补习班，场地店面的租金很贵，再加上电脑等硬件设备，老师、销售、客服等人员，以及推广宣传的费用，成本非常高昂。而且每增加一些学员，这些成本都要相应增加，最终都得学员来买单。

我们调查过，在沈阳的线下机构学习办公软件操作，学费从800元到1 500元不等，粉丝感觉比较昂贵。沈阳一般人的工资大多在 3 500~4 000 元，从事纯体力工作的还可能更低。我们小区的保洁阿姨一个月挣 1 500 块钱，如果被业主投诉一次就要被罚款 50 元。

最后，因为信息不透明，机构和老师没有动力做好教学。

过去学员选择培训机构时，不知道哪家机构靠谱，很容易被销售忽悠。如果把每一家都试听一遍，得花很长时间。而且老师在试听课上的状态，和实际上课时肯定不一样。万一学员学完觉得不好，也没有地方可以去表达自己的不满。

在线下模式中，老师是没有动力好好讲课的。学员把学费缴了，老师把该教的内容讲完就完成任务了，他不会去管上课的效果。线下课程一般一节课一个半小时，报一次名也就上 10 节课左右，有的人基础比较差或者理解能力比较弱，不一定能在课堂上全部学会。课程结束后，再想找老师就很难了。

快手给了用户学习机会，而且省时省钱

在快手上，通过短视频和直播，原本接触不到教育资源的用户也有机会学习办公软件了，而且省时省钱，教学效果也比线下更好。

第一，在快手上学习方便、省时间，价格还便宜。

网络让主播的服务范围大大扩展。我总跟学员说一句话：快手非常好，只要有一部手机，能上网，不管你身处何处，哪怕你在农村也能公平地学到知识，没有任何限制，不会因为别人在城里有好的环境可以学，你就学不了。

粉丝早晨起来躺床上就可以看一看，午休时间也可以学一会

儿，节省了大量时间。我们的视频都是录完的，一遍看不懂就看10遍，有不懂的地方还可以随时问老师。

而且在快手上学费特别便宜，80块钱就可以把线下上千元的课程全部学完，一节课不到一块钱，连线下价格的零头都不到。如果按照一节课30分钟计算，我们的课程需要50个小时左右，放到线下得4个月才能学完。事实上，线下几乎不可能有这么长时间的课程，因为成本太高了。

我的课程之所以这么便宜，是因为在快手讲课的成本非常低，只要有一台电脑就可以讲，不管有多少人在线都没有额外的成本增加。只要内容足够专业，就会有粉丝进入我的直播间，而且特别精准。

第二，短视频比图文更容易理解，还可以互动，教学效果更好。

我对电脑特别感兴趣，一直喜欢在网络上分享自己的知识和见解，过去在百度贴吧、百度知道上发过很多文章。玩快手之后，我发现短视频比图文更好理解，也更容易吸引网友的关注。

我发表的文章，顶多几百或一两千的阅读量，但看短视频的人可能上万。通过精准的算法推荐，平台可以把我的作品推给需要了解办公软件的用户。

过去我发文章，读者基本不怎么评论，只是偶尔有一两个提问的，因为大家知道留言后没人回复。当时在文章下评论，用户间彼此收到通知确实比较慢，我得登录后才能看到有没有留言，体验并不是很好。

但在快手上，粉丝和主播之间的互动更加方便、及时。

在直播间里，粉丝和主播相当于面对面，粉丝会在评论中问很多实操性的问题，比如，表格里怎么换行、调大小、计算，我当场给出解答，别人如果有同类问题也可以学习。学员有什么问题，还可以通过私信跟我一对一沟通，我挨个回复，相当于有一个免费的答疑途径，粉丝肯定非常喜欢。

我们有58个答疑群，每个群里都有500个人，学员提问，客服都会回答。我每天下播后也会抽出固定时间到群里挨个看一下，大家提的问题是我下一次讲课或完善课程的参考。

第三，信息变透明了，主播有动力提供更好的服务。

在快手上，一切都变得更透明了。用户可以同时关注好几个主播，手指一滑就可以对比他们的直播效果，喜欢哪个再去报他的课，非常方便。我要吸引粉丝，就要把整个电脑学习的过程透明公开地展示出来，包括怎么报、怎么学、能学到什么、怎么售后，都要如实介绍清楚。

在售课过程中，如果大家反馈某个问题比较多，或者Office软件有更新，我们可以同步更新到课程里，还会发短信和私信提醒学员。这样一来，学员学的永远是最新的东西，不会过时。

不仅如此，我还得保证让学员真正听懂、学会，让他们满意。

我已经有几万个付费学员，哪怕其中有几个人服务不好，对方在公屏上发个负面评价，这场直播讲得再好也没用了，原本想报课的人也不会报名了。我们可以向学员保证，报名前和报名后都是一样的，没什么差异。因为做好售后才是下一次招生的前提。

此外，除了收费课程，我每天晚上8点到10点都会固定直播，白天也会不定时直播。我总在直播间说，即使你不报名，每天8点过来听我的课也能学到很多东西。我没有任何保留，报不报名都会好好讲。

为了提供好的售后服务，我们有4个专门的客服，从早上8点到晚上10点都会在线给学员答疑，几乎全年无休。

只有用心服务，才能建立信任

在快手上讲办公软件的主播很多，每个人的风格不同，都有变现的机会。我的特点是比较接地气，用最简单的话语，真正从零基础开始讲，不会开关机、不会打字的小白用户也能听得懂。有一些学员连 Office 软件都不会安装，我就通过 QQ 远程控制桌面，帮他安装。

通过点点滴滴的用心服务，我和粉丝之间建立了很强的信任关系。

第一，即使是免费直播，我也会特别认真地去讲，没有任何保留地把所有知识点都讲透，粉丝提问也都会一一解答，不会提任何关于报名的事。这样学员才会信任我，觉得老师很实在地在教学，而不是单纯卖课。

第二，粉丝发来的私信，我坚持每条都回复。学员一个字一个字地把问题敲出来求助，是很想得到回应的，主播有责任和义务为他们答疑解惑。如果问题不是很好回答，我还会单独录一个视频来回答。这也是建立信任的桥梁，我真心地回答学员的问题，学员就会相信我。

第三，我们特别重视售后。只要报过课，我们就会提供没有时间限制的答疑服务，即使有一天我不做快手了，这些群还在，有问题我也会回复。

有些主播一节课就三五分钟，一看就知道是在凑数。我的 93 节课，录了近半年时间。产品要做得足够完整，能实现招生时的承诺，让学员实实在在地学到东西。介绍课程时也一定要如实介绍，别浪费学员的时间和金钱，一定不能急于求成，牺牲质量。

我们非常实在，没有营销手段，不夸大效果，学完之后确实对工作有帮助。听完我的课，很多学员反馈岗位调动了，职级晋升了，工资涨了。有之前做体力工作的学员告诉我，他面试文职工作成功了。有一个自己开服装店的学员，可以用表格统计产品信息、库存数据和客户信息了，实现了自动化，不但省时省力，而且成本、利润都可以算得清清楚楚。

我认真讲课，大家也抱着真诚的态度学习，热情特别高涨。很多学员在评论中表示感谢，说讲得太实用了，正好是他需要的；还有人说我是全网最好的电脑老师。粉丝有给我送礼物送花的，在疫情期间送口罩的，教师节还有很多人给我发来了祝福信息。

很多人学完之后，会把我推荐给身边的同事朋友，他们会直接来我的主页报名，甚至为了听我的课专门下载快手。

我的学员增长速度一直很稳定，每天售卖课程的收入约 3 000 元，一个月就是 10 万元，比普通上班族和自己创业时好了很多。未来我还计划增加一些新的课程产品，比如，讲图片制作、视频剪辑，学员还会继续增加。

朋友总问我为什么不卖点吃的穿的，我感觉还是应该术业有专攻。当老师的去带货，大家反而觉得你不好好搞教育了，可能一时愿意买，但终究不利于长远发展。我偶尔卖一些纸质版学习资料、印有办公软件快捷键的鼠标垫，学员都挺喜欢。

铆焊小马：
让铆焊工人学会真正有用的技术

> **要点**
>
> - 近年来，市场对铆焊工人的需求量剧增，但人才缺口一直很大，原因是当前铆焊工人的学习、成长存在很多难题。第一，技校培训重理论、轻实操，无法满足一线生产的需求。第二，工厂学徒制的培养机制不利于新工人成长。
>
> - 过去，工厂的师傅一天最多教10个人。但主播在快手上直播讲解铆焊技术，可能有好几千人听课。直播可以更好地展示实操过程，除了教看图纸和电焊手法，主播还可以有针对性地解答粉丝的疑问。
>
> - 过去，工人花几年时间上技校，未必能学到实用的知识。现在，他们只要花88元购买课程，或者坚持听直播，就能学会技术，不仅收入能获得提升，还有一部分人当上了工头。

本文作者为快手研究院研究员郭淼宇。

小档案

快手账号：铆焊小马

快手ID：maohanxiaoma

粉丝数：120.8万

籍贯：辽宁丹东

垂类：泛知识

对铆焊行业工人来说，同样存在信息不完全和信息不对称的问题。

信息不完全，指工人接触不到好的老师、好的教材。已有的技校培训，教材往往落后于实践，而且工人在学到书本知识之外，在实操训练上是远远不够的。

信息不对称，指工人进了工厂，有老师傅带的时候，老师傅懂的更多，但是因为种种原因，不愿意把所有的本领都教给徒弟。

在快手平台上，小马的实践表明，是可以有更好的做法的。

◎ 以下为小马的讲述。

我是铆焊小马，来自辽宁丹东。我17岁辍学后开始打工，在建筑工地上干了两年，拌混凝土、修砖砌墙，什么活儿都干过。那时候，我一直没什么自信，甚至认为自己不可能再有别的发展了，以后只能回家种地。

19岁那年，我偶然在电视上看到一个主持人讲自己的经历，被深深触动了。他28岁才开始学英语，后来成了知名主持人。

我想，我才 19 岁，为什么不再试试从头开始学习呢？

我找到一所职业技术学校，学校有一个焊接专业的中专加大专的学习机会，我一冲动报了名，就此开始了铆焊工人的职业生涯。

很多铆焊工人技术单一

焊工的工作环境十分艰苦，时刻面临高温、高亮和噪声，如果没有吃苦的精神，就很难在这个行业坚持下去。我面临的困难在学校就开始了。

入学时，我刚满 20 周岁，而同学都在 15 岁左右，我被取了一个外号叫"大叔"，心里既生气又难受。第一学期，多年没有拿过笔的我考了全班倒数第二，差点被劝退。后来我又坚持读了一个学期，付出比其他人更多的努力，在全年级几百名学生中考了第二名。

职校毕业后，我被分配到沈阳一家中日合资的工厂做焊工，一做就是 3 年。算上在学校学习的时间，我大概做了 6 年焊工。

铆工与焊工是两个密不可分的职业。

焊工俗称"钢铁裁缝"，负责将两块金属通过各种工艺手法焊接在一起。

铆工的工作则更为复杂，需要依据工程图纸，把钢材通过放样、号料、下料、成型、制作、校正、安装等环节，制作出特定形状的工业构件。

在工厂，我逐渐发现有一些师傅能力很全面，不仅会做焊工的活儿，铆工必备的看图、下料等技能也会，甚至连材料力学、工程力学都懂。但大多数工人技术较为单一，基本不会看图纸，懂得算料、下料的工人更少。

焊工如果只懂焊接技术，水平就很难提高。有的焊工甚至连金属材料的性质都分不清，直接上手焊接，很容易造成事故。

看到差距后，我开始自学铆工技能。我善于总结，工作时多看高水平的师傅是怎么做的，并多和高手交流，工作完成后做笔记，通过不断实操提高自己。剩下的时间，我还会阅读海量的国内国外文献。

15年过去了，我逐渐成为一名成熟的铆焊工人，能够处理更复杂的工业构件。即便如此，我离成为真正的高手还差得很远。在铆焊行业，成为高手的路是永无止境的。

工人成长的两大难题

铆焊工人虽然小众，但他是工业生产中必不可少的角色。小到工业配件、汽车装配，大到修建建筑物甚至核电站，都离不开铆焊工人去做基础构件。随着工业的发展，市场近年来对铆焊工人的需求量剧增，但是人才缺口一直很大。

之所以存在这样的问题，是因为当前铆焊工人的学习、成长存在很多难题。

第一，技校培训满足不了工厂实战的需求。绝大多数铆焊工人都是通过在技校电焊专业学习3~5年时间，但技校的培训往往并不充分。

一方面，技校学习往往更重视书本上的理论，轻实操。而生产一线的技术迭代速度非常快，书本理论通常远远落后于实际。比如，我前几年看到一本电焊教科书，上面甚至有 20 世纪就被淘汰的电焊技法。可以说，书上的内容只适合考试，不适合实战。我认为真实的生产要比教学难 100 倍。

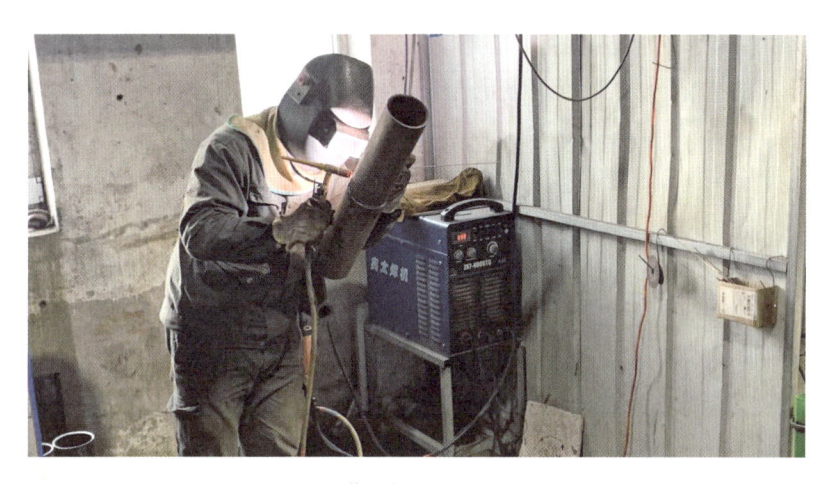

焊工学员在进行焊接培训

另一方面，技校的电焊专业在学生实操上的投入十分有限。学生在学校一个学期的训练量，可能和工厂里实操一天差不多。优秀的电焊工是靠钢铁"喂"出来的，因为我们需要通过不断练习焊接来形成肌肉记忆，这样才能掌握技术。但练习往往需要耗费大量钢材，成本巨大。

第二，工厂学徒制的培养机制不利于新工人成长。

技校毕业的学生刚进工厂做工时是接不了活的，工厂通常会分配老师傅来带徒弟，徒弟跟着师傅实战学习，这就叫学徒制。学徒制是帮助新工人快速上手进入实战的唯一途径，但事实上，新工人在工厂要想成长起来，同样面临着很多困难。

一方面，技术好的老师傅不一定能教得好。现在有经验的老师傅，很多成长于20世纪，年纪比较大，文化水平不一定高，对于技术要领和学习方法往往讲不清楚。

另一方面，工厂里还有"教会徒弟饿死师傅"的潜规则，把徒弟教会可能意味着师傅失业。原因很简单，成熟工人一个月能拿2万~3万元工资，新工人一个月只有3 000~4 000元，在技术水平差不多的情况下，工厂当然更希望任用新人，以节省成本。

因此，师傅往往不会把自己的绝活传授于人，而是把技术"垄断"在自己手中。师傅不好好教，新人自然就成长得很慢。

从工厂角度来说，新工人做学徒的时间越久越好。新工人接不了活，只能给老师傅打下手，他对于工厂来说就是廉价劳动力。徒弟如果出师，工资成本就得涨好几千块钱，所以工人当徒弟的时间越长，对工厂越有利。

在我看来，如果方法得当、练习物料充足，培养一个能干活的焊工只需要3个月，培养一个能干活的铆工需要一年左右。但在工厂的学徒模式下，这个时间可能拖到两到三年，甚至更久。

如果我进入这个行业一开始就能有正确的学习方法，有愿意教我的师傅指导，我会少走很多的弯路。因此，把我所学的技术知识和经验毫无保留地传授给下一代工人，是我一直以来的夙愿。

在快手，我实现了这个愿望。

在快手帮助更多工人成长

2017年7月，我第一次尝试在快手直播做电焊，没想到吸引了很多粉丝，涨粉特别快。我意识到，快手是一个能传播知识的平台。

2017年至2019年，我开始在快手上直播讲解铆焊技术，每天晚上下工后在工厂车间里直播4个小时，常常播到嗓子说不出话。我会在直播中教一些基本电焊手法，回答大家在工作中遇到的问题。

此外，我主要教大家如何看工程图纸。图纸相当于一个工业构件的组成说明书，是工人的"眼睛"。但看图对于普通的焊工来说有一定门槛，往往是铆工或者焊工的工头才会看。一个焊工如果能学会看图纸，他在工厂里的可替代性就会大大降低，综合能力更全面。这带来的最直接的好处就是工资翻倍，做出的活儿也会更有质量。

在此基础上，我收集直播间粉丝的问题，编写了一本小册子。我还把自己多年来总结的经验做成了一套课程，售价88元。

我在工厂每天最多教会10个人，但在快手上可能一晚上教会好几千人。很多人看了我的直播，听了我的课，工资能从8 000元涨到1.5万~1.7万元，有的还能当工头，或者自己去包工程。这样的例子不胜枚举。

通过直播，我能教会全国任何一个地方的工人，把先进技术传播到工业不发达地区，还能让粉丝提高收入，这让我觉得很值得。这几年，我认识了全国各地的不少粉丝。每次直播，光看评论区的快手账号名，就知道谁是谁，唠一唠最近过得怎么样，这让我有一种回家的感觉。

现在，铆焊工人的培训、考证，国家给予很大力度的补贴，鼓励越来越多的年轻人进入这个行业。为了响应国家号召，我在快手直播卖课也一直遵循一个原则：未成年人和残疾人学习全部免费。

跟我学习的有不少未成年的技校学生，也有很多身残志坚的残疾人，想学一门手艺养活自己。他们下单买了我的视频课后，只要把身份证和残疾人证明发给我，我都会全额退款。2020年一年我卖课卖了100万元，退回去的就有30多万元。

我认为，这些未成年的孩子是工业的希望，我不希望未来的焊工像我这一代人一样，除了焊接以外什么也不懂。如果他们从进入这个行业的第一天起就按照正确的方法学习，少走些弯路，早点学会看图纸，早点懂一些实战的知识，我相信等他们到30多岁时，完全可以成为一专多能的技术大师。

我认为，一专多能是未来技术工人的成长方向。工人素质提升，能帮助工业企业真正实现降本增效，进而推动工业发展和进步。作为老一辈的工人，我会坚持把直播做下去，让更多年轻人走上这条正确的轨道。

第二章
家庭教育：首先得把家长教育好

大范围地对家长进行教育，这件事在过去是不可能的。但在数字时代，这件事变得成本低廉，而且切实可行。这种数字经济新形态，善莫大焉。

本章篇目

峰哥：让 10 万个家长学会跟孩子沟通　　　　　　　065

社会痛点

不少家庭陷入一个怪圈：父母希望孩子通过学习改变命运。如果孩子成绩一般或不好，父母会在本来不多的收入中拿出很大一部分，供孩子上昂贵的培训班。如果孩子的成绩依旧没有改善，父母就会感到绝望和无助，进而打骂孩子。亲子关系恶化，孩子成绩更差，甚至出现严重的心理问题。

孩子的健康成长，家庭教育、学校教育和社会教育三者都很重要。但在很多家庭，家庭教育是长期缺位的。要想解决孩子的问题，首先得把家长教育好，让家长学会与孩子沟通。

但是，教育家长这件事情，却是非常困难的。家长很忙，不可能天天过来学习。好不容易凑到一起，时间也就两个小时，讲不了太多。另外，即使真有机构专注于教育家长，也会因客户不够而赚不到钱，所以没有办法专业地做这件事情。

直播如何解决行业痛点

行业痛点	直播解决方案
教育资源匮乏，分布不均	覆盖范围更广，影响人数更多
组织难，门槛高，不可持续	时间、金钱和认知门槛降低
价格不透明，成本高昂	中间环节少，信息更透明
老师赚不到钱，行业难以扩大	服务更好，良币驱逐劣币

数字时代的解法

快手每天有 3 亿活跃用户,其中有很多是家长,有上述痛点的家长不在少数。快手平台可以很方便地把这些有类似问题的家长汇聚在一起。

对于家长来说:

1. 家长不需出门,有空时,只要打开手机,就可以看到有老师天天在那里做直播,讲能听懂的道理,讲活生生的案例。

2. 如果一开始不知道老师讲的内容好不好,那也没关系,可以先在直播间听听,反正是免费的。3 个月、6 个月后,慢慢就了解这老师靠不靠谱、对自己有没有帮助了。

3. 关于家庭教育的任何问题,家长们都可以随时问,还有家长直接把自己家的问题提出来,请老师帮忙处理。对于特定的案例,一段时间后,老师的帮助有没有效果,大家都可以看到。整个过程是透明的。

4. 直播间里,每一位家长说话,别人都看得见。如果老师水平不行或骗人,很容易翻车。

5. 如果买老师的课,大部分课程的价格是 100~200 元。而且买了以后觉得不合适,一些老师还承诺可以 7 天无条件退款。

对于主播来说:

1. 直播间里的家长来自全国各地,快手零成本地把他们聚了过来。线下卖课找渠道是个大难点,在快手上,某一个主播只要专注于提升专业度就可以。专业度和服务越好,来的家长越多。

2. 因为客人多,所以有规模效应,老师的收费不用太高,就可以赚到足够多的收入养活自己，并有动力提供更优质的服务。

3.自己是与全国的家庭教育主播竞争，家长如果觉得自己不好，别人好，离开是没有任何成本的。

峰哥：
让10万个家长学会跟孩子沟通

> **要点**
>
> - 全国有5亿个家庭，真正普及家庭教育的连1/10都没有，特别是三四线城市和农村地区，教育资源十分匮乏。
> - 在线下做家庭教育很难，成本高、组织难度大、价格和品质不透明，家长也没有那么多时间、精力和金钱去持续学习。
> - 短视频和直播平台的出现，让家庭教育的门槛大大降低。所有中间环节都消失了，老师可以直接跟有需求的家长"面对面"。

在正式开始峰哥的讲述之前，我们节选了一个用户的反馈，让大家有直观的感受。

本文作者为快手研究院研究员高珮著。

内蒙古呼和浩特市郝女士：

女儿，13岁，初一

　　女儿3岁那年，我选择了离婚。离婚后，我把所有的心血倾注到女儿身上，精心照顾她，对她要求也特别严格，但孩子并不快乐。我太要强了，觉得孩子哪儿都不好，最经常说的口头禅是"你怎么这么不争气"。

　　有近半年时间，我女儿完全沉迷于手机，不吃饭、不睡觉、不上学，也不跟家长说话。返校后，她的成绩从前几名一直下滑到不及格。

　　在快手听峰哥的课后我才明白，孩子没犯什么错，是我把自己的焦虑和对前夫的怨恨、不满，都发泄到了女儿身上。我学会了换位思考，考虑孩子的感受，学会了"和善而坚定"。女儿还是轻易不肯回家，但我能感觉到她对我的关心。我自己状态也好了很多，放下了过去的埋怨恼怒，见了前夫不再那么针锋相对，朋友说我的气色好了很多。

　　我妹妹也从2021年6月开始天天听，以前动不动打孩子，现在6岁的儿子不但作业能写完了，自理能力也很强。

小档案

快手账号：峰哥说教育

快手ID：wangjunfeng1319

粉丝数：717.9万

籍贯：内蒙古鄂尔多斯

垂类：母婴育儿

◎ 以下为峰哥的讲述。

我是学临床医学专业的，2008年开始在鄂尔多斯创业做教育培训机构。当时只是想赚点钱，对教育还没有那么深刻的认识。2011年，我们做出了影响力，建起了当地最大的校区，有50多位老师。

但我发现，这么多学生排着队来上课，我们也用尽心思，有一部分学生成绩就是起不来。不是老师教得不好，学生也很累，为什么成绩上不去？

当时我已经不上课了，天天找这些孩子聊天，终于找到了答案。有的孩子告诉我，"老师我可想学了，但是我妈天天跟我爸吵架"；有的孩子说，"我妈天天忙着赚钱，也不理我，就给我20块钱去吃饭"；还有的孩子说，"我只要成绩不好，我妈就骂我一顿，说给你上'一对一'还不行，花那么多钱你顶啥了，你就像猪一样，快笨死了，生下来就是个错误"。

听了这些扎心的话，我说，不行，学习不好根本不是孩子的问题，是家庭的问题。家庭出问题的孩子，再好的老师都教不好。

我花了很长时间学习，考了国家二级心理咨询师证书，把市面上几乎所有关于家庭教育的书买回来读，再结合自己的实践和思考，做家庭教育的课程。

一开始根本没人相信我。我把培训机构里业务能力最强的两个员工派出去跑了一个多月，也没什么人愿意让我去讲课。城市市场打不开，我们就尝试找农村学校的校长，免费开讲座，还得给人家拿点礼品。一次讲过之后，校长觉得不错，通过朋友介绍慢慢打开了局面。

峰哥到内蒙古的学生家中家访，80多岁的粉丝（左）给他赠送锦旗

后来，很多学校会主动联系我们，在固定时间邀请我做讲座，有些学校还象征性地给点费用。我讲课越来越熟练，用心琢磨怎么把课程讲活，让大家想听，从趣味性到实用性，家长对我们的评价就3个字——"接地气"。

教育这么大的一件事，一定有人关注

2019年年初，我来到北京，在一家教育机构当讲师，专门讲家庭教育，其实主要还是帮机构卖课。也是在这一年，有很多家长、同事、朋友问我，为什么不通过互联网平台讲课？我这才意识到短视频平台的影响力。我想，教育孩子这么大的一件事，一定有人关注。

2019年11月，我下载了快手，开始每天晚上直播讲课。我把链接分享到家长群里，直播间在线人数逐渐从第一天的十几人，增加到了四五十人。

疫情期间，我开始一天讲10个小时，每天上午7点到中午12点，晚上7点到夜里12点。当时我的快手号大概有10万粉丝，直播间在线人数能达到2 000左右。有一天的课程主题是"如何戒除手机游戏"，很多家长涌进了直播间，在线人数涨到了4 000多，我当时就急出了一头汗，担心讲不好这节课。

在这之前，我总盼着直播间人能多点，但人多了又怕接不住。从那天起，我的心态变了，不想太多，专注把每节课讲好。

那段时间，每讲一节课都能增加几千个粉丝，有一些铁粉是专门为了看教育而下载的快手。我在线下互动中做过调研，至少有1/3的粉丝是这种情况，大多是通过亲戚朋友介绍的。

很多孩子听过我们的课后，写作业不磨蹭了，早上不赖床了，学习效率高了。一旦学习问题解决了，家庭矛盾也少了。我们没什么高深理论，从根子上抓实几个问题就行。不系统、不落地、不帮孩子养成习惯，解决不了教育的问题。

我跟很多专家探讨过，一线城市的家庭教育理念，到了下沉市场会水土不服，根本行不通。比如跟北京的家长说"和善而坚定"，他很快就能领会；到三四线城市，举 20 个例子家长都不一定能听懂。我在内蒙古时，请过一个马来西亚的知名专家，结果一个小时的课讲到一半，全场走了一半人。

我是从基层一步一步走过来的，我知道家长们的困惑是什么。我们讲课就要接地气，用最简单的语言，家长能直接用上。

教育问题的根源，很多是家庭关系

之前我在内蒙古，每天直播完都会被十几个家长堵在门口问问题，下播后想上厕所都去不了，也没时间准备课程，只好悄悄搬到没人知道的地方直播。

让我印象最深刻的是一位山西太原的家长，当时疫情刚结束，我每天在大号讲完课后在小号直播健身，这位父亲跑到内蒙古，打了一辆出租车，靠直播截屏找到我，提出了连麦要求。

我平时连麦是随机的，也不接受预约，他就一直坐着不走，说他的孩子情况比较特殊。我看这位家长确实挺真诚的，就连麦听他讲述了实际情况。

这个孩子当时上初二，父母开彩票站，忙起来没时间管他。他在学校里受了刺激，没人开导，就天天在家玩手机，四五个月不出门，成天拉着窗帘，不洗头也不上学，有时甚至神志不太清醒。

当时直播间有 1 万多人，我每天在直播间跟这个家庭连麦一个小时，找话题跟孩子聊天，教家长应该怎么做，持续了大概两三个月。

孩子不跟家长说话,我们就想办法,比如断手机和断食,他饿得不行,就会走出房间。在这个过程中有一点很重要:不能给孩子施加心理压力,也不要过度关心。

慢慢地,孩子跟家长说话了,一两个月后想出门了。爸爸带他去天津玩了一次,回来后剪了头发,还到内蒙古见了我一面。最近,这位爸爸给我发消息,说孩子中考成绩出来了,能考上普通高中。

另一个让我印象深刻的孩子,也是山西太原的。

2020年10月,突然有一个爸爸视频连麦,上来就哭,说孩子有半年多不洗头、不洗澡、不换衣服,说话前言不搭后语,成天关着门,不给手机就砸东西。普通医院、心理医生甚至精神病医院都找过了,孩子父亲哭着跟我说,全家人已经绝望了。

其实这个孩子特别懂事,是因为爸妈天天吵架,受伤害太多,他才破罐子破摔。我先把他父母狠狠批评了一顿,夫妻两个都在直播间哭。之后,我开始每天告诉他们怎么做。

第一步是把手机收起来,第二步是家里不做饭,全家去外面吃饭。孩子不肯出门,饿得受不了,用热水冲方便面调料喝。因为孩子不愿自己出门买吃的,我给他爸爸出主意,每次只买一点点。这个家庭住6楼,爸爸回来时故意跌倒在5层,喊孩子出来帮忙拿东西,孩子半年来第一次踏出家门跑到5层。第二次跌倒在4层,第三次跌倒在3层,直到有一天跌倒在单元门外,孩子就走出去了。

恢复正常吃饭后,孩子开始跟爸爸交流,爸爸做饭,他帮忙端盘子洗碗。这孩子有耐心,我就一箱一箱地给他寄书和拼装玩具。就这样过了两个多月，我给孩子打电话，问他能不能过来帮我做点事，他并不排斥。

春节后，父母怕他状态反复，把他送到了我在内蒙古的公司。我们给他安排各种事情，就是不让他有空玩手机。

只有家长成长，才能根本性地解决教育问题

这两个案例，既特殊又普遍。很多孩子状态不好的家庭，要么是家长忙着赚钱，没时间关注孩子成长，要么是夫妻关系不和谐。这样的家庭，孩子会孤独、脆弱、没有安全感。

我以前做线下课程，应邀去一个学校讲课，有一个班里40多个孩子，有一大半是单亲家庭。并不是离婚不好，而是很多父母离婚后会在孩子面前抱怨对方，这会直接影响孩子的内心。

现在竞争激烈，越是缺乏教育知识的家长，想培养孩子的心理越急切。急切又没有方法，这是最可怕的。前几天有个爸爸连麦，他女儿上小学一年级，因为看电视时间长，被妈妈剪了头发，打耳光打得脸都肿起来了。

我跟孩子连麦，问孩子妈妈最大的改变是什么，孩子回答"妈妈不打我了"。我听完心里特别不是滋味。很多父母把孩子当成了出气筒，字没写好打，鞋带没系好打，晚回家几分钟也打。有个在直播间连麦的爸爸说，他和儿子前一天打架打到了凌晨3点，原因是孩子玩手机。

我们讲家庭教育，不但讲教育孩子，其实也是教育家长。很多孩子的问题，其实是家长的问题。比如孩子缺乏自主学习能力，往往是因为家长干涉太多。只有家长成长，才能根本性地解决教育问题。

家长大多不爱学习，所以我讲课既要实用，还要让大家爱听。家长爱听的第一类内容，是涉及情绪化的东西。有些家长平时不管孩子，一到考试就开始管了，我把这种类型叫"抽风型"。有的家长听课时间长，但脑子转不过弯儿来，死不承认错误，现场连麦时把听众都气到了，这种就必须用激烈的语言来应对。

第二类是有关婚姻方面的话题。其实婚姻和教育特别相关，如果婚姻幸福，孩子不会有什么大问题。我遇到过好几个家长马上要离婚了，协议书都写了，通过我们调解，矛盾解决不离了。

第三类是亲子关系。有的孩子在家里叛逆，是因为家长不会沟通，跟我一沟通就不叛逆了。有的孩子早晨不起床，爸妈怎么都叫不起来，我在手机上连麦叫他起床。

第四类是大家最关注的孩子用手机问题。我接触过的家庭，80%有孩子沉迷于手机的现象，原因首先是父母缺位，其次是父母没有原则。在三四线城市及偏僻地区，很多爸爸天天忙着赚钱，没时间陪孩子，他们只会跟孩子说，"你好好学习，爸爸给你买个好手机"，最后把孩子害惨了。还有一种是父母没有原则，比如说好了玩半个小时，但孩子自控能力差，家长又不管，超时后吼一顿了事。

对于自主意识强、从小就有规则意识的孩子，用手机没问题。但一些孩子自我管理能力比较差，父母一定得坚持原则，否则就是伤害。孩子知道父母的原则后，下一次使用时就会有节制。

有些家长想不通，就必须有专业的人反复跟他讲。我之所以坚持天天讲，是因为觉得这是一份责任。其实我们的课程核心就是教家长，教孩子只是辅助。

互联网的透明和放大效应，让更多家长受益

中国的家庭教育是非常欠缺的。全国有5亿个家庭，真正普及家庭教育的连1/10都没有，特别是我们用户集中的三四线城市和农村地区，这方面教育资源十分匮乏。真正做家庭教育的机构数量很少，很多是以此为噱头赚钱。

教育是个漫长的过程，我把家庭教育分为三个阶段。一是认识阶段，提升认知水平；二是方法阶段，提升执行力；三是行为阶段，就是要坚持下去。因此，在线下做家庭教育，无论从哪个层面看都不太现实，因为家长没有那么多时间、精力和金钱去持续学习。

我们之前在学校讲课，组织课程特别难，不可能长期持续，而短短几次课很难把知识系统性地讲清楚。从2011年到2020年，我们陆续在全国做了1 000多场讲座，多的时候1 000多人，少的时候只有几十人，而且大多是公益性质，覆盖成本都很难。

市面上培训行业所谓的家庭教育系统课程，非常混乱，便宜的可能几百块，贵的得五六万元。如果去外地听课，住宿吃饭又是一笔额外开支。

线下课程要租场地，再加上老师的讲课费、安保成本、会场的音响设备及其他工作人员等，费用很高。从机构、老师到代理商都得挣钱，几轮下来全是客户买单。

为了鼓动家长买单,线下机构往往在封闭场所内卖课,由销售能力很强的人制造氛围,搞得花里胡哨,就是想让家长花钱。但他3天能讲啥?孩子在那个地方被感动,哭得稀里哗啦,但回到原生家庭过一个星期,又重回原样。

事实上,教育培训就应该透明,输出最优质的内容。在线下,老师再好,信息传播不出去,家长也不知道;有的家长很愿意上课,但花不起这个钱。

短视频和直播平台的出现,让教育的门槛大大降低了。

在我的快手直播间里,每天坚持听课的至少有3万人,最高在线人数达到8万。我们制作的课程,也累计覆盖了超过10万个家庭。家长可以看半年直播再决定买课,听三四个月的系统课程,还能看回放。买了以后觉得不合适,7天无条件退款。就算体验了以后觉得不起什么作用,也就几百块钱的事,下次可以不买。

互联网的放大效应,让受益的家长更多了。所有中间环节都消失了,老师可以直接跟有需求的家长"面对面"。老师在线上获得的收入也大幅增加,因为消费者更多了。讲一节课1 000个人听,一人收10块钱,收入一万元,一万个人听课就可以一人收一块钱,10万人上课就可以一人只收一毛钱。

互联网最大的优势,还在于它是透明的。在快手上是真正拼实力的,只要提供足够有价值的东西,价格又公道,消费者绝对愿意下单。

1万人以上的直播间,如果有一个人在评论里说不好,也会影响别的客户,所以老师必须把课程做好,最起码得对得起价格。家长可以无门槛对比不同的老师,这会让整个行业更规范。

365元的100天线上课程，有6.5万人报名学习

2020年5月，我们在快手上做了一套名为"梦想百日计划"的课程，售价365元，有2 000多人购买。我亲自带着孩子完成一整套学习方案，包括养成早睡早起、做学习计划、复习总结等好习惯。有的孩子学习效率比较差，我们也会讲一些具体的方法。

随着粉丝量的增加，我们课程的影响也在不断扩大。

暑假期间，我们做了一个21天的课程，售价299元，有1.7万人报名，实际在线听课的人有4万多。

我每天讲两场，早晨6点到9点给孩子和家长讲课，帮助孩子养成早起的习惯，晚上一个小时带着孩子落实，21天讲了42节课。除了一整套资料，我们还给坚持上满21天课的孩子赠送一个定制的大礼包，里面有一个厚厚的笔记本、一个闹钟，还有一支价值100多元的钢笔。

前段时间，我们准备了新的100天升级版课程，讲培养孩子自主学习能力的9个维度，单价365元，有6.5万人报名学习。开课后，我们直播间在线人数通常是6万多，最高能达到8万人。

我做快手时间不长，研发产品需要漫长的过程，要把原来线下多年的积累做整合，也要适应线上的节奏。比如线下按年级授课，线上课程则要满足幼儿园、小学、初中、高中等不同年龄段孩子的需求，还要让大家都听得懂、用得上，上课难度很大，特别考验老师的能力和资料的实用性。

到目前为止，我们做了四五期课程，家长反馈还是不错的。一位父亲发微信告诉我，他儿子为了准时上晚上7点的课，连最

爱的赛车比赛都不看了。

除了线上课,我们还从2020年八九月开始尝试直播带货,主要卖书籍和其他学习用品,单场销售额通常二三十万元。前几天,我们一场卖了5万套书,近20万本。我们在直播间卖一场,顶线下20个书店一年的销量。

我不专门带货,只是在讲课的过程中穿插。比如讲课时间是6点到8点,卖产品基本是8点以后,或讲课过程中正好讲到这个东西,粉丝要买就"上车"了。我们介绍产品的时间也很短,一款产品也就一分钟,大概几句话说明白就行了。其实恰恰是这样,家长反而买得多。

一开始,我们也卖过几次生活用品,后来觉得不行。我要把直播间的家长当朋友相处,卖跟学习相关的东西他们能接受,但不能弄那么杂,好像利用粉丝一样。有的家长理解,说王老师我们在哪儿买都是买,但也有人不理解,觉得这个老师就是要赚钱。所以我们定位非常明确,我的直播间只有书籍、学习类用品和体育类用品,其他的都不卖。

峰哥用户：
和善而坚定地与孩子相处

快手研究院到内蒙古和山西，访谈了峰哥的5位用户。以下为主要内容。

访谈一：内蒙古呼和浩特市郝女士

女儿，13岁，初一

两三年前，我女儿是所有人眼中的好孩子，学习成绩好，性格也很好。只有我自己知道，这个"完美小孩"是如何被我一手打造出来的。

女儿3岁那年，我选择了离婚。离婚后，我把所有的心血倾注到女儿身上，精心照顾她，对她要求也特别严格，但孩子并不快乐。

本文作者为快手研究院研究员高珮著。

一边做生意一边带孩子，我忙得像陀螺一样，整个人异常紧绷，每天阴沉着脸、皱着眉头，动不动对孩子大吼大叫，甚至动手打她。一年中有300天，孩子晚上都是在我的唠叨或谩骂中睡去，要么捂着耳朵，要么抱着肩膀瑟瑟发抖。我太要强了，觉得孩子哪儿都不好，最经常说的口头禅是"你怎么这么不争气"。

在快手听峰哥的课后我才明白，孩子没犯什么错，是我把自己的焦虑和对前夫的怨恨、不满，都发泄到了女儿身上。

2019年，女儿12岁（虚岁）生日后一个月，她爸爸突然再婚了，孩子无法接受，抵触情绪一下子爆发了。

她搬去爸爸家里，爸爸怕麻烦不愿意陪伴，把她送到军事化管理的私立学校，还用智能手机安抚她。有近半年时间，我女儿整夜刷手机，完全沉迷，不吃饭、不睡觉、不上学，也不跟家长说话。返校后，她的成绩从前几名一直下滑到不及格。

那段时间真是病急乱投医。我读易经，带女儿去精神卫生中心医院，关注很多讲家庭教育的公众号，给一个公众号打过3 900多元，还花了好几千元找过"大仙儿"，都没用。

整整两年时间，我一点办法都没有，直到2021年4月在朋友推荐下关注了峰哥。

第一次看峰哥直播，我就下单买了好几本关于家庭教育的书。2021年5月，我刷信用卡，花3 980元报名了峰哥组织的北京夏令营，孩子不肯去，我自己去听了3天的线下课。

听峰哥说别的家长，其实是拿别人的事来对照自己，找自己的问题。用我母亲的话说，峰哥是"骂一人，教百人"。以前不知道怎么教育孩子，没人提醒，也不敢跟别人说，就怕别人笑话。那会儿也没有快手,不能刷出来个小视频告诉我该怎么办。

峰哥的课,一下子把我点醒了。

我学会了换位思考,考虑孩子的感受,学会了"和善而坚定"。女儿还是轻易不肯回家,但我能感觉到她对我的关心。峰哥见过我女儿,说她完全没必要吃药,还建议她读一些正能量的故事,录下来,孩子很期待,积极配合。

我自己状态也好了很多,放下了过去的埋怨恼怒,见了前夫不再那么针锋相对,朋友说我的气色好了很多。

如今,峰哥已经是我们全家人的偶像。

我80岁的老母亲听峰哥讲课听了两个月,认认真真记了两大本笔记,用峰哥直播间买的三色笔标注重点,还在门后贴了峰哥的海报,旁边贴着写满了感悟的便笺纸。

80多岁的粉丝把峰哥海报贴在家里的门上,旁边是写满笔记和感想的便笺纸

我妹妹也从2021年6月开始天天听,以前动不动打孩子,现在6岁的儿子不但作业能写完了,自理能力也很强。这几个月,我们一家从峰哥那儿买了100多本书。前两天峰哥卖开学大

礼包，我盯了大半天直播，到现在还有十几个订单没到货。

快手也有别的老师讲教育，但没有峰哥讲得好。他实事求是，特别接地气、真诚，能说到家长心坎儿里，说得家长心服口服。我们身边听峰哥讲课的家长太多了。

我唯一遗憾的，是遇到峰哥太晚了。如果我在孩子四五岁时明白这些道理，就不会那样对待孩子；哪怕能早听两年，也能早一点自我反省。

访谈二：内蒙古呼和浩特市丁女士

女儿，14岁，初二
儿子，12岁，小学五年级

我今年55岁，女儿14岁，上初二，儿子12岁，还在读小学。在快手上听峰哥讲课之前，两个孩子是被我从小打到大的。关注峰哥后最大的变化，是孩子不挨打了，亲子关系也变好了。

我丈夫十几年前意外去世，当时女儿两岁半，儿子才6个月，我靠赔偿金和每年950元的低保，偶尔闲暇时去菜市场帮人家打包，艰难地把两个孩子拉扯大。

两个孩子调皮，经常不写作业，打闹着把家里折腾得一塌糊涂，我一着急就又打又骂。有时我心情不好，孩子把一碗水洒到地上都要打，3根手指粗的塑料管和木棍被打断了好几根，打完我心里又后怕。孩子犟，我更犟，生气了就让他们跪在地上，没错也必须让他们认错。

孩子虽然不敢顶嘴，可心里特别委屈。以前我一到家，两个孩子就静悄悄地不敢说话，也不敢往我身边凑。我听到过他们偷偷讨论，自己到底是不是亲生的。

2020年新冠肺炎疫情后，我儿子和同学打闹，同学要告诉老师，他害怕得当场跪了下来。老师知道这件事后找我，问我是不是经常打孩子。

也是在那段时间，我刷快手时偶然刷到了峰哥的视频。这件事让我意识到，我已经把两个孩子打得没有尊严了。

那段时间我在帮别人洗盘子，早上6点上班，把盘子从消毒柜拿出来，一边擦一边听峰哥讲课，把一些家庭的故事从头到尾听了下来。

我没钱买配套听课的材料，也没文化，不会写字记笔记。听了四五个月峰哥讲"和善而坚定"、讲"好孩子不是打出来的"，我才慢慢觉得脑子好像清醒了。

我以前养孩子，就像喂小猫小狗，不把孩子当独立的人。我从来不考虑孩子的心情和感受，就觉得孩子给我添麻烦了，让我不省心。

现在我起码理解孩子调皮点是正常的，能站在孩子的角度想问题，也慢慢地不打孩子了，这一个暑假就打过一次。

我也不管学习了，作业爱写不写，孩子反而自觉了。两个孩子每天早上6点起床听峰哥讲课，8点开始背英语，9点写作业，学到了不少学习方法。以前暑假作业根本写不完，现在完成得又快又好，还帮忙洗碗做饭。

孩子们好了，我自己心里也轻松了很多，家里气氛不那么压抑了。孩子们凑在我旁边有说有笑，我可高兴了。

峰哥直播间卖的东西都是跟学习有关的，物美价廉，孩子们特别喜欢。我买了9块9两根的跳绳、9块9一盒20支的中性笔，还有不到100元的蓝牙耳机和50多块钱的地球仪。

直播间有人说，做教育的怎么卖起货来了，可我觉得峰哥卖得价格便宜货又好，关键是用得上。人一辈子难得遇上好人，要是没有峰哥，我真不敢想孩子以后会怎么样。

访谈三：山西省大同市王女士

儿子，11岁，小学五年级
女儿，3岁，幼儿园中班

女儿一岁半时，我做了骨质细胞瘤手术，膝盖下面全是用支架固定的人造骨水泥，卧床休息半年多。

我家是做装修的，以前我每天风风火火地跑工地、谈业务，生病后就有点抑郁了，每天躺在床上胡思乱想，一边想一边哭，又心烦又舍不得孩子，天天因为琐事跟老公吵架。

我12岁时妈妈得癌症去世，我从初中开始假期打工赚学费，特别艰难。我害怕孩子重蹈覆辙，反而给全家带来了很多情绪压力。

那段时间，我老公每天都得看我的脸色是阴是晴，于是回家越来越晚。儿子变得特别暴躁，动不动喊着"你打死我呀"。两岁的女儿小心翼翼地躺在我旁边，动都不敢动，更别说像同龄孩子那么活泼爱撒娇了。

2021年春节前,我去做美甲,有人给我推荐"峰哥说教育",我决定试着听一听。

那几天正好赶上一对夫妇分居好几年,峰哥帮忙沟通协调,跟踪了七八天,双方改变挺大的,我很有感触。快手上也有其他老师讲教育,但峰哥不只是教孩子读书,而是教育整个家庭。

听了十几天后,我"威胁"老公跟我一起听,还给他买了峰哥推荐的《做一个真父亲》。

跟着峰哥,我开始学着对待孩子和善而坚定,少唠叨,不打骂。我也不再用命令、埋怨的语气跟我老公说话,而是商量和请求。

我老公也在改变。他以前早出晚归,跟孩子关系也不好,一说话就是吼。听峰哥的课一个多月后,他有空就给我打电话,跟孩子开玩笑,还会给我买口红、买项链、发红包。现在,我老公跟儿子关系特别好,晚上睡一个房间,有聊不完的天。

我11岁的儿子改变最大。

这孩子原本成绩名列前茅,但在我生病后暑假作业没完成,还沉迷于玩手机。2020年9月开学后,老师说孩子状态特别不好,但我每天腿疼得受不了,没心思管他,就这样一直拖到了疫情暴发。

儿子上网课期间,我有两次发现他跟同学聊天或偷偷玩游戏,气得用拐杖打他,把拐杖都打弯了。当时我就想,孩子为什么就不理解、不体谅父母,不能懂事一点呢?

从2021年3月开始,我儿子每天6点准时跟着峰哥打卡,还专门找了个好看的本子做笔记。哪怕做了手术躺在病床上疼得直哭,他也坚持上课,一天都没有落下。

暑假期间，峰哥上线了21天培养自主学习能力的课程，孩子一开始担心坚持不下来，但我还是报名了。线下的专注力训练一节课最少也得200块钱，学一期好几千元，峰哥的课才200多元，我觉得这个钱不会白花。

听课后，孩子进步明显。

以前他写作业，坐一整天写不了多少，我看着都累；现在不但提前完成作业，还有时间预习、读课外书和玩耍，还会帮我扫地、洗碗、擦桌子。跟着峰哥，他每天都会大声读半个小时书，把英语课本里所有重点句型、句子和单词倒背如流。有一次峰哥在直播间的4万多人面前播放了他的录音，他大受鼓舞。

听峰哥的课半年时间，我不是一个人在改变，潜移默化中整个家庭都在发生变化。"六一"儿童节的时候，我儿子作为优秀学生代表登台演讲，我也被评为优秀家长。

我在峰哥直播间买了近100本书，还有各种学习用品，刚升级为10级粉丝。新的100天课程出来，孩子从预热就开始催我买。只要峰哥上课，我就会一直跟着听。

访谈四：山西省忻州市河曲县甄女士

大儿子，24岁，准备考研

小儿子，17岁，高二

2019年11月峰哥开始直播，12月，我从朋友那儿听说快手上有个老师讲教育讲得挺好，就下载了快手。我没钱装宽带，蹭邻居家的网坚持听到了现在,一天都没有落下过。

我家是农村的,大儿子正在准备考研,小儿子17岁,开学上高二,我为了陪读搬到县城,租了一间十几平方米的小房子。孩子爸爸一个人在外面打工挣钱,供两个孩子上学,还要照顾4个老人,经济上挺拮据。

我丈夫读了两年小学,我一天学都没上过。在听峰哥讲课之前,我根本不懂什么叫家庭教育。

我小儿子当时上初三,再过半年就要中考了,但上课坐不住,不完成作业,还经常跑外边打架。

我又着急又迷茫。孩子犯了错,我不是打就是骂,告诉老师让他们"往死里打"。孩子学习不好,我自己省吃俭用也要送他上补习班,小班一节课100块钱,大班一个月2 000元。

我最大的愿望就是培养好孩子,希望他们有一天出人头地。

对于我们这样贫困山区的家庭,孩子成功就是100%的成功,孩子失败就是100%的失败。

现代社会有房有车才能娶媳妇,我50多岁了,什么都没有,只能自己节衣缩食,培养孩子好好读书。学习是他们唯一的出路,否则只能像他爸爸一样打工吃苦。

但我们这里没什么家庭教育资源,学校老师不给教,外面也没人教,家长没办法,只能干着急。我特别感谢快手平台,让我遇到了这么好的老师,坐在家里也能学习,也不用花什么钱。

快手上有不少讲教育的老师,峰哥跟他们不一样,讲得接地气,还会在直播间分享很多案例,我没什么文化也能听懂。

以前我不知道孩子在想什么,现在至少学会尊重孩子的想法,不唠叨,不打骂,不讲大道理,慢慢走进孩子的心里。以前孩子不敢跟我说话，现在什么事都跟我沟通。

峰哥说爸妈是原件，孩子是复印件，父母干什么孩子就干什么。我开始每天好好学习，不会写字，就用手机发语音转成文字，慢慢摸索着学了不少字，记了好几本笔记。

峰哥说补课没用，孩子自己想学才能学会。我把课外补习班停了，孩子反而进步了，中考考了560多分，上了重点高中，而且能在班里排到一二十名，每次考试都在进步。

一开始，儿子对峰哥还有些抵触心理，慢慢地也开始跟着我听课。

2020年5月，他跟着峰哥上了100天的课程，整个人变得开朗自信，更自律了，做事有规划，还学到了不少学习方法。

峰哥对我们这些直播间里的贫困家庭挺照顾的，送书送东西，给我儿子奖励了水杯、荣誉证书和1 000块钱奖学金，还让我们免费参加了两次夏令营。

如果不是峰哥，孩子哪有机会去北京，站在首都的讲台上讲话。我也在峰哥直播间买了台灯、地球仪、词典笔和30来本书，价格都挺便宜。

从峰哥直播间收获了这么多，我把峰哥推荐给了身边的人，我认识的就有100多人在听课。一个地方有1 000人听课，峰哥就会免费来讲一堂课，我就盼着他到河曲给我们免费上一堂课。

访谈五：山西省太原市薛先生

儿子，16岁，休学

2020年新冠肺炎疫情期间上网课，我第一次感觉到儿子不太对劲。当时他的手机屏幕一半是老师讲课，一半是密密麻麻的字。我只有小学二年级文化水平，不识字，后来才知道是网络小说。

因为孩子妈妈比较强势，经常讽刺挖苦我，我也脾气不好，我们两口子每天不是打架就是吵架，到那时已经分居两年了。孩子沉迷手机后，他妈妈跟他连续闹矛盾，有几次打了起来。

2020年5月11日学校复课，孩子没写作业，不敢去学校。我骂了他两句，他索性把房门反锁起来，再也不肯出来了。

那段时间，我儿子连续4个月没出家门，从早到晚玩手机，不跟人说话，不洗头不洗澡，衣服从来不换，头发长到了齐肩，脚趾甲长得连鞋都穿不上。我们做好饭端到他面前，他要是觉得不合胃口，直接就把碗掀翻了。

为了治好孩子的"叛逆"，我把周边城市的医院跑了个遍，医生说是抑郁症。还有一家医院的医生说他是精神分裂，让我们把他绑起来送到精神病医院。

我通过朋友先后找了十几个心理咨询师，一小时收费200~500元，都说是父母要求高把孩子逼成了这样，说让孩子怎么开心怎么过，让他自己反思。

那时我把所有钱都花到了儿子身上，却一点用都没有，简直觉得孩子没救了，每天一个人坐在楼梯间号啕大哭，一天抽两包烟，整个人从138斤瘦到了96斤。

2020年5月，我通过亲戚知道了峰哥。我用两三个手机同时看直播，天天听课，等了好几个月，终于在12月4日跟峰哥连上了麦，激动到一开口就哭了。

峰哥听了我的故事，让我先把夫妻关系处理好，然后就是给孩子断食、断手机，逼迫他走出自我封闭。

我偷偷找修理工把孩子的手机弄坏，假装是他睡觉时不小心摔坏的。孩子生起气来，用锤子把手机、门、电脑全砸了。电脑主机不好砸，我就跟他一起砸。他尝试过半夜偷偷拿我手机，被我发现了；还抢过我的手机，我跪在地上抱着他哭。

那次之后，我们全家都换成了不能上网的"老年机"。孩子实在没手机玩，竟然走出房门开始看书，在书上写感悟，拼峰哥送给他的乐高。

连续两个多月，峰哥天天跟我连麦，教我应该怎么做。我买了很多书学习，还把手机藏在楼道里，每天三四点起床到岳母家充好电，6点准时在楼下听峰哥直播。北方的冬天冷得要命，我手指冻僵了，连屏幕都按不动。

到春节时，我儿子已经可以偶尔出门，还跟着我回了一趟老家。我注意到，孩子出门时都会把眼镜摘掉，还是对外面的世界充满恐惧。节后回到太原，我怕孩子情况反复，就把他送到了峰哥在鄂尔多斯的公司。

这几个月，我去内蒙古看了儿子5次，他一次比一次表现好，开始跟我聊天、关心我，给他妈妈洗脚，我们两口子也已经和好了。

我儿子以前特别优秀，初中考试就没下过630分，但就是因为家庭的问题自卑、敏感、缺乏安全感。这全是父母造成的，如果没有峰哥，我可能这辈子都认识不到自己的问题。认识峰哥后，我把自己的网名改成了"感恩遇见"，老铁们都觉得这个名字好，峰哥直播间里多了很多"感恩遇见"。

  我身边听峰哥课的家长越来越多，孩子各方面都有进步。我有一个想法，把峰哥的海报贴到小车上，骑着车到处去转，让更多家长听课，让娃娃们少一点痛苦。

02

第二部分
数字经济新形态：信任革命

第三章 医疗健康：重建医患信任
第四章 汽车销售：从"水很深"到"全程透明"
第五章 二手车：颠覆二手车行业的"柠檬市场效应"
第六章 房产中介：可以信任的新型房产中介
第七章 装修家居：装修行业的信任革命

第三章
医疗健康：重建医患信任

老百姓看病，痛点多，医患纠纷也不少。在数字时代，患者可以很方便地了解疾病知识，提前看到整个诊疗流程，找到自己信任的医生。

本章篇目

尚医生：把胃肠镜检查和手术搬上直播间	095
恩哥：让女性不再对妇科疾病羞于启齿	103
神经内科宋璞医生：直播提高了患者的依从性	116

患者的痛点

　　1. 老百姓对小病小患不了解、不在意，去医院时已经拖成了大病。另外，中国地方大，医疗资源不均衡，老百姓很多时候不知道"原来这个病还有更好的治疗方法"。

　　2. 因为缺乏相关知识，出于对未知的恐惧，老百姓对医疗技术、对医生有很多误解，他们不了解病房里发生了什么。门里是医生的操作，门外是焦虑不安的等待。

　　3. 万一手术的效果不理想，不清楚是医生失误导致的，还是病情本就如此。医患关系容易紧张。

数字时代的解法

　　普及医疗知识，打破医患信息壁垒。快手每天有3亿活跃用户，很多人都有自己关心的疾病知识，这也吸引医生去讲解各种知识。围绕好的医生，平台自发形成了一个个患者的社区。患者平时就可以找到自己最信任的医生，了解相关的疾病知识，了解整个治疗过程。

　　在这方面，沈阳市第五人民医院的尚书医生摸索出了一条路子，很值得研究和探讨。

尚医生：
把胃肠镜检查和手术搬上直播间

> **要点**
>
> - 用户能深度了解诊疗过程中可能发生的情况，让整个治疗过程更加透明。
>
> - 看了诊疗画面，用户在没去医院时，就已经大概了解各种症状对应的疾病，如果不及时治疗会发展成什么后果，从而形成"看快手学科普→到医院检查→早发现早治疗"的新型就医决策模式。
>
> - 打破地域限制，即使在偏远山村的人，也能通过快手上各科室医生的视频学习健康知识，找到自己信任的医生。

本文作者为快手研究院研究员刘冉。

小档案

快手账号：尚书TALKING

快手ID：SSTALKING

粉丝数：96.1万

籍贯：辽宁沈阳

垂类：医疗健康

    尚书是沈阳市第五人民医院内镜诊疗中心的主任。他是第一个将诊疗过程发到快手上，并直播手术过程的内镜科医生。

    通过短视频和直播，全国的患者都可以对肠镜的全过程更为了解，他们看到：尚书医生的肠镜患者在检查中全程无痛感，面色平缓，还可以自如地打电话。

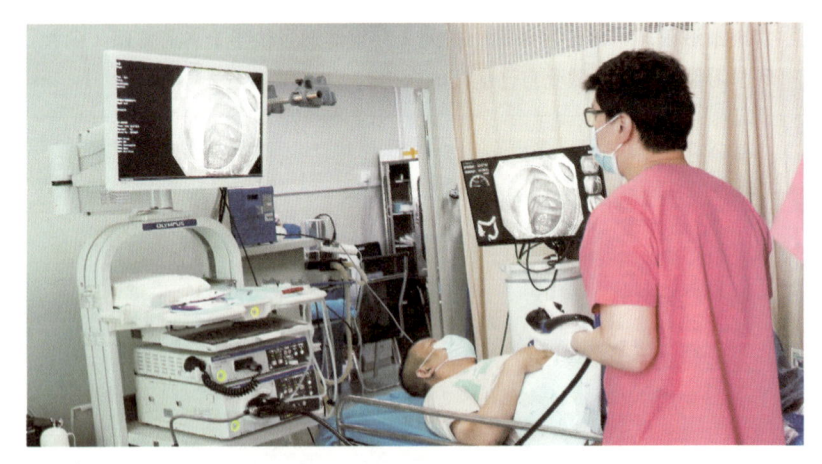

尚书为一名患者做肠镜检查，并同步在快手直播，直播前已征得患者同意
（注：内窥镜显示的彩色画面已经过黑白处理）

"不用我来说做肠镜到底疼不疼，网友们自己看患者有没有难受、有没有叫唤，这样他们就有勇气来做检查了。"尚书说。

因为快手而找尚书的患者已经覆盖了 30 多个省级行政区，累计近一万五千人，占团队门诊量的六成。这其中，很大比例是来自农村的普通老百姓。

现在，尚书平均每个白天要做 20 台检查，晚上还会安排手术，预约挂号都排到了四五个月以后。他每周有两个晚上，会到五院的医联体医院坐诊，"挂号的人太多了，利用休息时间在其他地方出诊，能让多一些人做上检查"。

把好的服务落实到全流程的每一个环节

在一次直播中，有一位铁岭昌图县的大娘和尚书连麦咨询时有些紧张，症状描述不清，不少网友让尚书赶快挂断，但尚书仍耐心听完，予以解答。他告诉网友："她本来就紧张了，你们应该鼓励她，每个人都在我的直播间里感受到了温暖，才会有更多人来我的直播间。"

科室走廊里挂满了患者与尚书的合影。尚书说："我特别重视氛围感，候诊区的合影墙是我专门设计的，等候的患者看完一排排的故事，就不紧张了。"诊疗室内放着香薰和舒缓的音乐，帮助患者缓解紧张感。"环境氛围很好，进了检查室就跟网友见面似的。"有患者这样描述。

因电话预约的患者众多，尚书团队还聘请了播音主持专业的人才组建了客服团队。"这是为了让全国各地的网友患者打电话的时候,能够听到一个温柔耐心、热情周到的声音,能在就诊的最初就感受到我们的温暖。"尚书说。

快手健康员工余雪松也亲身体验了尚书的肠镜检查。"我之前还好奇,为什么全国各地的人都跑来找尚书,体验后发现,他真的特别重视用户体验,手术确实不疼。并且尚书非常开放,愿意把诊疗过程公布在网上,现在平台上的很多医生也都在效仿尚书这种医学科普形式。如果医生都这样服务自己的患者,可能就不会出现那些医患矛盾了。"

◎ 以下为尚书医生的讲述。

把直播和诊疗过程结合,起因挺偶然的。我的一个同学找我做肠镜,我说我做肠镜一点不疼,我同学根本不信,说不可能。他开玩笑说录一下诊疗的过程。我把肠镜诊疗过程录了下来,确实无麻醉也无痛。我把视频发到快手上,马上就火了。

后来我开始尝试把手术过程直播出来,我是少数敢在快手直播手术全过程的医生。当患者通过直播看到手术过程,包括不可避免的出血情况,他们慢慢会更理解医生。

如何处理专业问题与普通受众之间的理解障碍,是一件很不容易的事情,医疗领域更是这样。

医患关系为什么容易紧张?一部分原因就是家属和病患看不到、不清楚手术中会发生哪些事情;不知道术后效果不理想到底是医生导致的,还是病情本就如此。

老百姓对医疗技术、对医生的很多误解,源于对未知的恐惧。他们完全不知道病房里面发生了什么，门里是医生的操作，门外就是焦虑不安的等待，这样的大门需要我们去把它推开。

2021年5月25日，我在快手直播一台切除肠道腺瘤手术，同时在线人数超过5 000人。一个小时的直播里，评论区一片惊叹，不管是业内同行，还是普通网友，都非常认可。我就是把手术全程直播给你看，你看看这个人到底疼不疼、我的手术操作对不对。

手术直播带给我的压力和挑战是很大的。胃肠镜诊疗与手术的不确定性很高，因为每个人的肠胃状态都不一样，每次治疗都是一次新的挑战，所以过程中失误的风险始终存在，尤其是在直播的环境下。曾经有同行给我发私信提醒说：你不能这样，医疗有难以避免的失误，你一旦出错，会被人掌握证据。

但其实，公开了又能怎样？能让大家深度了解诊疗中可能发生的情况，破除医疗信息壁垒，正是我的初心所在。快手平台也让患者看到了医生真正的工作和生活状态，看到医生是如何在刀尖上行走的。有了更多的理解之后，医患关系反而会更好。

比如那天的手术直播，病患家属在外面可以看到直播过程。手术结束后，我打开门，给他看切下来的瘤子，他说，"我们全看见了，太好了，太放心了"。我不用多做解释。

有一次手术出现失误导致患者出血，团队所有人都很紧张地止血缝合。我出门看到等候区的患者家属，整个手术过程他们通过屏幕都看到了，还拿手机录了下来。我说这就是医疗，不能完全避免这种意外发生。家属表示非常理解。

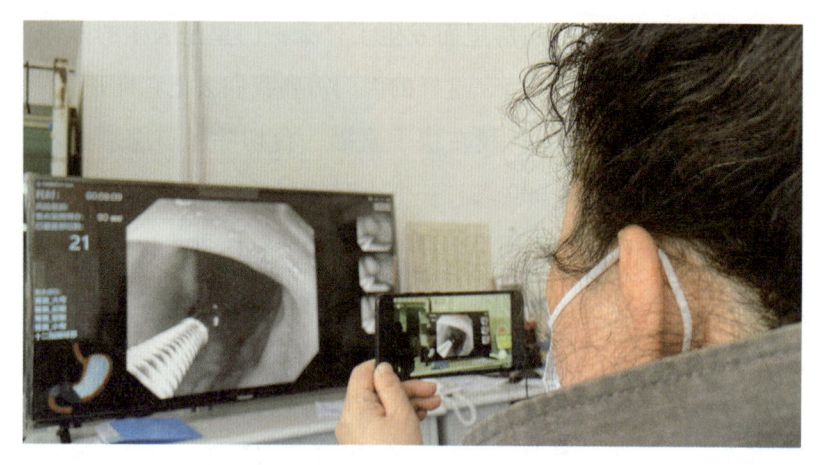

患者家属在等候区用自己的手机录内窥诊疗过程

通过快手，老百姓可以看到身体内部的疾病情况，看到医生是怎么解决的。这种医疗科普方式有助于打破医患间的信息隔阂，改善医患关系，甚至改变整个社会对医疗行业的认识。

诊疗室内的人工智能内镜设备，配有两台显示屏，一台朝向医生，方便医生边看边操作，另一台方便患者侧卧着看，设备会自动识别并提示高危病灶。患者边做内镜边看自己的胃肠里的画面，再去跟他讲胃肠道有什么问题、今后要注意什么，他能记一辈子。

手机屏幕前的网友一边看内窥镜画面，一边听着我的讲解。很多粉丝在做肠镜前，就已对做内窥镜的诊疗流程和内窥体征非常熟悉了。

我还在患者等候区放置了显示屏，同步显示内窥镜诊疗的整个过程，等候的家属可以看到医生的每一步操作，有些家属还会用手机录下来。我不怕大家挑我毛病，就是想让家属安心。

用户访谈：患者王哥

48 岁，吉林省梨树县人

年轻时，我常年在外打工，饮食不规律。十多年前，我做过一回胃镜，疼了十几分钟，我有了巨大的心理阴影，一直没敢再做胃肠镜检查。

我在快手上一直比较关注肠胃健康话题，偶然看到尚书的热门视频后，马上就成了他的粉丝。关注了尚书一年时间，看到尚主任手术做得特别好，医术很高超。我看那些患者在做手术的过程中，基本都没有什么疼痛感，于是打了3个月的预约电话，终于约到了尚主任的号。

一套胃肠镜检查的价格是2 100多元，虽然沈阳五院不是我们的医保定点医院，医保不能报销，但我自费也得在尚主任这里做，因为关注尚主任很长时间，所以相信尚主任的技术。

我这次检查还带着我爱人一起来了。她患慢性腹泻已经十多年了，一直没做检查，就是怕疼。我们看到尚主任的一个视频，一个10岁的小孩边做肠镜边打游戏，我爱人想，10岁小孩都能忍住疼，她也能忍住，所以她就和我一起来了。

我上周五做肠镜，还真发现毛病了，说我肠里有息肉，就约了今天的 ESD 手术（内镜黏膜下剥离术）。

我算是典型的消化道癌症早筛早治的受益者，在快手看到尚书的视频后，特意前来体检，本是图个安心，结果真的发现了问题。

恩哥：
让女性不再对妇科疾病羞于启齿

> **要点**
>
> - 任何疾病的发病率和致死率，都要靠早筛早治来降低，但在妇科疾病领域，患者在症状初期不好意思跟亲友讲，也找不到人问，想去医院筛查治疗，又觉得害羞，说不出口。因此一拖再拖、耽误治疗的情况很多。
> - 视频是一种特别好的健康科普形式，它拉近了医生与患者的距离，提高了大众对健康的重视程度。
> - 短视频平台还方便患者就医，网友可以关注多个医生，听每个医生讲各自不同的理念，从而筛选出与自己需求最匹配的医生。在短视频平台上，患者还可以和医生交流，解开自己的疑惑。

本文作者为快手研究院研究员刘冉。

妇科患者的痛点

1. 缺乏正规的渠道了解妇科健康知识。

妇科健康知识的普及度其实并不高，在农村地区尤为如此。遇到问题找不到人问，上网查到的信息质量也不高。

2. 想去看医生，又羞于启齿，对医生不信任。

对于传统的中国女性来说，私处的病情可以说是极大的隐私，而做妇科检查的时候要求张开双腿，必要的话还需要扩开阴道，这对于很多女性来说是无法接受的，可以说是对于尊严的一场极大挑战。

这些问题导致病情被一拖再拖，最终耽误治疗。

数字时代的解法

1. 视频形式的健康科普，很生动直观，比图文易于理解。

2. 患者在直播间可以提前了解诊疗情况，听到其他患者对医生的评价，可以选到自己信任的医生。

3. 全国各地的女性有了找权威专家看病的机会。

小档案

快手账号：恩哥聊健康

快手ID：zou4n2020

粉丝数：316.4万

籍贯：福建福清

垂类：医疗健康

邹世恩，复旦大学附属妇产科医院的妇产科医生。在快手，网友们叫他"恩哥"。开号不到两年，他发布了800多个短视频作品，讲解实用的妇产科知识，还每周开直播，与网友连麦，回答问题。

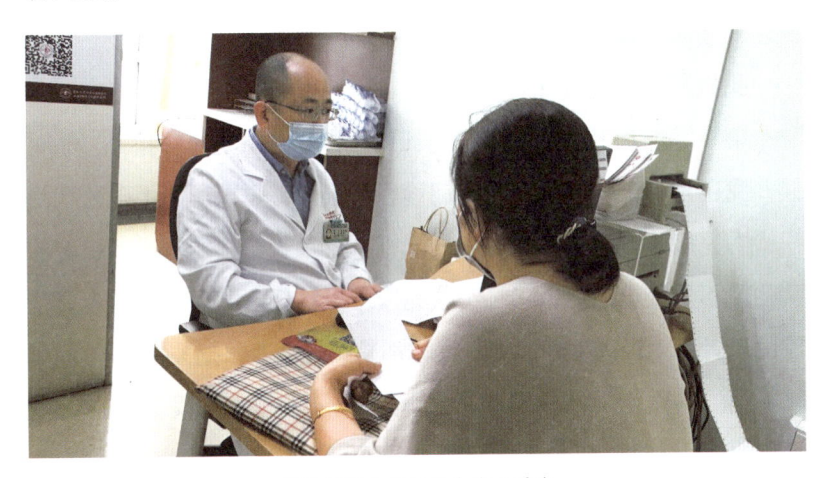

邹世恩医生在门诊为病人看病

◎以下为邹世恩医生的讲述。

我的从业经历，在医生这个行当挺典型，先读十来年书，为当医生做准备。1997年我在中山大学医学院读本科，2008年在复旦大学取得博士文凭，再经过多年住院医师和主治医师的历练，现在是一名主任医师。

2015年11月，我做了微信公众号"恩哥聊健康"，以图文形式发布一些科普文章。随着短视频和直播的兴起，我将科普主阵地转移到快手这样的短视频平台，结果得到了潮水般的关注。

做科普的4个原因和3个好处

我做科普，有4个原因。

第一，增加和患者的沟通渠道，获取可靠的病人来源。那时候，我还是副主任医师，我的门诊患者很少，每天用不了多久就给病人看完病了，而隔壁老专家的队则排得很长。其实，很多患者的病症并不是疑难杂症，年轻医生完全可以胜任。况且，对于需要住院的患者，年轻医生的治疗方案也都是经过老专家把关指导的。

第二，网络上的伪科普，传播越广危害越大。我曾经在一些网络平台上指正这些博主，但没人理。

第三，一天门诊下来，几十个人都是同一种病，在病房里可以把几个人聚在一起说，在门诊不可能，比较浪费时间。我想通过科普的形式，更大规模地增强女性群体的健康意识。

第四，病人很希望要到医生的联系方式，但如果给了联系方式，病人分不清病情的轻重缓急，遇到疑虑就想着随时随地联系医生，我会招架不住。我需要有一个缓冲的渠道，在我有时间时可以集中回答他们的问题。

"大家好，我是恩哥，一名妇产科医生"，我每一条视频都是这么开始的。

我尽量把科普内容做得既实用又好玩。比如，有人问宫颈肥大需不需要治疗，我在视频中讲，"宫颈肥大有点像人的胖瘦一样，当然胖一点可能问题会多一些，但大多数也是健康的胖子"。

2019年11月，我在快手开始做医学科普，短短几个月，粉丝就破10万、50万、100万了，我是快手第一个达到100万粉丝的医生。

做科普给我带来了3个好处。

首先，我门诊的病人多了起来，现在70%以上的病人都是从短视频平台找过来的。以前，有患者探头进诊室，一看是男医生，掉头就走。但现在，许多患者看了我的视频，怀着信任而来。患者对我的评价是认真负责、有亲和力，让人有安全感。

经常有广州、沈阳的病人飞过来找我，我的患者遍布全国，连西藏、香港地区的都有，甚至还有加拿大、新加坡的病人来找我看病。

其次，病人的依从性大大提升了。我接诊过一位20多岁需要开刀的卵巢畸胎瘤病人，在准备收她入院并解释要如何实施手术的时候，她说偶然间看到了"恩哥聊健康"，讲得非常清楚，不用再做讲解，直接办理入院手续就行。正是因为接受了有效的科普宣传，这位患者十分配合治疗，术后效果比较理想。

最后，在科普的过程中我提高了自己的医疗水平和能力。有些问题恰巧是自己的短板，比如乳腺增生能不能喝豆浆，我便查找文献，再予以解答。

患者的留言和反馈，对我的医疗工作也有一定的帮助。在方案正确的情况下，我对病人需求有了更个性化的把握。

妇科癌症早筛早治的最大障碍：羞于启齿

妇科癌症以宫颈癌、子宫内膜癌、卵巢癌为主。妇科癌症一般没有特殊表现，早期也不容易被发现。

任何疾病的发病率和致死率，都要靠早筛早治来降低，但在妇科疾病领域，阻碍患者去医院筛查治疗的最大障碍就是害羞、说不出口。对于传统的中国女性来说，私处的病情可以说是极大的隐私，而做妇科检查的时候要求张开双腿，必要的话还需要扩开阴道，这对于很多女性来说是无法接受的，可以说是对于尊严的一场极大挑战。

让我印象很深的是一位来自宁波的52岁大姐，她来医院之前，下身不正常出血已经一年多。她之前就知道自己身体可能有问题，但她生的两个孩子都是男孩，这种问题不好意思跟儿子讲。拖到不能再拖时去医院，确诊为子宫内膜癌，手术的病理检测显示已淋巴转移，治疗效果差。她出院半年，我再也没见她来复诊。

我禁不住感慨，如果这位大姐有健康意识，如果她的家人能多关心她一点，如果能早一年发现，结局也许就会截然不同。类似这种情况特别多，想要避免，就只能想办法增强女性的健康意识。普通人对医学知识了解不够全面，而妇产科的疾病隐私属性较强，讳疾忌医更是让一部分患者贻误最佳诊疗时机，因此医学科普就显得尤为重要。

视频是一个特别好的健康科普形式，它拉近了医生与患者的距离，提高了大众对健康的重视程度。

我还有一个病患，是来自东北的一位大姐。她是宫颈癌前病变，HPV（人乳头瘤病毒）阳性，提示流变三级、浸润。当地的医生告诉她：你是宫颈癌，要切子宫。这位大姐快到40岁了，还没生小孩。她通过短视频平台找到我，我给她做了手术，没有切除子宫，子宫保下来了。

很多粉丝告诉我："恩哥，幸亏看了你的科普，我才去当地医院体检，查出早期妇科疾病。"比如，内蒙古阿拉善草原的一些女性看了我的视频，去当地查出来有问题，然后就来上海找我做手术。以前，她们都是不好意思去医院看妇科的。

健康科普作用良多

对于其他妇科疾病，科普也是很重要的。

我曾在快手上发了一期关于更年期问题的短视频，我以为平台的用户不会听，结果一下子成为爆款，足见现在女性的健康意识越来越强。

从古至今，女性进入更年期的时间都差不多，平均49~50岁。更年期虽然不是病，但不能顺其自然。如果不进行科学的诊疗，会显著影响生命质量。如果医生对病患的痛苦都顺其自然，那就不要当医生了。

我在视频里倡导全面的综合管理的概念，需要药物激素的治疗，也涵盖生活饮食、运动等多方面。

邹世恩医生在给科室里的年轻大夫开会，分享病例及治疗思路，进行学术带教

普通大众一听激素治疗，就有"会变胖""会得癌"的担忧。我通过视频科普的形式告诉大家，更年期如何正确补充雌激素。我很多病人是从中西部地区来的，她们看了我的视频，就去当地医院咨询更年期问题。但要么是当地医院配不到药，要么是当地医生根本不敢给开激素类药物，其实医生们也需要宣导。

除了补充激素外，虽然没有哪种方法可以确切有效地延缓更年期，但一些健康的生活方式还是可以坚持做到。比如，保持良好的生活和运动习惯，压力不要太大，心情要保持舒畅；烟不能碰，酒尽量不要碰，多吃点可以抗氧化的食物，比如蔬菜水果等。再有，千万不要熬夜，保证睡眠时间，远离充斥甲醛的装修环境，尽量不要做美发美甲等。

3 位用户的访谈

访谈一：浙江嘉兴王女士

44岁，育有一女

我来自浙江嘉兴，在当地做外贸工作。这次是冲着邹主任的精湛医术而来，找他做子宫肌瘤切除手术。

2013年，我在体检时发现有子宫肌瘤，2021年再查时，已经有12厘米×12厘米那么大了。

我把邹主任发布的所有短视频都看了一遍，又看了网友的留言和评论，发现好多网友是在邹主任这里做过手术的患者，他们对邹主任的评价都特别高。我联系到了邹主任，半个月后就排上了面诊和手术，昨天手术做得也很顺利。

我来面诊的时候，跟我一起排队的病友也都是在短视频平台上认识邹主任的。如果没有这些平台的话，患者想要了解医生的治疗理念、挂号、手术都会很不便利，要花费很多时间去了解。而像我们这种大肌瘤的患者，要做手术就得马上做，真的不能再拖了，否则会有生命危险。

短视频真的是一种特别好的科普形式。在没有这些短视频平台的时候，我平日里真的没有获得专业健康知识的渠道，如果遇到问题，最多也就是在网上搜索，或者找医生朋友问一下。如果科普内容不做成短视频，而是图文形式，我可能理解得就要费劲一点。并且，我过去仅仅是浏览朋友圈里转发的公众号文章，没有什么针对性，短视频平台的个性化推荐可以很好地解决这个问题，我想了解妇科方面的健康知识，正好给我推送了这方面的内容。

快手这类短视频平台，还为我们这些身在外地的患者提供全方位的攻略：网友可以关注多个医生，听每个医生讲各自不同的理念，从而筛选出与自己需求最匹配的医生。此外，在短视频平台上，患者粉丝还可以和医生交流，解开自己的疑惑。

我选择医生的方法就是，首先看他的短视频，可以看他的理念我接不接受；再看他的粉丝留言和评论如何。一般医生主播的粉丝中，会有一部分患者在评论区"现身说法"，甚至还有很多粉丝做出外地患者就医指南，比如怎么找到医院，食宿怎么安排等。

如果没有这些短视频平台，我就要在网上查，选医院、选医生对我来说都比较难，选定医院和医生后，还要托亲朋好友帮忙找人挂号。快手这类健康科普平台，真的帮我减少了时间成本，提高了决策效率。

访谈二：上海嘉定徐女士

48岁，育有一子

我来自上海嘉定，算是上海的乡下。2015年，在社区体检时，发现我有子宫肌瘤，当时还比较小，没有在意。2021年再体检时，子宫肌瘤长到了 7 厘米×7 厘米，我就有点着急，想尽快做切除手术。

在选择医院的时候，我没有犹豫，我们上海本地人看妇科，直接选择复旦大学附属妇产科医院，也就是邹主任所在的这家医院。

但在选医生的时候，我确实做了许多功课。很早以前，我就下载了快手等短视频平台，经常会关注讲健康和营养的知识类主播。"恩哥聊健康"这个账号，是 2021 年我朋友介绍给我的，从那时起，我就开始关注邹主任的健康科普视频。

看完邹主任的视频以后，我学到了很多知识。比如，我终于知道了"子宫肌瘤会被饿死"的观点是不对的，只能说是少吃高热量高脂肪的食物，不要让自己变胖，少喝酒，多吃点绿叶蔬菜水果，适当运动，以及适当补充些活性维生素 D 等。想到自己之前耽误了那么长时间，还尝试了那么多没用的偏方，真的很后悔没早点遇到邹主任。

另外，我还在邹主任直播的时候和他连过麦，向他咨询我的子宫肌瘤问题，邹主任听完后就催促我尽快到医院就诊、做手术。我发现邹主任是真心为患者着想的。

我原本只查到邹主任是妇科内分泌方面的专家，后来发现他对妇科的所有问题都了解得非常全面。像宫颈炎症问题也困扰了我很多年，我总担忧是癌前病变。直到看到邹主任视频里说，要通过做 TCT（液基薄层细胞检测）、HPV 和阴道镜活检才能确定到底有没有癌变，根本没必要自怨自艾，我才不再担忧。

我看了邹主任的视频后就想，他的宣教做得那么好，医术也不会差。我选手术医生的标准就是要找"正当年"的，体力好、经验足，邹主任特别符合这一标准。就这样，经过在短视频平台上的对比，我选定了手术医生。

第一次来面诊的时候，邹主任的号"一号难求"。当时我爱人想，我们已经选了这家医院、这名医生，再难也要挂上号。现在手术做完了，感觉很好，术后注意事项其实之前在邹主任的视频里都看过，心里感到很踏实。

访谈三：江苏盐城何女士

45岁，育有一子一女

我和我老公是地道的苏北人，平时在县城的门市房看店，做些小生意。

两年前开始，我的月经减少且不规律，爱发脾气，和青春期的儿子吵架，没了以往温柔妈妈的样子；还动不动就和我老公怒吼，老公不爱回家，回家了也不说话；我的话变得越来越多，女儿的口头禅都变成了"妈，你能不能别说了"。

我为了这个家，辛辛苦苦付出那么多，最后竟然变成了家庭"公敌"。老公要跟我离婚，孩子也把这一切怨在我头上。

所有这些我都没注意，直到后来在短视频平台上看到邹主任的科普视频，才发现有问题。关于更年期，邹主任发布了一系列的视频，包括"衰老是不是从更年期开始""更年期如何平稳度过""更年期如何补充雌激素"等。这些科普知识，对我全家的帮助都很大。我知道自己爱发脾气其实是生理原因；老公和孩子也慢慢了解到，我发脾气也不是我愿意的，真的是控制不住，他们也更体谅我。

我去我们当地的医院检查，发现有卵巢早衰现象，但当地医院不给开激素，我只好慕名而来，到上海找邹主任看病。邹主任给我补充了雌激素以后，我的症状好多了。这次是来复诊和配药。

一开始，我对于自己进入更年期这件事情，还是很介意，甚至有些恐惧。我一直探寻如何延缓更年期的到来。邹主任的金句是："延缓更年期到来，七分天注定，三分靠打拼，在更年期这件事上，大概率你会像你的母亲。"另外还有三分可以靠后天努力改善一下，不要吸烟、经常运动、规律睡眠、多吃蔬菜，当然这些行为还是贵在坚持。

现在，按照邹主任的指导，我在生活作息上都有所改善，并且也拉着家人和我一起健康生活，家庭关系融洽很多。

神经内科宋璞医生：
直播提高了患者的依从性

> **要点**
>
> - 中国60岁及以上人群中，有3 877万轻度认知障碍患者，其中阿尔茨海默病患者983万。
>
> - 阿尔茨海默病治疗有4个难点：初期识别难，发病后坚持治疗难，医患沟通难，医患之间信任度低。
>
> - 利用短视频平台进行科普，可以让患者和家属对阿尔茨海默病有更好的了解，大大提高患者的依从性。

本文作者为快手研究院研究员刘冉。

目前，中国 60 岁及以上人群中，有 3 877 万轻度认知障碍患者，其中阿尔茨海默病患者 983 万。这个病，高发又残酷，老人们的记忆会像拼图一样，一块一块慢慢消失，伴随着大脑功能退化，他们会逐渐遗忘、糊涂、衰弱、瘫倒，直到丧失所有的生活功能。

阿尔茨海默病人的痛点

患者出现早期的症状，很容易被忽略，错过最佳干预期。

等病情严重了，去了医院，不一定信任医院和医生，看医生时，因为医生时间有限，不一定可以充分交流。

看完医生，回家吃药和护理，患者和家属很难长期坚持规范的治疗。

数字时代的解法

通过快手，这方面的病人和家属可以集聚在一起，并吸引到专业靠谱的医生开号，提供专业详细的科普知识。

对这种病了解多了，对病人来说，可以大大提高病人的依从性，让医生可以更好地帮助病人。对家属来说，他们会更有耐心、更为科学地护理病人。

小档案

快手账号：神经内科宋璞医生

快手ID：shenjingneikesp

粉丝数：103.3万

籍贯：江苏徐州

垂类：医疗健康

江苏徐州市中心医院神经内科医生宋璞，是快手医疗健康垂类优秀的创作者，2018年3月起，他和同事共同发起了健康公益医护科普团队"彩虹医生"，向全国网民传播健康知识。他在快手上向大众科普什么是阿尔茨海默病，如何预防该疾病，以及如何正确识别该疾病的早期症状；如果家里有阿尔茨海默病患者，家属该如何陪伴。

◎以下为宋璞医生的讲述。

关于阿尔茨海默病，我在快手上一共发了十几条短视频，就是为了提高大众对这种疾病的认识，可以早发现、早治疗，以及科普生病后，患者和家属应该怎样配合医生的治疗。

阿尔茨海默病俗称"老年痴呆"。阿尔茨海默病都是隐匿性发病，也就是缓慢地发病。老年人一开始往往表现为健忘、脾气性格改变，而人们经常认为这是"老了犯糊涂"的自然现象，没有必要去管它。

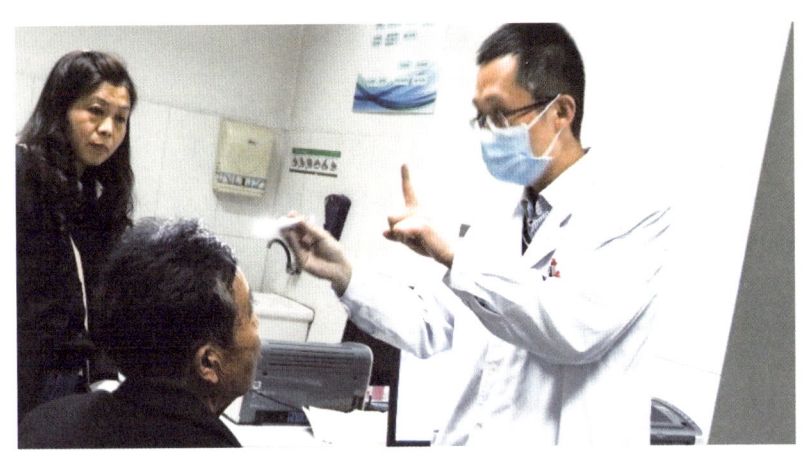

宋璞医生在门诊为患者做诊断

阿尔茨海默病的确诊往往很困难，真正意义上的确诊需要做脑活检，但这是不太现实的。因此，阿尔茨海默病的确诊都是"临床诊断"，诊断流程也比较复杂，除了脑磁共振、相关血液甚至脑脊液等多项辅助检查结果外，还需要做一些测试量表，通过正向证据、反向排除（排除脑瘤等其他疾病引起的痴呆）等手段才能诊断，并且临床诊断也并不能确保完全准确。

在实际的临床工作中，首先，病人对早期的症状不重视；其次，临床医生由于接诊压力过大，往往也没有过多的时间追问一些因其他症状就诊的患者认知功能相关的病史，因此造成了诊疗率低下的现实。

要改善这种状况，了解疾病是第一步，也是很关键的一步。因此，我想通过短视频这种形式，把相关的信息发布出来，让有可能患病的中老年人可以更详细地了解关于这类疾病的各种症状，那么他们就可以对照自身，更容易识别病情，及时就医诊治。

用科普应对诊疗中的3个难点

除了诊断复杂外，阿尔茨海默病的治疗也很难。可以说直到今天，全世界对于阿尔茨海默病依然没有特别有效的治疗方法，即使是现在正在使用的药物，也往往只能在一定程度上控制病情的发展速度。想要彻底治愈，还不现实。

对于慢性病，坚持长期且规范化的治疗是第一位的，这就需要患者有较高的依从性。依从性即患者依从治疗计划的程度，就像小孩子学习知识一样，不是一蹴而就，而是需要持之以恒。

在阿尔茨海默病的诊治中，我们发现有3个困难点。

第一，说服患者和家属坚持长期治疗很难。我在回顾性研究中发现，仅有少部分患者能够长期按照医生开具的处方用药，更少数的病人能够坚持适度运动、智能锻炼等非药物治疗。

很多患有阿尔茨海默病的老年人还有其他慢性疾病，可能每天要服用好几种药。要让他们改变以往几十年形成的生活习惯，也确实存在较大难度。

这个病对患者家属的陪护要求特别高。比如，家属应该带着老人玩一玩拼图，多陪老人说说话，多让老人和同龄人接触，下棋、打麻将、打太极拳等，减少社会隔离。这些都需要家属付出大量的时间和精力，人力成本很高，很难坚持。

第二，医患沟通不充分。我国目前的医患比例较低，意味着一位医生要服务更多的患者，为此不得不加快速度，这就造成了有些时候排队排半天，但医患沟通时间较短的现象。医生没有那么多时间详细说，有可能引起一些问题。比如，有的药物坚持服用 4~6 周以后才能有效果，而患者会想，"为什么吃了好几天还不好",觉得自己已经按照医生的要求做了,但没达到预期效果,就会放弃。还有,有的药需要长期服用,目的不是治疗,而是预防下一次再犯,但患者看不到药物的实际"作用",往往擅自停药。

第三,患者对医生的了解和信任不够。老百姓对于医院和医生,往往存在两种极端情绪:一种是极端不信任,认为医生会为了"效益"骗他;另一种是抱着过高预期,认为有病进了医院都能治好,如果没好就是医生能力有问题。

以上这些困难点,也是我们医生科普的重点。

很多知识,医生在门诊时如果对每位患者讲一遍,时间根本来不及。我们录制成科普视频,写成图文,就能大大地提高效率。家属如何陪伴患者,为什么要这么陪伴,这些知识对患者及家属也是很重要的。

医患关系不够和谐,我们的科普视频努力让大家知道,医生和患者本是同一战壕的战友,我们只有一个共同的敌人,那就是疾病。医生是真心为病人好的。

我们的科普视频告诉大家,医学发展到今天,虽然有了巨大的进步,但并不是所有病都能治得好,老百姓要尊重科学,明白有些时候"人力无法回天"。同时,我们也让大家明白,正规医院的诊疗流程是有严格控制的,给你开检查、开处方是要有理有据的,更是随时被监控的。

视频带给年轻医生的机会

自从做了快手等短视频平台，我可以明显感觉到，通过短视频平台找过来的患者，依从性会更好，这对于治疗神经领域疾病尤为重要。

从快手过来的患者会提到，我在哪一个视频里提过这个问题。这时候，我和患者之间的沟通更加顺畅，因为他们明白我为什么让他这么治疗，为什么要坚持用药，为什么要定期复查，为什么除了吃药还需要通过戒烟限酒、适度运动来长期控制。

另外，我门诊的相关患者也明显多了起来，很多粉丝会怀疑自己是不是得了这个病。这里面确实有人患病，因为及时的干预，病情控制得也很理想。也有相当一部分患者是焦虑或抑郁情绪导致的睡眠障碍、记忆力下降、日常状态不佳等，并不是阿尔茨海默病，我们帮助这些人解决了"心病"。

视频平台给了年轻医生一个新的途径，让我们得以发出自己的声音，让更多老百姓认识了更多愿意给大家普及知识的年轻医生。作为一名科普医生，我对我所讲的内容感到很自豪，它们被几万、几十万甚至几百万人认真观看和学习，因此我更珍惜这个机会。我觉得这是时代赋予我们的机遇，更是责任。

第四章
汽车销售：从"水很深"到"全程透明"

汽车销售行业历来被认为水很深，买车很容易被坑。在数字时代，想买车的用户聚集在直播间里，构成了一个社区。在这个社区里，优秀的主播把买车的整个过程都透明化了，用户和主播之间构建起了信任关系。这带动车企和4S店也进入直播行业。一个全新的、更透明的、服务更优质的汽车销售行业正在快速形成。

本章篇目

二哥说车：一场团购卖出 288 辆车	126
4S 店里的主播：直播卖车会是未来的趋势	138
严东：梦想成为汽车用品行业的带货王	145

消费者买车的痛点

1.汽车销售价格不统一、不透明。汽车销售套路深，消费者很容易被坑。

汽车基本没有统一的终端零售价，在不同地域、不同4S店甚至找不同销售人员，都可能有很大的价格差异。

一些用户不懂车，不会选车，进4S店会被销售忽悠换配置、买滞销车型。部分不良4S店和汽贸城销售运损车、水泡车、事故车及其他存在质量问题的车，消费者没有鉴别能力，开回家发现问题后，找4S店维权很难。

4S店为了多赚钱，会通过价格高昂的汽车装饰、GPS（全球定位系统）、贷款买车的利息和手续费，以及各种名目繁多的"服务费"，让消费者多花钱。

2.下沉地区4S店数量少，用户买车不方便。

4S店修建和运营成本很高，因此主要集中在一二线城市。很多地级以下城市和农村地区4S店数量很少，有的甚至没有4S店，只有汽贸城。下沉地区的用户想买车，在家附近找不到靠谱的4S店，只能跑到人生地不熟的大城市，很不方便。

数字时代的解法

1. 买车的全过程变透明了。

有了直播,买车的全过程都透明化了。通过主播的讲解,消费者可以了解汽车行业的各种套路;消费者在买车过程中遇到任何问题,主播会全程负责。消费者的需求在直播间汇集后,主播还可以跳过中间环节,找商家团购,给消费者很好的折扣。

2. 服务半径变大了。

过去附近没有 4S 店的下沉市场用户,可以很方便地找到信任的主播,买到自己喜欢的车。

二哥说车：
一场团购卖出 288 辆车

> **要点**
>
> - 汽车行业环节很多，消费者不太懂，被"宰客"很寻常。对商家来说，商家和消费者之间是一对一的，"宰客"不会有太大的负面影响。
>
> - 有了直播，买车的全过程都透明化了。通过主播的讲解，消费者可以了解汽车行业的各种套路；消费者在买车过程中遇到任何问题，主播会全程负责。
>
> - 对主播来说，提供优质服务，取得消费者的极致信任，打造自己的品牌，获得汽车后市场产品的销售收入和广告收入，这是一个良性的循环。现在，整个汽车圈都看到了直播的力量，各大 4S 店都在尝试直播卖车，车企也越来越重视直播卖车。

本文作者为快手研究院研究员高珮菁。

小档案

快手账号：二哥评车说车

快手ID：ergepingche

粉丝数：418.3万

籍贯：辽宁沈阳

垂类：汽车

◎以下为二哥的讲述。

我从2000年开始研究汽车，职业是汽车自媒体大V。2015年10月，一次偶然的机会，我受一位快手网红的启发，也开始玩快手，发试驾、汽车测评、发布会等视频，不到两个月时间粉丝数量就涨到了8万。

随后，我开了第一场直播，回答网友关于汽车的问题，在线人数达到700多人。从那时起，我每天中午12点发一个短视频，每天晚上9点直播一场，坚持了近3年时间，几乎全年无休，粉丝涨到了200万左右，直播间在线人数平均1万多人。

这3年来，除了每天几千元的礼物打赏，我没有任何变现，没有从粉丝身上获取任何利益，而是进行纯知识性的输出。后来我推出团购能成功，靠的就是这3年打下的基础。

经常看我直播的粉丝，很了解我的为人和性格，虽然隔着屏幕不能见面，但感觉就像朋友一样。这3年是最重要的，如果这3年建立不好信任，后面3年就不可能爆发。

全程透明，一场团购卖出288辆车

2018年10月，陆续有粉丝在直播间提出要求，想让我帮忙买车。我一开始不愿意，既怕担责任，又怕跟粉丝产生利益相关的交集，如果粉丝怀疑我挣他钱，那样关系就不纯洁了。后来找我买车的人越来越多，我转念一想，如果在线下接触时把用户服务好，我和粉丝之间的联系就更紧密了。

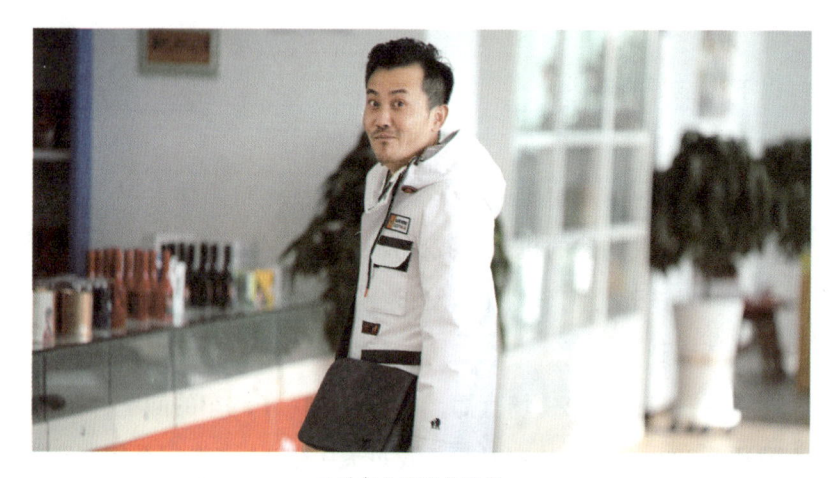

二哥在公司准备直播

没想到这一试，把我累坏了。

一天来四五组客户提车，我得从上午9点忙到4S店关门，连直播都没时间开。当时团队只有两三个人，更何况粉丝只相信我。后来我想，可以把所有客户集中在一两天，统一做团购。

过去4S店做团购，绝对不会提前透露价格，而是告诉你只要来就能便宜，想尽办法吸引客户到现场。到现场后，专业销售把气氛烘托起来，来100个人成交20个就赚了。换句话说，就是忽悠客户。

我的模式完全不一样。

第一步，我先连续直播3天收集订单，登记客户名单，品牌、车型、配置、颜色都是消费者说了算。

第二步，拿着实实在在的销售线索找沈阳的4S店谈判，谈到最有优势的价格，比如日产奇骏，一辆车能便宜4.6万元。

第三步，价格到位了，我就开直播挨个给客户打电话，而且电话免提，公平公正，所有人都能听见。因为价格太给力了，基本打一个成一个。报名的超过1000人，四五个工作人员花了一个星期才打完电话。

我们打电话不是简单报价，而是毫无保留、毫无隐瞒地把保险、购置税、赠送哪些产品、落地多少钱、车的生产日期等，都清清楚楚地告诉消费者。我们在谈好的报价基础上，上下浮动最高不超过300元，而且决不允许更换配置。

2019年5月，我组织了第一次团购。

提车前一天晚上，4S店总经理把所有销售叫到一起紧急开会，把可能找事儿的、干仗的分别往哪个屋拉，谁负责善后，都做预案安排好了。结果到第二天，我们员工拿着名单，点到谁，谁出列拿车钥匙，先看车、看手续，看明白没问题了，直接把钱交给4S店的财务，再排队上保险。

4S店总经理跟我开玩笑，说二哥太牛了，这帮人咋训练得跟机器人似的，让干什么就干什么，中间没有一个闹事儿的。原因很简单，因为我之前没撒谎。我们做这么长时间，没有一点售后问题或争议，就是因为这一点。这场团购我们一共卖了288辆车，相当于1/3的成交率，在汽车销售领域算是相当高了。内蒙古、河南、青海、甘肃的粉丝都跑来沈阳找我买车，往返两三千公里。我80%的客户来自外地，而且来找我买车的外地用户，成交率能达到80%。

第一次团购成功后，沈阳所有4S店都知道了快手和二哥的能力，自然就愿意主动跟我合作了。2019年和2020年，我分别组织了三四次团购，卖了约2 000辆汽车。

通过团购，我把传统的汽车销售模式完全颠覆了。在我之前，没有一个主播敢开直播亮出底牌。粉丝也不傻，任何人买车都不会只看我一家，他们会拿着你的底牌到本地4S店，问对方卖不卖。但无论价格如何低，都有一个重要的前提，那就是信任。

你不相信我，优惠20万元，你敢来吗？一切都基于信任。

团购结束后，二哥和买车的粉丝在4S店门前合影

用真诚和专业换取信任，专注于打造个人品牌

买车不像买罐红牛，去超市5分钟就搞定了，一般消费者买车至少得考虑半年，毕竟是好几十万元的东西。

我的粉丝特别信任我。有一个内蒙古的小伙子，看了我两三年直播，非要找我买车，但家里人不同意，怕他被骗。结果六七个家里人跟着他来沈阳，我把他们带到4S店一一介绍之后，所有人都相信了。

还有一位河南的粉丝找我买车，其实里外里就差3 000块钱，但他非要花5 000元的差旅钱来沈阳找我买，就为了见我一面。

很多粉丝带土特产给我，像北镇猪蹄、沟帮子熏鸡、大连海鲜、内蒙古牛肉干，还有小米、烟酒、拖鞋，这是一种情感上的回报。端午节前，有粉丝半夜12点跑过来给我送粽子。有一个内蒙古的粉丝用顺丰给我寄土鸡蛋，光运费就花了90多块钱。

我之所以能获得用户信任，总结下来，就是专业、诚信、真诚。

4S店的修建成本很高，主要集中在一二线和省会城市，地级市以下的地区基本没有什么正规4S店，全是汽贸城。县城和农村的用户不但信息闭塞，买车还得去相对陌生的大城市，用户知道的东西越少，被骗的概率就越高。

我们做的第一件事，就是科普知识。比如我把买车拆解成5个步骤，把这个过程讲明白了，消费者到4S店就知道哪些钱该花，哪些钱不该花。

消费者不知道该买什么车，我会在直播间讲不同的品牌、配置、外观、质量，分析利弊，给他们一些建议。粉丝在直播间提问，讲自己的需求和预算，我会给他推荐车型。

有时消费者会有一些误区，我们也会去解释。比如有人认为买品牌就是浪费钱，我会告诉他，品牌和非品牌的东西差别太大了。品牌是长年累月在老百姓心目中建立起的形象，一步一步走上来，才配得上这两个字。再比如有人预算少，但动力、空间、品牌啥都想要，我就会告诉他如何根据需求选择适合自己的车型。

粉丝比较在意我和 4S 店是否存在利益关系。其实我们卖车不赚差价，只收 500 块钱的报名费，也叫诚意金。如果粉丝听完价格觉得不合适，这 500 块钱一分不差地退回去。因为要支付各个环节员工的工资，我卖一辆车也就赚 200 元。

比如，有 4S 店主动给我一辆车 1 000 元或 2 000 元的回扣，我绝不会收。我拿了这 2 000 块钱，意味着消费者少了 2 000 元的优惠。这样一来，原本报名的 1 000 人可能只有 100 人成交，而不是 300 人，这就陷入了恶性循环。我把所有优惠全部给消费者，才能有这么大的成交量。

虽然我卖车不赚钱，但我要的是打造个人品牌。有了老铁的信任，我可以收到礼物打赏，接到广告商单，还可以直播带货。

过去，消费者和商家之间是一对一的，"宰客"不会有太大的负面影响。但通过快手直播，信誉是最重要的，一切公开透明，消费者的评价可以影响很多人。

我们这么长时间没有出过任何售后问题，靠的就是真诚。

汽车行业水很深，我负责全流程填坑

汽车行业水很深，买车的环节也很复杂，比买房的套路都要深。

汽车销售没有统一的价格，4S 店销售最擅长看人下菜碟，会讲价的少 5 000 元，不会讲价的得多花一两万元，小白车主特别容易被坑。很多 4S 店跟客户谈好价格，客户到店后就说这款车刚卖出去，给客户换配置。看起来是同样的优惠幅度，但实际上4S店多赚了好几千元。

除了卖车的利润，4S店挣钱主要靠以下3种套路。

首先是装饰。我们卖四五十元的装饰，4S店能卖到四五百元。汽车用到的装饰很多，一整套下来，4S店至少赚5 000元，利润率高达百分之六七十。

其次是贷款，手续费高达4 000~8 000元。普通消费者买车，找银行贷款很难批下来，只能通过车企旗下的金融公司，贷款利息会有一部分返点给4S店，这也是为什么一些4S店要求必须贷款。利息没有统一标准，四五个点是正常的，但有的会收7个点的利息。

最后是保险。第一年的保险必须在4S店上，普通车型上5 000元的保险就足够了，但因为消费者不懂，4S店为了拿保险公司的返利，会让消费者上1万元的保险。

此外，4S店的车质量比较有保障，但一些不太正规的汽贸城，很有可能把运损车、水泡车、事故车或发动机出毛病的车卖给消费者。手续也很关键。合格证是新车上牌的唯一凭证，但经常被4S店拿到银行抵押贷款，拖着不给消费者。车主买了车但没法上路。

沈阳的东北汽贸城没关之前，类似的事情屡屡发生，经常有干仗的，闹到派出所都解决不了。

没团购之前，我天天揭4S店老底，把汽车行业的各种内幕都讲出来，粉丝才会相信我。但即使了解了这些知识，在买车过程中，还得到4S店砍价、验车、上保险、办手续，整个过程堪称斗智斗勇，普通消费者根本搞不清楚。

我要做的事，就是一条龙负责，把这些坑全给填了。

一方面，我从事汽车行业这么多年，4S店骗不了我；另一方面，4S店骗我一次，下次就没有合作机会了。我代表的是很多消费者，到目前为止没有一个4S店敢骗我。

我们团购，所有相关消费全部统一标准，比如不加装饰、上5 000元的保险，消费者直接交钱就行，省时、省力、省钱。我们还会用自己的专业性帮消费者把控质量，消费者不但省钱，还免得踩坑。我们相当于为粉丝提供了防止被忽悠的渠道，粉丝被坑了、被骗了，出了问题我来承担。

过去，消费者被坑很难维权，4S店态度特别横，去派出所都解决不了。但我们主播如果在互联网上把名声搞臭，那就完了。我给一个人服务不好，可能一万人都知道了，再说什么别人也不信了。

把汽车后市场的需求聚集起来，做自己的品牌

一旦有了信任，价格就很关键了。我们之所以能谈下来价格，是因为汇集了大量的消费者需求，有很强的谈判能力。

4S店赚的不只是每辆车的差价，还有完成厂家规定的销量目标后，拿到的季度和年度补贴，行业内叫"红包"。如果达不到销量目标，不但拿不到"红包"，还可能被车企摘牌。

我们第一次团购时，4S店一辆车赔1.5万元，但我拿200个客户购买意向去谈价格，4S店是无法拒绝的。沈阳有七大经销商集团，你不做，生意就跑到竞争对手那里去了。我还可以用自己的粉丝量和知名度去置换优惠，比如一辆车减2 000块钱，我帮 4S 店涨涨粉，可能就弥补回来了。

2019 年，快手有了小黄车（购物车），我开始尝试做电商，主要卖车载导航、香薰、充电器、吸尘器、空调除味剂等汽车用品，大约有 30 种产品。一开始，因为担心卖东西粉丝流失，我只是把产品挂在小黄车里，没有主动向粉丝介绍。

2020 年，我开始主动出击，每场直播基本都会带货。我的粉丝特别精准，都是有车的，而且非常信任我，我推荐什么他们就买什么。

不久后，我注册了自己的品牌——耐孚森，委托合格的工厂生产贴牌，已经有了六七种产品。比如机油，我已经联系美孚等国际大品牌的代工厂，同样的质量，价格只有大品牌的一半。汽车后市场品牌的概念没那么强，不像买手机就是苹果和华为，喝可乐就是可口可乐和百事，没有排他性特别强的大品牌，我们会选择品质好的品牌长期合作。

过去，汽车后市场的主要销售渠道包括传统电商平台、修理厂、4S 店，市场特别混乱，什么价格都有。比如发动机积碳清洗剂，传统电商平台的价格大约 180 元，修理厂和 4S 店可能卖到几百元甚至上千元。快手上售价 160 多元，很多主播加价 100%。现在我卖自己的品牌，前段时间卖 120 多元，最近卖 40 块钱，利润率也能达到 20%~30%。

我们之所以卖得便宜，是因为销售量大，能拿到更低的进货价。比如积碳清洗剂，平时我直播间一场卖几百瓶，搞活动最高能卖 4 000 多瓶，总共卖出了几万瓶。主播既帮消费者省钱，又帮消费者筛选产品，消费者买到手不喜欢，还可以 7 天无理由退换。因为汽车产品属于刚需，我们的退货率最高不超过 10%。

汽车虽然客单价高，但卖的量太少。汽车后市场销售量大、利润率高，挣的比卖车多很多。我接下来的重点是发展自己的品牌。品牌发展起来后，我可以做供应链，供货给其他主播。

车企和4S店都做起了直播

我做团购之前，快手在沈阳的影响力不大，沈阳4S店的很多老总、经理没听说过快手，整个行业没人相信通过短视频直播能卖这么多车，我跟4S店谈价格还得托关系。

结果到提车时，我的客户坐满了好几辆大巴车，把4S店都吓到了，他们开店几十年都没有遇到过这样的阵势。

团购之后，整个汽车圈都看到了快手的力量。短视频平台的传播速度太快了，流量太大了。

2019年之前的3年，我一个广告都没接到，现在每个月都有商单。现在，沈阳的4S店天天开会，要求销售晚上必须开直播，而且销量很好。

沈阳一汽大众经销商的粉丝，很多都是我去直播时帮忙涨的。2019年下半年，沈阳有一个4S店女销售员一次就靠我涨了8 000粉丝，之后一个月通过快手多卖出了60辆车。现在，她在快手上有十几万粉丝，每个月都是一汽大众的销冠，没有一家4S店能超过她。

目前各大4S店都在尝试直播卖车，车企也越来越重视，督促自家销售去卖车，未来肯定越来越多。消费者直接在网上订车、交钱，到体验店提车就可以了，国产新能源汽车都采取这种方式，一些小的 4S 店可能就消失了。

有些车企甚至自己开直播。比如，江淮汽车有 1 000 多名主播，全是自己的销售，80% 的销量来自短视频直播平台，厂家自己的快手号"思皓乘用车"做到了 160 多万粉丝。

2019 年 11 月，我开始做 MCN（一种新的网红经济运作模式），第一步签了 20 个人，全部是粉丝量 100 万以上的汽车垂类达人，其中 3 个徒弟现在粉丝量比我还多。但无论是行业影响力还是粉丝的信任度，他们还是从心里对我服气。

我的徒弟"大可说车"有 800 多万粉丝，大可 1993 年出生，患有多动症。父母想让他去事业单位上班，他不愿意，觉得一眼能看到老。一开始玩自媒体，大可家里所有人都不同意，闹到断绝父子关系的地步。做了一年，他涨粉五六百万，自己买了房、买了车。

他现在一是直播卖货，二是接一些商单。大可不帮老铁买车，粉丝黏性没我们强，但他也会在直播间推荐车型和传输一些知识。我们现在接商单，车企会在直播间下方挂一个小铃铛，用户如果有意向购买可以留下联系方式，厂家会把这些信息派发给各地区的大经销商，安排他们打电话联系。相比之下，传统广告一是不精准，二是无法知道客户的具体情况。

我们签达人，没有花一分钱的签约费，达人的带货收入和礼物打赏也一分钱不要，只是会分配商单或商务活动给他们。

现在，我们的 MCN 旗下有 60 位达人，累计粉丝量达到 8 700 多万。

4S 店里的主播：
直播卖车会是未来的趋势

> **要点**
>
> - 粉丝有任何问题都可以在直播间提问，不到半个小时就能了解一款车的所有信息，而且更加专业、真实、有体感。
>
> - 正常4S店都会有一些套路，买辆车20多万元，多花一万多元很正常。但老铁来我们店里，这些套路全部都没有了。我在直播间天天拆别人的套路，观众都知道了，我们就不挣这个钱了。一汽大众对快手直播有支持，每辆车还可以再便宜1 000块钱。
>
> - 我身边也有尝试其他短视频平台的同行，但很快就不做了，因为卖不出去车。快手的粉丝信任度明显更高，特别是乡镇与农村地区的客户。他们天天看我，觉得我人挺实在，肯耐心讲解，店也挺大，想买车就会来找我。

本文作者为快手研究院研究员高珮著。

小档案

快手账号：冰冰一汽大众

快手ID：bingbing517

粉丝数：20.9万

籍贯：辽宁沈阳

垂类：汽车

◎以下为冰冰的讲述。

2019年下半年，在汽车圈名气很大的二哥来我们店做团购，我通过层层选拔成为助播。那场直播，我们卖出了100多辆车，相当于普通4S店一个月的销量。当时我还没听说过快手，挺震惊的，没想到快手能卖这么多车。

冰冰在直播间为消费者讲解汽车知识

二哥来那天，我第一次下载了快手。2020年春节新冠肺炎疫情暴发，线下门店客流受到严重影响，我在公司的支持下正式开始拍段子、做直播。

刚开始直播粉丝少，领导要求店里100多人全部下载快手，到我直播间冲人气。疫情期间大家没事都看手机，一汽大众品牌也比较有影响力，有一定的客户群体，我的粉丝很快涨到了3万多。

遇到瓶颈期后，我开始调整。穿职业装和裙子，学习视频剪辑工具，直播内容也更丰富一些。到2021年3月，我的粉丝涨到了七八万。

现在，我每天都会直播，中午休息时间播一场，晚上下班后再播一场，每场一两个小时。以前，我一个月卖约20辆汽车，自从开始做快手，能卖约30辆，提升了50%左右。每个月从快手直播间引导到线下成交的客户，占我整体成交客户量的80%左右。

我觉得直播卖车会是未来的一种趋势。

客户以前想买车，得花时间跑很多家4S店，可能被坑多花钱，有时还会遇到态度不好的销售。现在，客户足不出户，就可以在直播间看到真实的车和人，客户想知道的一切我都可以告诉他们，又方便又省时间。

对4S店销售而言，在直播间讲解一次就能覆盖上百人，客户直接到店提车，不需要接待三四次。直播间肯定有很多是意向客户，即使没意向也是在做品牌宣传。

即使我们是大4S店，每天进店客户也只有30~40组。如果在快手上每天有1 000人观看，留100个线索，即使只有20%的购买率，也已经超过展厅一天的进店量了，公司肯定会重视。

销售范围扩大了，成交量80%来自快手

2020年疫情期间，线下生意难做，基本每家4S店都在做直播。我们店里除了保安其他人都不上班，就只有我天天在店里直播，一天播六七个小时。那段时间涨粉特别快，直播一场能涨五六百个粉丝，所以我特别有动力。

在直播间讲车和在线下讲没什么区别，包括分享材质手感、驾驶体验，而且会比线下讲得更详细。粉丝有任何与车有关的问题，都可以在直播间向我提问，花不到半个小时就能得到一款车里里外外的所有信息，包括配置、费用、贷款利息，再也不用去网上搜索了，而且更加专业、真实、有体感。

我研究过，粉丝最愿意看知识类的内容，但一定要内容精练、表达能力强、讲得有意思，主播颜值还得过关。

很多人在线下看车时，销售会看人下菜碟，看着客户不像买车的就不好好接待，有些客户说话不中听，就懒得搭理他。在线上不会出现这种情况，不管你买不买车，主播都会非常耐心详细地讲解。在线下一次只能接待一组客户，在线上直播间几百人听，每个人都可能是潜在客户，所以必须认真讲解。

过去，消费者去线下买车，谁也不认识，进4S店后两眼一抹黑，不知道自己是不是买贵了。

通过快手买就不一样了。主播天天直播，消费者可以观察很长时间，提出自己的疑问，还能看到好多老铁来找他买车，慢慢就产生了一定的信任感，会去4S店找主播买车了。

过去我们在线下成交一个客户，客户进店后肯定会对比不同的品牌、配置，问很多东西，来好几趟才能定。如果在线上看了很长时间直播,该问的问题已经问完了,各种品牌、车型的优劣讲得明明白白,价格和支付方式也都了解了,90% 的粉丝第一次到店就会直接交钱提车。

现在,我 80% 的成交量来自快手。客户进店一说是找冰冰的,我就知道是快手的粉丝。

我的粉丝年龄大部分是 30~40 岁,有一定的消费能力。其中 60% 的客户是从外地来的,比如沈阳周边的抚顺、铁岭、葫芦岛。通过快手直播,我们的销售范围扩大了,销量增加了,也给 4S 店做了品牌宣传。

快手老铁来店里,坑钱的套路全没了

普通客户来我们店里,最关心的就是价格和售后服务。以前他们也能通过汽车垂直咨询网站去查询价格,但那些信息往往并不准确,一家一个价。4S 店的普遍套路就是在网上挂低价、打广告,客户被吸引到店后,实际上拿不到那么低的价格。

通过快手找我们买车,消费者能省不少钱。

我们在直播间里会直接报价格,消费者可以去当地 4S 店对比。正常 4S 店都会有一些套路,多挣一点是一点,比如 600 元的出库费,800 元的售前检测费,5 000 元的装饰大礼包。有时客户贷款两年,厂家原本有贴息,但我们不会把这个信息告诉客户,还收 5 000 元的利息。买辆车 20 多万元,多花一万多元很正常。

但老铁来我们店里,这些套路全部都没有了。我在直播间天天拆别人的套路，观众都知道了，我们就不挣这个钱了。一汽大众厂家对快手直播有支持，每辆车还可以再便宜1 000块钱。

另外，我在直播间还会输出一些知识性、服务性的内容，帮粉丝解决售后问题，比如轮胎没气了怎么换胎，都可以通过视频手把手地指导，非常方便。

我之所以能做得这么好，除了形象比较好、专业程度高之外，也是因为接待客户比较热心。我对待客户如同亲人，哪怕客户半夜12点给我打电话，我都会立刻帮他解决问题，售前售后都可以。

在直播间，粉丝也会提出各种各样的问题，比如钥匙没电了怎么换电池，买二手车想看看有没有发生过事故。这些对普通人来说挺难，对我来说只是举手之劳。帮粉丝解决问题让我的直播间显得更真实，老铁更加信任我，更愿意来我的直播间了。

有一次，有个老铁保险到期了，他不知道，去内蒙古出差被交警拦住了，要扣分罚款。当时我正好在直播，马上帮他联系4S店的保险部，不到20分钟就出了电子保单，他拿着手机就能给交警看。如果没有直播，他遇到这种情况根本不知道该怎么办。

快手的粉丝信任度明显更高

2020年4月，二哥来我们店里直播，我当助播。我在他的直播间里出镜，还刷礼物刷到了榜一，二哥让粉丝点关注，给我涨了8 000多粉丝，当月我多卖了60辆车。

二哥的粉丝特别垂直，全是看车买车的，全是真人活粉，而且对他特别信任。他卖车也不挣钱,就告诉大家买车找冰冰。我的粉丝也很信任我。

2020年,有一个吉林四平来的客户进店看车,一进来就喊冰冰。一般人买车进4S店至少得问问价格,这位老铁看了我两个月直播,一进来就像家人似的,说他身份证都带了,看还需要啥手续,能不能一天都办完,下午4点走,天黑前能到家就行。

后来我忍不住问他,为什么不问问这车多少钱,他说你在直播间都说了是最低价,不用讲价了。车是挺贵的东西,别人都要唠两三个小时,我没想到老铁这么信任我,就像自家兄弟姐妹一样,把所有事都交给我。我很愉快地给了他最低价,不到20分钟就开始办手续了。

我身边也有尝试其他短视频平台的,但很快就不做了,因为卖不出去车。快手的粉丝信任度明显更高,他们天天看我,觉得我人挺实在,肯耐心讲解,店也挺大,想买车就会来找我。

特别是很多乡镇农村地区没有4S店,这些地方的客户文化水平普遍不高,有一定的消费能力,而且他们看快手的特别多。他们平时没机会接触专业的4S店,特别容易对我们产生信任。我们的客户中,有60%都是农村地区的,很多是抱着孩子坐火车来的。

老铁好不容易攒点钱,又是冲着我来的,我会给他们比较优惠的价格,再多给点赠品,这样我也赚个好口碑。

很多买完车的客户都会回我的直播间闲聊,讨论关于车的各种细节。大家一看都是找冰冰买的车,从客户嘴里说出来车省油,大家就更相信了。

严东：
梦想成为汽车用品行业的带货王

> **要点**
>
> - 汽车后市场有几万种产品，产品种类多，修车工艺复杂，大部分消费者没有能力判断产品和服务的好坏。这导致门店很多，假货泛滥，价格也很乱，车主不知道该选择谁、信任谁。
>
> - 在快手上，主播的服务范围扩大了，产品销售的中间环节消失了，整个行业变得更加透明。消费者以实惠的价格买到好的产品，好的商家也能够扩大销量，赚到更多钱。
>
> - 消费者只有信任主播，才会在直播间下单。主播为了获得车主信任，就要做到产品质量过硬，价格实惠，服务质量高。这样一来，就形成了良性循环。

本文作者为快手研究院研究员高珮著。

小档案

快手账号：严东·（汽车用品严选）

快手ID：yandong7777

粉丝数：233.2万

籍贯：黑龙江巴彦

垂类：汽车

◎以下为严东的讲述。

我开了十几年汽车修配店，2018年开始在快手上发关于修车的短视频，2020年才开始尝试直播卖汽车用品。

从第一次直播卖货到2021年11月，仅仅一年多时间，我的单场营业额从200多元做到了700万元。目前，我在线上的交易额累计达到了五六千万元，而且还在持续增长。我家从破旧的土房子搬到了楼房，买了车，还给当地解决了一些就业问题。

严东在直播间为粉丝讲解产品

跟之前开修配店相比，我的收入翻了很多倍。在快手上影响力扩大之后，线下门店的生意也增长了三四倍。以前顾客只有我们县本地的人，现在很多外地的车主觉得我干得好，会慕名而来，最远的从宁夏开了2 000多公里来找我修车。

我是一个从黑龙江省偏远地区走出来的农村孩子，没什么文化，就因为遇到快手这么好的一个平台，再加上自己认真肯学、肯努力、有方向，因此赚钱不再是梦想。

接下来，我想把万亿元级别的汽车后市场做好，我的梦想是成为汽车用品行业的带货王。

把修配厂从线下搬到线上

我出生在黑龙江省巴彦县的农村地区。我家是种地的，一年收入也就两三千块钱，经济条件非常不好，可以说是家徒四壁，冬天没有厚的棉衣，最困难的时候家里的土房连门都没有，有两三年过年时吃不上饺子。

15岁那年，我因为交不上学费和课本费，选择从初中辍学，去哈尔滨打工学修车。

我特别喜欢汽车。八九岁时，有一辆红旗轿车去了我们村。那时车对我来说不是梦想，而是幻想，别说买了，连摸都不敢摸。我觉得学好修车这门手艺是条路，哪怕将来赚的钱买不起车，至少也可以每天摸到车。

我先洗了3个月的车，每天刷100辆车的轮胎，每个轮胎刷60圈左右，累到腿疼得蹲不下来。老板同意我学修车后，我兴奋得一整晚没睡着，还花了一块钱，去小卖部打电话向家人报喜。

18岁那年，我终于学会了修车。我跟老板谈，把四轮定位这个活儿包了下来，赚了一点钱。20岁，我兜里装着从朋友那里借来的一万五千块钱，回巴彦县创业开汽配店。

当时正好有一家每年赔15万元的店面便宜转租，我花1万元租了500平方米的店。刚开始半年时间连一单生意都没有，雇来的学徒两个月就不干了。

为了吸引生意上门，我反复琢磨，把牌匾挂到开车路过正好能看到的高度，颜色刷成跟周围反差很大的黄色，还在门口摆了一些轮胎，但活儿还是很少。

为了增加客户的好感和信任，我开始"赔本儿赚吆喝"。别人打气都收5块钱，我全部免费。冬天下大雪，很多车打不着火，别的汽配厂去维修得收50~100元，我却不收一分钱。最多的一天，我在零下40摄氏度的大冷天里帮40多辆车打着了火，手都冻僵了。

从这件事之后，很多车主来找我修车，我的收入增加了。从那以后，我就觉得做生意不仅要赚钱，还要真心为车主着想。

东北冬天要换雪地胎，换下来的轮胎车主一般装在后备厢拉走，但很多车的后备厢小，装不下。于是我一年花五六千块钱租了个库房，免费帮车主存放轮胎。这么做不仅帮车主解决了困难，也让车主维修保养时更愿意选择我。

2018年，县里突然要修路，施工时间是一年，汽配店的生意遭到重大打击，不仅我自己没钱赚，五六个工人也没有收入。

我们县有70万人口，我们所在的街上有100家左右修配厂，很多人关店了。只有我没给工人放假，承诺他们底薪照开，但很快就发现特别艰难。

这时，我偶然听朋友说在快手上能赚钱。我虽然嘴上说不可能，但还是下载了快手，发现主播靠礼物打赏确实能赚不少钱。于是，我跟工人商量一起拍短视频，内容就是我们修车的日常生活，比如很多学徒刚入行时容易犯的错误，把车牌安反，把车修坏。

2018年秋，我在快手上发了第一条短视频，第二天早上一睁眼发现涨了2 000多粉丝。我当时开玩笑说，我们村长才管800个人，我比村长还大，有2 000多粉丝。

就这样，我们拍了各种关于修车的视频，25天就涨了85万粉丝，当时特别轰动，许多修车老板都在翻拍我的作品。我又尝试直播，结果一场下来靠打赏挣了几千块钱。当时我根本没想到快手真能有这么大的能量。

2020年年初新冠肺炎疫情暴发，我发现身边很多人都在看快手，看快手已经成为一种常态。我想，如果在快手上卖货，肯定有很多人会去买，我得试着把我的修配厂从线下搬到线上。

单场销售额从200元到700万元

第一次尝试直播带货，我只卖了一桶200多元的机油，但我仍然觉得，这玩意儿真行。一桶机油放到店里卖400元，需要两个修车师傅换，房租和人力成本都很高。网上虽然利润低，但费用也少。

疫情结束后，我和媳妇儿第一次坐飞机，到南方工厂找货源。

一开始,很多工厂没听说过快手,也不相信快手上能卖货,我碰了很多次壁。我到一家洗车机工厂软磨硬泡了很久,说哪怕一台产品也卖不出去,我一个短视频播放量就有几十万,相当于工厂省了至少几万块钱的广告费,对方终于同意了。

那是我第一场正式的卖货直播,工厂老板和经理都没来,车间里其他人也不搭理我,觉得我根本卖不出去。我从晚上 6 点播到了晚上 12 点,全程没有喝水,一口气卖出了 500 多台洗车机,客单价近 300 元,相当于销售额 15 万元。

老板当时就蒙了,特意打车过来,花四五千块钱请我吃饭。他说自己开个网店得花几十万元,"双十一"还得运作和做广告,才能卖 100 多台,没想到我一个人坐在那里就卖出了 500 多台。

严东在直播间带货

我下定决心,一定要在直播卖货这个行业走下去。

2021 年第一场直播,我没有买流量,没有请助播和运营,也没有老板台和补光灯,连手机支架都没有。我坐在修配厂里,我媳妇儿负责上下架,客服是我家做饭的大姐,那一场卖了 127 万元。

我想，这一场卖 127 万元，未来肯定不只是 127 万元，我们需要增加人员、扩大团队、更加专业。我买了两台电脑，正式成立两个人的客服部门，还报班让他们去学电脑。到 2021 年 8 月，我们的客服人员增加到 10 个人，每天三班倒，还有了专门的摄像、剪辑、运营和选品，整个团队有 30 多人。

到 2021 年 10 月 28 日，我们一场直播卖到了 560 多万元。11 月 8 日，我一场直播播了 6 个小时，营业额达到了 700 多万元。

我未来的计划，是做自己的品牌，做供应链，还要自己孵化和培养主播。

目前，我们已经在做自己的轮胎充气泵了。过去，车爆胎后车主没力气换备胎，只能在原地等待救援。但我们这款轮胎充气泵既能打气又能补胎，打完后轮胎还能坚持几个小时，足够车主开到服务区或下一个地方去补胎。以前市面上的产品没这么好，还要卖到近 200 元，我们只卖 148 元。2022 年上半年，我们还计划独立研发汽车积碳清洗剂（又名"燃油宝"）。

我们旗下的一个工人主播只有 17 岁，直播一天营业额 1 万多元，下个月应该能达到两万多元，也就是一年业绩 600 多万元。很多修配厂老板模仿我的方向和模式，也开始通过短视频和直播卖汽车用品，快手纾解了很多修配厂的生存困境。

直播让汽车后市场变透明了

汽车后市场是一个万亿元规模的大市场，但过去在线上做得并不好，原因是消费者对商家缺乏信任。

汽车后市场有几万种产品，不仅产品种类多，而且修车工艺复杂，大部分消费者根本没有能力判断产品和服务的好坏。这导致市面上门店很多，假货泛滥，价格也很乱，车主不知道该选择谁、信任谁。

目前，汽车后市场70%的产品是乱价的，比如一款机油，传统电商平台卖350元，线下修配店卖400多元，4S店至少800元。很多车主对个人修配厂有很多顾虑，他们只相信4S店，但4S店的价格特别贵，是市面上个人修理厂的3~5倍。

我在修车行业干了十几年，特别懂汽车。我结合自己的经验，选择车主喜欢和必买的产品，而且产品定价合理，所以销量特别好。

我10分钟卖出的燃油宝，相当于黑龙江省所有线下实体店一个月的销量。从2021年年初到现在，我卖了十几万只万能泡沫，相当于整个东三省地区一年的销量。我在直播间48小时卖出了几万只机油，相当于一个市一个月的销量。

我之所以能取得这么好的成绩，主要有以下3个原因。

第一，我的服务范围扩大了，销售量自然大大提升。

过去，我开一个修配厂，只能服务县城本地的车主。现在，我的粉丝分布在东三省、河北、内蒙古等地，还有从宁夏跑到黑龙江找我修车的粉丝。

以前我一年最多服务3 000位车主，普通门店一年只能服务1 000位车主。现在我在快手的订单量即将突破100万单。

做快手之后，我走到哪里都有粉丝，不但北京、广州有，而且去越南和泰国都会碰到粉丝。

第二，我在快手上卖货的价格优势很明显。

过去，汽车用品从出厂到消费者手中，需要经历好几个环节，包括全国总代理、省级代理、市级代理和县级代理，层层加价，消费者买单的零售价肯定很高。

我们 80% 以上的产品都是直接跟厂商对接，另外 20% 的进口品牌则直接跟全国总代理对接，相当于只有一个中间环节，能省 20% 左右。别人的进价，可能比我们的销售价还高。

过去我们在门店卖机油，客单价在 400 元左右，一只机油利润 180 元左右，为的是支付房租、水电、人工等费用。但在快手上，我们只需要承担流量费用和客服人员的费用，一只机油卖 200 多元，利润 50 元左右，就已经赚钱了，客户也省了 100 多元。

再加上短视频直播平台的销量很大，可以薄利多销。我们一天就能卖出几千只甚至上万只机油，但在线下门店，一天只能换 10 辆车的机油，多了就忙不过来了。

第三，短视频和直播让汽车后市场变透明了。

过去，消费者买汽车用品的渠道主要是线下和传统电商平台。传统电商平台用图文来展示商品详情，很难把产品的好坏体现出来，也很难获得车主的信任。比如市面上有几千种车型，每种车需要的机油不一样，图文很难把这些问题说清楚。

但在直播间，讲解过程更详细，不仅模拟真实的使用情况，还能随时回答粉丝的提问。

比如，很多地方卖机油，只告诉你它有什么好处。我们会详细地告诉粉丝，它适合哪些车使用，能跑多少公里，在东北特别冷的时候和夏天分别是什么样，多长周期去换，能不能省油，发动机寿命能不能延长。

短视频和直播最大的好处在于粉丝是有黏性的。我拍的都是生活中的真实经历，他们相信我这个人，相信我卖的产品过硬、质量好，就愿意在我这里下单。

有一家很有名的生产燃油宝的厂家，它家的燃油宝过去卖100多元一只，几乎没有对手。但我们在快手上只卖49.9元，一场直播能卖3.5万只，2021年前10个月的销量突破了200万只。

由于我在市场上占的份额很大，卖得很好，这家公司把我视为竞争对手。不仅如此，它们的产品价格从100多元降到了70多元，还为我们单独生产了一款定制产品。

所有信任都建立在诚信基础上

跟做实体店一样，所有信任都是建立在诚信的基础上。我们要做到让每位车主信任，就要做到产品质量过硬，价格实惠，服务质量高。

首先，为了不辜负粉丝的信任，我在选品和质量方面把关特别严。

我们在选品时，会选择新上市的、价格比较稳定的产品去卖。价格太乱、型号太老的产品我们不卖。同级别的汽车用品，我们会选择排名前三的大品牌。我们合作的有好顺、绿田、博世、壳牌等上市公司。如果是对品牌要求不高的装饰品，我们会选择专业的产地和工厂。

他们之所以愿意跟我合作，一是因为我销量大，二是短视频不仅能帮他们卖货，还有很强的广告效应。

比如我是快手上第一个卖洗车机的，我自己的营业额一两千万元。但看到我的成功后，很多人复制这个模式，我第一个带货的洗车机厂家，2020年在短视频直播平台的销售额增长超过了1亿元。

每一种产品，我都要找至少5个厂家的货，由专业的工作人员做测试，测试时间至少持续两个月，在其中选择最好的。每一个产品我都要亲自使用，不过我这一关，绝对不会卖。确认质量没问题，我们才会去跟厂家谈价格。

谈判过程中，我们会跟厂家约定好，出现问题时厂家需要如何负责。我们60%以上的产品是半年内有问题免费换新。我们始终把顾客利益放在第一位，因为厂家不行我们可以自己生产，但顾客丢了是无法挽回的。

其次，要站在顾客的角度去考虑问题，为对方着想。

比如现在东北天冷了，很多人趁机针对冬天用的汽车用品涨价，疯狂地捞高利润。但别人再涨价我都不涨，哪怕赔一点，也要跟粉丝建立长期合作的关系。我想着帮粉丝省钱，粉丝才会信任我。

我的粉丝中男性偏多，购买力也不是很强。他们之所以在我这里下单，是因为从低客单价的东西一路买过来，买任何一个产品都没有伤心过。我经常跟工人说，我们一定要达到99%的满意度。

我拍的短视频没有一个是有策划和脚本的，都是我每天修车的故事和我这么多年的真实经历。每个人都会有不如意又无处倾诉的时候，我把最真实的一面展现给大家，能触达很多人的内心深处，粉丝也会用信任来回馈我。

与之前开修配店相比，我的收入翻了10倍。在快手上影响力扩大之后，线下门店的生意也增长了三四倍。以前顾客只有我们县本地的人，现在很多外地的车主觉得我干得好，也会慕名而来，最远的从宁夏开了 2 000 多公里来找我修车。有一段时间，我因为工作压力太大得了焦虑症，有很多粉丝还给我送来了水果。

第五章
二手车：颠覆二手车行业的"柠檬市场效应"

二手车是典型的非标品，车况、价格都没有统一的标准，而且专业门槛很高，消费者即使被坑也很难发现和维权，因此市场十分混乱。在数字时代，主播必须严格把控质量、诚信经营、用心售后，才能吸引更多的消费者。随着消费者对二手车的了解程度加深，整个行业变透明了。

本章篇目

北京强哥：帮粉丝买到靠谱的二手车	161
北京车王：在快手一年卖近 3 000 辆二手车	176
小振哥：连欧洲和非洲都有人买我的二手摩托车	186

二手车是一个潜力巨大的行业。2011年到2021年，二手车的年交易量从800多万辆增长到1600万辆，翻了一番，到2025年预计将达到2500万辆。

与此同时，从事二手车交易的公司在过去10年间从15万家增长到了45万家，增长了两倍。过去做二手车的90%是夫妻店，现在它们只占整体交易量的约60%，4S店、互联网公司闯进二手车行业，从业者从数量到人才结构都发生了巨大变化，竞争更激烈了，马太效应日益明显。

过去，二手车交易是卖方市场，车商靠资源吃饭，谁手里有好的车源就不愁卖。现在车源平均了，谁有品牌，老百姓信任谁，谁就卖得好，并掌握市场的主动权。

这意味着，做得好的车商会越来越好，靠一买一卖赚差价、没有专业服务甚至坑蒙拐骗的，可能就要被淘汰了。

过去，二手车商卖车主要通过两种渠道。一种是线下二手车市场的自然流量和同行、熟客的介绍；另一种是垂直资讯网站。

但现在车商发现：第一，线下市场的人流量越来越少了，年轻人不愿意花时间去市场，觉得脏、乱、差；第二，垂直网站的流量也在下滑，而且流量成本越来越高，一辆车的广告成本和人工成本加起来，可能高达1万元。

2019年下半年开始，车商发现短视频直播平台上有免费的流量，自己能在上面讲车，普及专业知识，还能获取客户。现在，全国每天有6万个二手车商在短视频平台上做直播，贡献了交易量的 10% 左右。

新平台的出现，让二手车交易链路越来越简单，环节越来越少，消费者对行业的了解程度也在加深。

二手车价格高，而且水很深，消费者需要对主播有很高的信任度，才会下单购买。真正帮消费者省钱、买好车的主播，有机会脱颖而出。北京强哥是第一位在快手上卖二手车的主播，他认为粉丝的信任是自己成功的关键。

消费者买二手车的痛点

1. 二手车车况和价格不透明。

传统二手车市场水很深，车商为了以次充好，将不好的车卖出高价，会利用买卖双方的信息差隐瞒真实车况。消费者不懂二手车，无法判断靠谱的车商和二手车，只能选择价格便宜的。

2. 车商没有诚信经营的动力。

二手车属于信任品，消费者即使买到不好的二手车，也很难发现其中的猫腻，更没有维权意识和维权渠道。车商如果诚信经营，反而挣不到钱，经营不下去。不好的车商也不会受到惩罚，会为了赚钱故意骗消费者，坑一个是一个。

数字时代的解法

1. 二手车行业变透明了。

消费者可以无门槛了解和对比不同主播的产品。主播为了获取消费者的信任，必须毫无保留地把真实车况，以及收车价和市场行情价告诉粉丝，把钱挣在明处。

2. 良币驱逐劣币。

了解二手车行业的套路和内幕之后,消费者变聪明了,有能力选择好的车商。主播也不会在直播间骗老铁,因为不好的评价会直接影响其他粉丝的购买意愿,想长久经营必须诚信。优胜劣汰的良性循环形成了。

小贴士

"柠檬"在美国俚语中是指"残次品"或"不中用的东西",因此柠檬市场也被称为次品市场,意思是信息不对称的市场。

1970年,美国经济学家乔治·阿克尔洛夫在论文《柠檬市场:质量的不确定性和市场机制》中提出,在市场中,卖方对商品质量拥有比买方更多的信息,消费者不知道商品的真正价值,难以分清商品好坏。在这种情况下,消费者只能认为市场上的商品都是坏的,为了避免被骗,他们会选择价格低的坏商品。这意味着,提供好商品的卖家会吃亏,提供坏商品的卖家得益。

这样一来,好的商品往往被淘汰,而劣等品会逐渐占领市场,从而取代好的商品。在极端情况下,市场会止步、萎缩甚至不存在。

乔治·阿克尔洛夫在论文中举了二手车市场的例子。二手车都是旧货,消费者光看品牌,不能保证买到的车一定就是质量好的,信息不对称十分严重,是典型的柠檬市场。

2010年,乔治·阿克尔洛夫凭借这篇论文,获得了诺贝尔经济学奖,并与其他两位经济学家一起奠定了"非对称信息学"的基础。

北京强哥：
帮粉丝买到靠谱的二手车

要点

- 传统二手车市场水很深。消费者不懂车，没有能力鉴别商家的好坏，只能选择便宜的；商家为了赚钱隐瞒车况，故意骗消费者，坑一个是一个。这导致诚信经营的车商反而挣不到钱，骗人的车商也很难受到惩罚。

- 在短视频直播平台上，主播把整个二手车市场公开透明地展示在消费者面前，消费者了解了真实的车况和价格，可以从不同的主播中选择他信任的。主播也不会在直播间骗老铁，想长久经营必须诚信。

- 通过坦诚沟通和诚信经营，主播建立了良好的个人品牌，和粉丝形成了很强的信任关系。虽然利润比以前少了，但主播可以薄利多销，获得更多的回头客和转介绍客户，从而赚更多钱。

本文作者为快手研究院研究员高珮著。

小档案

快手账号：北京强哥说车

快手ID：KS13671268585

粉丝数：103.6万

所在地：北京

垂类：汽车

◎以下为强哥的讲述。

我是快手乃至全网第一个在网上卖二手车的人，目前通过快手卖车的比例大概是80%，一个月能卖二三百辆，剩余20%是市场的自然流量。

北京强哥在直播间讲车

二手车行业水很深，把控质量很重要。粉丝都不来店里，在网上花几万、十几万甚至几十万元找我买车，这得有多大的信任度？因此，我必须帮他们把好关。

我们卖车不光是为了挣钱，我得对卖出去的每一辆车负责任。粉丝只要来到我这儿，一定要高高兴兴地来，快快乐乐地走，这是我的宗旨。

在快手开穿云箭秒车的先例

我在北京花乡二手车市场待了17年，目睹了二手车市场的变迁，也经历过大起大落。

我老家是陕西农村的，家里出了我和我姐两个大学生。我2003年考上武汉警官学院时，学费6 000元，服装费3 000元，但家里只能凑出来5 000块钱。开学军训结束后授衔时，整个中队只有我一个人穿着训练时的迷彩服站在队伍外面，其他人穿的都是警服。

2004年6月放暑假后，一个老乡叫我去北京打工挣点学费。当时我妈当小工挣了500块钱让我拿着，我只拿了200块，到北京的火车票143元。当时我想，如果没本事挣不到钱，我出去就再也不回来了。

当时我老乡在花乡二手车市场当保安，给我找了个送牛奶的工作，我不愿意去，就在市场里转悠着看车。突然有个人过来问我想卖车去哪儿，我就把他带到了一家车商的店里。第二天，那家店的人把我叫过去，直接给了我2 000块钱。当时我一个月生活费 300 块钱，我老乡一个月工资才 280 元。

我一个暑假就待在花乡二手车市场，人们会把车开到这个市场来卖，我就疯狂地在市场门口拦车，获取车源，我还会去通州、房山的小区里发小卡片找车源，每天轻轻松松就能挣个三五千块钱。

这钱来得太容易了，当时我就飘了。9 月开学后，我在学校待了一个礼拜就走了，继续到北京帮车商找车源，再也没回过学校。

2006 年，我用 4 200 块钱收了一辆解放牌的小面包车。这边刚收完，那边开进二手车市场就卖了 9 500 块钱。我发现自己收车比帮车商找车源挣钱更快，就开始慢慢地自己倒腾小车，向传统车商转型。

当时，不管刮风下雨，我和我媳妇儿每天准时去二手车市场。我在门口拦车，我媳妇儿帮别人代办过户，办一个手续挣 50 块钱。我们攒到 1 万元庆祝一下，攒到 10 万元、50 万元和 500 万元，也要庆祝一下。

2010 年，北京车牌摇号政策出台前指标管控，二手车市场半年内不许交易。当时很多人都坚持不下去走了，我就说了一句话，"只要车市大门不上锁，我李强就在这儿待着"。

2010 年我生了一场病，再加上二手车市场不能买卖，我一下子跌到了谷底，手里就剩几十万块钱。2011 年，朋友帮我介绍了北五环外的一家 4S 店，人们会去 4S 店卖掉旧车买新车，我去那里收二手车，每收一辆车付给 4S 店 1 000 元。

当时二手车价格很不透明，一年挣个二三百万元没有任何问题。很多置换的客户认为二手车不值钱，只要给的价格比报废高就行，但其实他的车很好。我一开始两天收了 3 辆车，转手卖给车商就赚了3万多元。8 000块钱收的车,卖给车商能卖5万元。一个月内,我保证有一辆车的利润是10万元。

从2011年到2016年,我在4S店待了6年,又赚了一桶金。到2016年,4S店老板意识到二手车利润很高,反而是卖新车不怎么挣钱,只能赚点厂家的返利和售后的钱。于是,4S店自己开始做二手车的生意,不让我干了。

当时北京车王在玩快手,但天天只是讲车。于是我也开始做快手,没事儿给他刷刷礼物,涨点粉丝。我一直播给粉丝介绍车,就老有人问我车卖不卖。

2017年12月,有人想买车,我就说你先放两个穿云箭表明诚意。后来快手其他主播模仿我,掀起了一股用穿云箭下定的潮流。现在平台推出了快手服务电商,有更便捷的方式,可以直接在线下定金,主播和粉丝都更有保障了。

严格把控车况,只做精品车

2017年,我在花乡二手车市场户外直播,带粉丝看不同车商的车。粉丝看上哪辆车,我帮他检查质量有没有问题,帮他判断价格是否合理。我会直接问车商多少钱收的,车商也会以比市场价低的价格卖给我的粉丝,因为我卖得快。如果双方成交,我中间一分钱都不会收。

我当时去看车,后面至少有七八拨粉丝排着队跟着我。

有些车况不好的车商不欢迎我,不让我看他们家的车,还骂我老说实话。我一去直播,人家把车门都锁了,不让看里面。

2018年下半年,我又尝试了直播拍车,去拍卖场收二手车,卖给粉丝。

拍卖前一天下午,我就会去拍卖场,一边直播一边验车,一般能有二三百辆车。拍卖当天,我从早上10点拍卖开始直播,每辆车多少钱成交粉丝都能看见,整个刷卡买车和出票的过程都是透明的,公平、公正。

收车后我就开始现场卖,5万元以下的车,每辆车在收车价基础上加500块钱,5万~10万元的车加1 000元,10万元以上的车加1 500元,卖完就下播。我一天最多卖了27辆车。

我的车卖得很快,粉丝看到喜欢的车直接放穿云箭定了,不需要研究车的质量,因为都知道我把控得特别严,从来不卖乱七八糟的车。很多粉丝提前很久把5 000元定金转给我,等着我找到合适的车。

2019年开始,我不再直播收车,一直播别人都知道底价了,别的车商就没法干了。我租了一间地库,白天收车晚上直播,一般收的车当天就全部卖完了。

2021年5月,我搬到了新发地二手车交易市场,租了一个展厅,光一年租金就得85万元,员工也从5个人增加到了20多人。现在我一个月的平均成本得40万元左右。

虽然成本比以前高了,但我觉得必须要有一个属于自己的实体店,证明我就在这儿,跑不了。这样,粉丝才会有安全感,我才会获得更多人的信任,这也是对消费者的一种保护。

大家之所以信任我,找我买车,是因为我严格地为粉丝把控车况。

我收车的标准非常高。第一,不是一手车不收。第二,每年开一万公里以上和累计里程超过10万公里的车不收。因为车开得多了，损耗比较大，毛病比较多。第三，喷漆多的车不收。我卖的二手车基本是全车原车漆的，这样粉丝买得更放心。

有一个粉丝想把途观卖给我，只卖3.5万元，这车市场价卖4.5万元没问题。这辆车11年跑了19万公里，其实算是正常的公里数，但在我这儿，我既不会在直播间卖，也不会让我的粉丝买。二手车没有标准价，粉丝哪怕3.7万元买走了，回家后也只会觉得车破，不会想到比市场价便宜好几千元。我必须要做精品车，哪怕贵一点，但粉丝开起来体验好。

车商每天都会看二三百辆车，因为我特别挑剔，别人一天能收十几辆车，我可能就收两三辆。粉丝在我这儿买车只考虑价格能不能接受，从来不问我车怎么样。很多人在我直播间里买完车，有人私信他要加钱买，他们也知道这样车况的车不好找。

传统二手车市场水很深

传统二手车市场水特别深，其中水最深的地方就是隐瞒真实车况。

第一种是低配改高配。

比如，一辆带座椅加热功能、定速巡航、曼卡顿音响等配置的车，在4S店卖50万元，比不带这些配置的贵10万元。但做二手车的人拿回来，花几千块钱就可以加上这些功能，因为他们会用山寨的产品。

第二种是隐瞒真实车况。

按照相关法规，只要"四梁六柱"没有动过，安全气囊没有弹出过，就不算事故车，只能叫瑕疵车。"四梁"是指汽车前后各两个梁头，"六柱"是指汽车左右两边的A、B、C柱。但在很多消费者的认知里，只要发生过事故的就算是事故车。很多车商会利用这中间的信息差，向消费者隐瞒真实车况。

以我开的路虎举例，假如换了两个车门、前机盖和水箱框架，车商还是会跟消费者保证这不是事故车。但这样的车，超过30万元车商是不收的。同样的车，如果只是重新喷过漆，收车价就能到40万元，中间至少差10万元。

车商花40万元收的好车可能卖42万元，30万元收的事故车可能卖39万元，利润差得特别大。消费者不懂这中间的门道，往往会选择便宜的。哪怕回去一查发现换车门了，但这只是瑕疵车，不构成事故车，消费者根本就没法维权。将来如果想出手，20多万元别人都不敢收，消费者相当于被骗了。按照我卖车的标准，螺丝动了的我都不卖。

第三种是调表改公里数。

比如车商收回来车，把公里数从15万公里调到8.8万公里，这样一来，10万元的车至少得差2万元。车开多了，底盘、发动机、变速箱都会老化，需要大修。在传统的二手车市场上，调表的现象非常普遍，90%的车都要调表，不调就不正常了，利润都是从这儿来的。

此外，手续也是消费者买二手车容易踩坑的地方。

有的车虽然是个人使用的，但是手续挂在租赁公司下面，因为租赁公司的指标便宜。但这种车的价格比正常车要低一半，因为它15年就得强制报废。有些车商会把挂租赁公司手续的车当正常车卖给消费者，消费者到卖车的时候才知道。

以前在传统的线下市场，消费者走进市场根本没法选择。大家一听二手车，就觉得不是年头长，就是破破烂烂的，要不就是事故车。越是不懂的人，越是对价格敏感。不会买车的人看车第一句话永远是"你这车多少钱"；会买车的人都是先看车龄车况。

大部分消费者不懂车，无法识别车况好的车，可能还觉得它卖得贵。车商如果诚信经营，反而挣不到钱，经营不下去。骗人的车商也不会受到惩罚，因为消费者就算买回去觉得车不好也不懂，他没有对比过，以为所有二手车都这样。

因此，很多车商为了赚钱会故意骗消费者，坑一个是一个。

让整个二手车市场公开透明

二手车行业水太深了，简直是一步一个坑，所以认准一个人买二手车是很重要的。我告诉粉丝，我就是"潜航员"，能潜到500米以下，带你们把这些都摸清楚了。

通过快手，我把整个二手车市场公开透明地展示在粉丝面前。

第一，毫无保留地把真实车况告诉粉丝，包括车龄、公里数、优点、缺点、收车价、市场价，以及我挣多少钱，所以我卖得特别快。

第二，告诉大家二手车行业存在哪些套路和内幕，帮大家避坑。

第三，粉丝想买车，告诉我预算多少钱，自己是什么职业，买车的用途是什么，我立马就会帮他推荐合适的车型。比如，一个月五六千块钱工资的上班族想买辆代步车，可以花大几万元买个经济实惠的；如果是开公司的小老板，就算手里没什么钱，我也会给他推荐奥迪。

这就是快手的力量，整个二手车行业越来越透明了。

过去车主想卖车，只能去二手车交易市场，在市场路边被人拦住，可能随随便便就卖了，不知道自己的车到底值多少钱，也不知道是卖贵了还是卖便宜了。消费者买个车，交钱之前商家是孙子，只要把钱交了商家就是大爷，想让他退钱那是不可能的。

现在跟以前不一样了，车商再也骗不了人了，车值多少钱就是多少钱。

在快手上，粉丝可以从不同的主播中选择他信任的，主播也不会在直播间骗老铁，因为不好的评价会直接反映在直播间，想长久经营必须诚信。只要信誉做得好，肯定会长久。

在线上模式的冲击下，加上疫情影响，二手车市场的很多传统车商干不下去了。

在花乡二手车市场，过去一个车位一年租金是 4 万元，8 个车位一年光租金成本就 32 万元，还有员工工资的成本。车商收车后得用自己的车牌先占住（车商收车后，需要把车登记到自己的车牌名下），再找机会卖出去，8 个车位至少得有 16 个指标，一个指标一年的租金成本又是一万多元。车收回来如果不能很快卖出去，垫付的资金成本也很高。

我有一次投资 42 万元收购了一辆宝马 X5，一开始加价 5 000 元时嫌赚得少没卖，结果两年没卖出去，赔 5 万块钱都没人要。后来我一咬牙一跺脚卖了 30 万元，不仅折了 12 万元本金，还花了 8 万元的成本，里外里赔了 20 万元。

有的车商租 8 个车位，一个月都卖不了两辆车，怎么活？因此传统车商必须加价很多，才能弥补成本。我在快手上卖车，地库一年租金才 15 万元，而且我的车来得快走得也快。

我一开始去市场上直播，很多人在背后笑话我，说我天天拿个手机自言自语。现在，传统车商都特别羡慕我，看到我就说，"哥，来帮我卖辆车"。

帮粉丝买好车，省钱省时间

懂车的人，想买经典车型又买不到新车的人，刚有驾照需要练手的人，都会选择二手车。最普遍的二手车消费人群，则是看中它经济实惠。新车和二手车的价格至少差 30%，有的能差 50% 以上。

我前两天卖的奔驰 smart，13 年开了 2.9 万公里，整个车身连个剐蹭都没有。新车 13 万元，我 4 万元收的，卖 4.4 万元。我收的奔驰两厢车，新车开票 26 万元，上路 29 万元，跑了 4.7 万公里，我卖 11 万元。

我前两天卖的讴歌，只跑了 17 公里，相当于上牌后就放着没动，其实是准新车。比如我去 4S 店一次买 20 辆车，帮 4S 店把某个车型全部清仓了。4S 店为了完成销售任务拿厂家返利，会以很低的折扣卖给我。比如，我七折拿到手，上牌上保险之后合七五折，我八折卖出去，比普通消费者个人去买还是便宜很多。

前段时间，我直接跟一家租赁公司拿了 500 多辆 2018 年的中华汽车，都是不超过 100 公里的车，很多里面的膜都是全新的，新车 10.58 万元，我卖 4.88 万元。我 3 天播了 9 个小时，卖了 309 辆。

找我买车的人，95% 是个人买车，80% 是外地客户。对他们来说，北京车有很多优点。

一来，北京现存 670 万辆车，因为指标问题淘汰的不少，车源多。二来，北京车的质量比较好。

第一，大多数北京车主开车的意识非常好，开到一定的公里数会去定时保养。第二，北京用的汽油质量好，路面状况也非常好，没有坑坑洼洼。第三，北京开车出行不便，所以北京的二手车通常公里数很少。第四，北京气候干燥，车的底盘非常好，不像南方车，时间长了底盘会生锈。

此外，北京的二手车市场比较先进，二手车源基本通过拍卖获取。

很多北京车主去 4S 店用旧车置换新车，因为他们不相信路边的二手车公司。到 4S 店可能少卖 2 000 元，但 4S 店有一条龙服务，既省心，又不担心指标会丢。4S 店再统一跟优信拍、车易拍等拍卖平台合作，统一进行公平、公正的拍卖。

北京有五大拍卖公司，拍卖公司会对二手车进行分级。A 级是车况特别好的，基本是原车漆，公里数也少；B 级是有剐蹭、喷漆的；C 级是公里数比较大，或换过零部件的车；D 级就是事故车或水淹车。每辆车都要经过 200 多项检测，比以前正规多了。

因此，北京的二手车主播就播北京车，连河北车都不卖。现在有了快手，消费者买车不用再千里迢迢地跑到北京，躺在家里就能买车，省钱省时间，如果有问题还能找平台方。

强哥（右）与来访的粉丝交流关于二手车的知识

快手平台对二手车的质量把控得非常好，如果主播说的有一项与真实车况不符，不但要无理由退车，还要赔偿粉丝的路费等损失。平台对商家也有保护，如果粉丝下完定金，没有合理的原因不想要了，定金是可以不退的。

卖的不是车，而是人品和品牌

做快手这几年，我最大的收获不是涨了多少粉丝，卖了多少车，而是交了一帮特别好的朋友，就像亲兄弟姐妹一样，这让我感觉特别自豪。

我办公室里的东西，除了烟和烟灰缸是我买的，剩下所有东西都是粉丝送的。茶案是天津的粉丝做好了给我拉过来的，办公桌上的飞机模型是一个当了25年空军的顺义粉丝送的，鱼缸是一位北京粉丝送的。有一位粉丝在俄罗斯，每个月都会给我寄各种各样的俄罗斯特产，如白桦茸、火腿肠。

3年前，有一次我在拍车过程中发现钱不够了，就在直播间说了一句，"这两天收的车有点多，子弹不够了"。很快就有一位河北的粉丝给我助理打电话要我的银行账号，20分钟内给我转了20万块钱。这位粉丝听了我半年直播，当时没见面。现在我们已经成了最好的朋友。

前几天我在南京拿了一批车，1 000多万元，资金有点紧张，一位天天看我直播的天津粉丝给我拿了50万元。

从2019年开始，粉丝加入我的"铁骑群"要花1 314块钱。我已经有4个500人的群，只要有人离开，立马有人在直播间喊人进来。

现在，无论我走到哪里都有朋友。有一次过年我开车回老家，到山西临汾因为下大雪高速封了，我半夜两点多在群里问有没有临汾的粉丝，有一个粉丝马上出来，给我们一行人开了4间房，住了两天时间。这种感情是拿金钱买不到的。

我对待铁粉也是非常真诚的。

有外地的粉丝来买我的车，我吃、住、行全都管。昨天晚上我在群里15.18万元卖一辆途观，有人拍下来后想讲价，我就没卖。另一位粉丝说他是群里的，我直接把财务的账打开给他看，在收车价的基础上加500块钱就卖了，还包过户，加满一箱油。

在我看来，这不是物质上的东西，而是哥们儿之间的感情问题。我就是不想挣你钱，还要给你搭点儿，因为你信任我，花1 000多块钱进我的群。

一个人的成功不是偶然，只要以诚待人，绝对错不了。我卖我家的梨，箱子上全部印着"事上见"三个字。

粉丝不可能不让我挣钱，因为他们知道我做生意是有投资的，我找到一个车况好的车已经很不容易了，多多少少都会挣，但我把钱挣在明处。比如，投资10万块钱，挣2 000块钱，粉丝肯定不会有意见。

以前我一个月就卖二三十辆车，利润至少10%。现在我一个月能卖200多辆车，虽然利润低了很多，但我卖的车多，而且资金流转很快，所以最后挣的可能比以前还要多。

更重要的是，有回头客，生意才能做得长久。一个粉丝从我这儿买了17辆车，还有的粉丝驾照还没考下来，先把车买了。

在我这儿买车的20个人，买车之后会向40个甚至80个人宣传，我的客户转介绍比例是40%。因为我的车好，而且非常透明，老粉在我的直播间从来不问车况，只问价格，我做的就是口碑。我卖的不是车，卖的是人品，是品牌。

我现在最头疼的问题，是因为对品质的要求越来越高，靠谱的车源越来越少，跟不上客户的需求。前两天我去南京看一批共享汽车，新车17万元，正常市场价至少7万元，我到手4.4万元，一辆车挣3 000块钱跟玩儿似的，500多辆车轻轻松松就能挣一二百万元。但因为车不好，我最终还是没要。

北京车王：
在快手一年卖近 3 000 辆二手车

> **要点**
>
> - 二手车市场水很深，隐瞒真实车况、把低价车卖高价的现象，在线下的二手车市场十分普遍。大多数消费者不懂车，买车时很容易被坑，被坑后也大多自认倒霉，不会找车商维权。一个消费者再怎么闹，也不会影响到其他买车的人。
>
> - 在快手上，通过主播的讲解，消费者了解了买二手车过程中有哪些容易上当受骗的地方，如何挑选靠谱的二手车和车商。消费者越来越聪明，买车时又把从主播身上学到的知识用在主播身上。
>
> - 在互联网上，消费者对买到的车不满意，可以到直播间评论，影响其他潜在客户。这会制约主播的行为，越是粉丝量大的主播越不敢坑粉丝。为了服务好客户，主播不但要把控产品质量，还得重视售后。整个二手车市场变透明了。

本文作者为快手研究院研究员高珮著。

小档案

快手账号：北京车王！！

快手ID：337488641

粉丝数：313.9万

籍贯：辽宁盘锦

垂类：汽车

◎以下为"北京车王"王利的讲述。

在快手上卖二手车，销量增长了10倍

我的老家在辽宁盘锦，初中毕业后在老家做了一名出租车司机。2003年，一个偶然的机会，我帮朋友把一辆二手车从长春拉回盘锦，发现了其中的商机。早期的车商大多是开出租车、开修理厂或者卖汽车配件出身的，学历不一定很高，但一定对汽车非常了解。

我们当地车源少，北京车源多、车况好、价格便宜，我就从北京买完车回盘锦卖。当时信息闭塞，二手车价格的地域差异大，一买一卖，一辆车至少有5 000元的利润空间，相当于当地普通人上班几个月的工资。那两年时间里，我基本是在火车上度过的。

2005年，我来到北京，开始在花乡二手车市场打拼。

那时是卖方市场，收车特别难，想高价收车都没有资源，只

要有车就不愁卖。为了寻找车源，我雇了几个人到小区里往车上别小卡片，上面留着我的电话号码，一天发两三千张，一个月也就能收两三辆车，赚一两万块钱。

2009 年，经过几年历练，我的资金、阅历、胆量，以及对二手车市场行情的掌握已经成熟，通过市场外围的中间人收车，车位数量也从最开始的 1 个增加到了 8 个。那一年，我投入 120 万元，赚了 120 多万元，回报率超过 100%。

做二手车生意 18 年，我最大的优势是及时顺应市场变化，而不是拘泥于过去的打法。

2010 年，我开始在百度上发收车广告，一次点击收费两三元，但客户非常精准，成交率比较高。一年收车 100 多辆，每辆车的利润有 1 万多元。2011 年，我发现很多用户买新车时，会直接在 4S 店卖掉旧车进行置换，我们就直接去 4S 店收车。一年收车 200 多辆，也能挣 200 多万元。

2017 年 1 月，我开始玩快手，是全国第一个玩快手的二手车商。我花了四五十万元给大主播刷礼物，10 个月后竟然积累了 15 万粉丝。

2017 年 10 月，我开始拿着手机在整个市场上转，带粉丝直播看车。当时网上讲新车的主播不少，但能把二手车讲明白的却很少。

在那一年半时间里，我无论生意多忙，都要奔波在花乡 20 多万平方米的二手车展区做直播。从 1 万多元的捷达到 1 000 多万元的劳斯莱斯，从小几千块的 MPV（多用途汽车）到几百万元的 SUV，从没有摊位的路边车贩到气派的豪车门店，我绞尽脑汁地为粉丝提供有趣有料的内容。粉丝提出想找我买车，但我嫌麻烦，让他们来线下找我，一天最多有十几拨人来。

2019年1月，我发现有很多做快手比我晚的人，已经在快手上卖了好几个月车，而且卖得比线下好很多。于是，我也开始在快手上卖车，没想到很快就爆发了。

一开始，我在市场上带粉丝看其他车商的车，挑好的、没毛病的、价格合适的车帮粉丝买，自己一分钱都不挣，相当于把二手车的价格透明化了。粉丝长年累月地看，觉得我人靠谱，车也放心，相信我的人品。

2019年下半年，我开始卖自己的车，天天晚上直播。2019年，我卖了近1 000辆二手车；2020年卖了近2 000辆；2021年卖了近3 000辆，跟以前线下市场的销量相比，增长了近10倍。

北京车王（左）向提车的粉丝介绍一辆二手帕萨特

消费者越来越聪明，二手车市场变透明了

二手车市场水很深，隐瞒真实车况、把低价车卖高价的现象，在花乡二手车市场十分普遍。大多数消费者不懂车，买车时很容易被坑。

车商隐瞒真实车况，主要有以下三种情况。

第一种是调表。

比如把二手车的公里数从20万公里调到8万公里。传统二手车市场做二手车的，几乎没有没调过表的。市场行情价10万元的二手车，调表前后价格相差1万元左右。

第二种是事故车。

汽车的主体"四梁六柱"叫结构性部件，叶子板、车门、机盖等叫覆盖性部件或接触性部件。换过结构性部件的是发生过大事故的，这种车我们绝对不碰。发生过小事故，也就是换过覆盖性部件的车，比如一辆二手车因为剐蹭换过车门，我们也会做，但会把车况如实告诉消费者。

事故车的利润很高。比如市场价值6万元的车，事故车3万元就能拿到，价格便宜一半左右。车商4万元卖给批发商，批发商可能五六万元卖给消费者，这就属于欺诈了。

第三种是水淹车。

水淹车主要分两种。一种是涉水车，车蹚过很浅的水后灭火了，二次打火时发动机坏了。另一种是水泡车，整个车扎到水里面了。市场价10万元的水泡车，比正常车要便宜两三万元，这种车我们是不收的。

二手车行业的门道太多了。2015年，我被人坑了，花7.5万元买了一辆二手车，以 9.6 万元的价格卖出去之后被人告了。原因是，买家查看保险记录发现这是一辆水泡车，法院判我赔给对方 15 万元。

连经验丰富的车商都难免看走眼，消费者更是无从了解这方面的信息，也很少有人懂得用法律武器维护自己的权益。

以前在线下，车商一般不会碰到售后问题。大多数消费者现场看完车，即使开回去发现坏了也大多自己认了，不会找车商的麻烦。一来消费者不懂，二来他就算找车商也只会吃闭门羹，很多车商说话特别冲。一个消费者再怎么闹，也不会影响到其他买车的人。

针对消费者的痛点，我在快手上讲车，主要讲两个方面的内容：第一是如何买到适合自己的二手车，怎样挑一辆好车；第二是二手车市场有哪些坑，应该如何避坑。

比如，我会通过连麦告诉消费者，什么样的车型和颜色适合他，一定要买公里数小的车，这样的车使用次数少，动力、底盘和驾驶体验都会更好。再比如，我会告诉消费者，买二手车一定要查看完整的 4S 店保养记录和保险理赔记录，同时尽量不要贷款，因为贷款的话商家会得到 10% 的返利。

通过我的讲解，更多用户明白了买二手车过程中有哪些容易上当受骗的地方，如何挑选靠谱的二手车和车商。二手车不仅车况透明了，价格也透明了。

现在，消费者越来越聪明了。铁粉特别喜欢我，说我人实在，讲得专业细致，而且能听得懂。他们买车时不相信别人，只相信我，又把从我身上学到的招数全都用在了我身上。

30%的客户来自口碑传播

我之所以能在快手上卖出去这么多车,主要有以下三个原因。

第一,通过直播,我接触到的客户量更大了。

在玩快手之前,我们卖车主要靠市场的自然流量,每天有几十组客户到店,一个月能卖十几二十辆车,主要卖给外地的车商。

在快手上,我每天晚上从 8 点开始直播,通常有两三千人在线,4 个小时大概有 25 万人听我的直播。我的直播间除了少数同行,其他都是喜欢车和对车有需求的粉丝,80%~90% 的客户是个人买家。

有很多粉丝量 10 万、20 万的主播,他们也做得非常好,直播一晚上卖几辆车,一辆车赚几千块钱,挣得少的也有两三万元。我哥们儿一个月能卖 300 多辆车。

现在,直播带货已经替代了很多网站,因为它是可以让粉丝和主播面对面沟通的。在新冠肺炎疫情期间,如果没有直播,二手车生意根本做不下去。

第二,在我的直播间,二手车的车况和价格变透明了。

我们在直播间卖二手车,不仅会把车况完全透明地展示在粉丝面前,而且价格比正常的市场零售价偏低,比如 10 万元的车,能便宜 3 000~5 000 元。现在很多车商通过直播卖车,价格变透明了,消费者买贵了也不再像以前那样默默接受。

对消费者而言,在直播间买车可以多一些实惠。对主播而言,虽然单车利润降低了,但我们销量特别大,可以薄利多销,资金周转的速度也很快。

做二手车生意需要很强大的资金流,我现在展厅里和停车场里放了80多辆车，总价值1 300多万元；硬件成本一年300多万元，包括100多万元的房租、十几万元的水电费用、70多万元的车牌指标成本，以及每个月近20万元的人工费用。这意味着，资金快速周转对我来说很重要。

在快手，我一辆车的周转速度大约半个月，有的车白天刚来晚上就卖掉了。而在传统的线下市场，车辆周转速度非常慢，一辆车一两年才卖出去很正常，很多是赔钱卖出去的。

第三，通过长时间直播，我的粉丝特别信任我。

通过对比，买我车的粉丝，都是看我直播至少半年，甚至长达一两年的粉丝。他们买车之前一定会跟其他主播对比车况和价格，但对比后也不敢买别人的，觉得我可信，诚信度高。

前段时间，我卖了一辆70多万元的车，粉丝已经看了我两三年直播，车都没来看过，直接让我发过去了。而且他不是自己买，是推荐给老板买的。这种情况特别多，回购和推荐身边亲朋好友购买的也很多，我30%的客户来自转介绍。

不坑粉丝，把售后视为重中之重

二手车商躺着赚钱的日子已经过去了，二手车生意的本质是公开透明。我现在做的就是口碑，把"诚心立本，诚信立命"这8个字视为自己的生存法则。

为了树立更好的品牌形象，2021年10月，我从花乡对面的地下车库搬到了新发地二手车交易市场，花100多万元租了一个很大的展厅。直播环境好，粉丝感受和信任度都不一样，他们会觉得我有这么大的投入，跑不了。

以前在市场上卖车时，我也会收质量差一些的便宜车，低价卖给外地的车商。这两年消费者变聪明了，我们收车时就一定要严把质量关，不断提升质量标准，以免被粉丝挑出毛病来。我们有5个人的收车团队，专门负责在各大拍卖平台和4S店收车。

我们会对车进行全方位的检查，包括检查4S店的保养记录、车辆涉水记录和保险理赔记录，读取发动机、变速箱的所有数据，以及检查外观等。我在二手车行业干了18年，验车经验非常丰富。严格的把关之后，即使消费者有意挑毛病，也只能挑出来表面上磕磕碰碰的小问题，比较容易协商解决。

我从不坑粉丝，这是我做生意的根本。

在互联网上，主播坑粉丝一定是会有后果的，因为粉丝有了投诉的渠道。老铁买完车如果觉得不太满意，就会跑到直播间里连麦黑我，说我不讲究。只要有一个人这么说，公屏上就全是骂主播的。这会制约主播的行为。

因此，越是大主播越不敢坑粉丝。我好不容易做起来，万一出了问题，或是在互联网上臭名昭著了，那我好几年白做了，代价太大了。所以我特别注重质量，调表车、事故车、涉水车绝对不卖。

此外，为了不辜负粉丝的信任，我们还把售后视为重中之重，有两三个人的售后团队专门负责帮客户解决问题，一定要让客户满意。

我们的二手车卖到了全国各地，很难在各地定点为客户提供售后服务。我们计划2022年跟一家专门做汽车后市场服务的机构合作，对方会来给我们的车做检测，符合要求的，我们花300元购买质保，如果这辆车在一年或2万公里以内需要维修，最多赔付5 000元。这相当于我们给粉丝提供售后服务，对消费者来说也是一种保障。

我不太懂怎么立人设，但我真诚地对待粉丝，粉丝对我的信任度非常高。在疫情前，每天有十几拨粉丝来找我。我希望粉丝多到现场来看一看，因为我的产品质量没问题，粉丝到现场看看更踏实。

粉丝的需求量太大，车源已经跟不上了。北京的二手车车况很好，但市场竞争激烈，被东三省、河北、山东等地车商炒得价格过高。上海车源多、价格低，但没有粉丝量比较大的主播，没有形成规模。我们几个北京的主播打算一起去上海投资开店，尝试新的模式。

小振哥：
连欧洲和非洲都有人买我的二手摩托车

> **要点**
>
> - 二手摩托车行业水很深，而且专业门槛很高，消费者很容易踩坑。有的车商会为了赚钱，隐瞒车况或修改车龄和里程，把车况不好的车以正常的价格卖给消费者，以次充好。
>
> - 通过短视频和直播间，主播把收车、卖车的整个过程，以及二手摩托车的真实车况和价格，都完全透明地展示给消费者。消费者不仅可以了解自己适合什么样的车，还有了判断和避坑的能力。
>
> - 过去，车商到全国各地收车，不仅需要花费大量时间和金钱，而且很容易被骗。通过快手平台上的优胜劣汰，好的车商成为品牌，可以更容易地获取优质的收车线索。

本文作者为快手研究院研究员高珮茗。

小档案

快手账号：天津 振东车行 小振哥

快手ID：zdch666666

粉丝数：72.2万

所在地：天津

垂类：汽车

二手摩托车行业是信息严重不对称的行业，专业度非常高，买家很容易被坑。有了快手平台，二手摩托车玩家聚成了社区，就催生了像小振哥这样的优质主播。

小振哥在直播中讲解一款售价20多万元的摩托车

优质主播把服务做得特别好，让所有人都知道自己很可靠。在出现快手平台之前，这样做不一定有意义，因为你做得再好，也无法把"自己特别可靠"这个信息传递出去。但现在你做得好，这个圈子的人马上就知道了，做得越好，这个圈子就越信任你。

◎以下为小振哥的讲述。

我 1992 年出生，从十六七岁起就开始玩摩托车。2008 年左右，我正式从事二手摩托车这个行业，主要做进口摩托车。

我们过去找客户，主要靠在 QQ、58 同城和威风堂机车网、东北摩托联盟等垂直论坛上发帖做广告，从线上引流到线下，后来又转战转转和闲鱼。

2019 年开始做快手之后，我们做生意的效率大大提升。

过去发一条帖子，浏览量只有几千。现在，我们的短视频播放量很多都是几十万甚至数百万。

过去，我卖的二手摩托车基本在 10 万元以下，大多数售价三四万元，客户主要集中在京津冀地区，一年销量几十辆。

现在，我在快手上每年能卖出上千辆二手摩托车，价格 5 万元起步，高的有 50 多万元，平均价格十几二十万元。我们的客户分布在全国各地，甚至有不少海外的客户买我们的摩托车。

有一位生活在意大利的客户，通过快手了解到我们，前几天找我买了一辆宝马 F800R。他打算买完之后把车放在老家浙江义乌，等他回国之后骑。还有一位在越南做生意的客户，也是通过快手看到我的直播后下单了，我帮他把摩托车发到了云南。

有一位在瑞典做外贸生意的客户，在我这里买摩托车已经有一年多了，到现在还没回国。有时我们在微信上交流，他只是看看自己摩托车的图片，都会觉得很高兴。

2021 年 8 月，一位非洲加纳的客户找我买摩托车，从沟通到下单连20分钟都不到，我帮他用木箱子打包好，将摩托车发到义乌国际仓库，走海运，10月客户才收到货，还特意发消息感谢我。另一位在非洲承包港口、做水产生意的客户，也是通过我买了一辆摩托车，偶尔回国时骑一骑。

买摩托车易踩的两个大坑

摩托车是一个相对小众的行业，做这行需要的知识点很多，而且水特别深。

一方面，一辆摩托车车况如何，需要注意的点很多，包括车架、避震、仰角、大灯支架是否更换、喷没喷漆，鉴定起来非常复杂，而且几乎没有第三方鉴定机构。没有丰富的经验，很难看出来一辆车有没有出过事故、里程有没有造假，以及手续是否合法。

另一方面，人们接触汽车比较多，二手车鉴定已经有一套相对规范的标准了，大家都知道要看哪几个点，能看出来某个部件是否更换过，因为知道没换过的是什么样。摩托车不一样，很多人根本没见过原装的，因此根本无从判断是否经过修复。

因此，有的车商为了赚钱，会隐瞒车况或修改车龄和里程，把车况不好的车以正常的价格卖给消费者，以次充好。

消费者容易踩的第一种坑，是车商通过调表的方式在里程上造假。

修改里程的情况非常普遍，调表之后会留下一定的痕迹，但只有非常专业的人才能看得出来。比如15万元收来的二手摩托车，因为公里数特别大不好卖，车商可能就会把公里数从3万调成 6 000，别人卖 16.2 万元，他卖 15.9 万元，因为便宜一些还卖得特别快。这属于欺骗消费者。

二手摩托车是一车一价，虽然根据车型和车龄大致会有一个市场行情价，但其实价格方面水很深，可以用参差不齐来形容。低于市场价格的，一般是有问题的。

第二种常见的坑，是车商隐瞒事故。

骑摩托车是一种比较危险的运动，事故概率比较高，以至于摩托车的商业保险，很多保险公司是拒保的。整个二手摩托车行业里，发生过大事故的约占 10%，有过小事故的约占 20%。

小事故一般是侧滑出去，可能仰角有些变形，避震变弯，需要修复。小事故一般影响的是摩托车的外观，同时骑起来体验不好，安全性也会有问题。

大事故有时会导致车架断裂，需要二次焊接。

为了减轻车体重量、追求速度，一些摩托车车架用的是轻量化材料镁铝合金，这种材料特别脆，而且车架是空心的。国内的翻修材料和技术特别好，价格也便宜，全球很多海外市场的摩托车配件是中国生产的，做得好的几乎看不出来。

但翻修得再好，跟没有发生过事故的摩托车相比也有很大差别。比如，焊接之后摩托车的重心变了，很容易跑偏，骑上去会觉得很别扭。被二次焊接过的摩托车车架特别脆弱，一旦在事故中遭遇正面撞击，很容易重新开裂。

一些小的车商不懂货，图便宜，收到有问题的车之后，越看越不对劲。为了不砸到自己手里，只能低价卖出去。正常车和事故车之间的价格差别特别大，一辆车能差到两三万元。现在有些保险公司专门收事故车，修理好之后卖给专门做事故车的商家，维修好之后再批发给同行。因为事故车利润大,有些车商就觉得能骗一个是一个。

我们对摩托车的品质要求特别严,绝对不做事故车,车况稍微差一些的都不收。因为只要做过大修,肯定用不长,可能两三个月没问题,但时间长了肯定会坏的,卖谁坑谁。这也是我们的口碑特别好的原因。

90%的销量来自线上,每一单都是信任

2019年,短视频直播平台影响力已经很大了,但我不知道快手上能卖车。一次偶然的机会,我在快手上发现有同行在分享二手摩托车相关的内容,而且车卖得很好。我觉得我能讲得比他更好。

小振哥在直播中讲解一款售价50多万元的摩托车

2019年，我开始在快手上发二手摩托车的对比评测视频，把两辆价位相似的车放到一起对比，分析它们各自的优点和缺点，更适合哪种人群，让用户能更精准地了解自己到底想买什么样的摩托车。

短短一个月时间，我的粉丝就涨到了十几万，而且很多同行都开始模仿我拍短视频的风格。

在快手上讲摩托车的人不少，虽然我现在只有几十万粉丝，也不做推广，但我的直播间人气特别高，一场直播有十几万人看，一晚上最多卖过14辆。

在快手上卖二手摩托车，每一单都是信任。我之所以能够得到这么多粉丝信任，是因为真诚的服务，实实在在地给消费者带来了好处。

第一，让摩托车的车况和价格更透明。

过去车商在垂直网站上发广告帖，都是宣传性质的，只是单纯地介绍车辆，而且只说好处，不说缺点。大家确实没有渠道去了解真实的车况。我不是站在卖家角度，而是站在消费者的立场上认真评价，一针见血地指出一款车的优点和缺点，完全透明地展示车况，粉丝能接受它的问题再考虑购买。

粉丝是奔着我来的，我必须毫无保留、真真切切地让他们知道这个东西到底哪里不好，哪怕是指甲盖大小的掉漆。

另外，我们也会通过短视频让粉丝了解收车、卖车的整个流程，所有东西都是公开透明的。只要客户问，我们就会把收车的价格告诉他们。我们把钱挣在明面上，能够让大家更真切地了解我们。

我卖车都是一口价，一般不接受还价，因为本身价格就已经报得非常实在，消费者吃亏上当的可能性为零。只是在快手直播间买车会有额外的优惠，刷一个穿云箭，可以优惠1 000元，这也是为了回馈平台。

第二，传输专业知识，让大家买车避坑不上当。

普通车友大多只懂皮毛，但我们已经做这个行业十多年了，对每款摩托车的性能和特点都有深刻的认知，对一些不太好的行业内幕也非常清楚。我们会通过直播和短视频把这些专业知识传输给粉丝，让大家避免踩坑。

比如，摩托车车龄长了容易出现磁电机不发电、磁钢年久失修等问题，我们会告诉粉丝哪里容易坏，需要注意哪些点，让他们自己判断是否能接受。就像买二手包，年头长了包边、拉链容易坏，是一样的道理。

再比如，很多二手摩托车是改年份的，通过肉眼肯定看不出来。我们会教粉丝识别的方法，通过看哪几个点可以判断一辆摩托车是否改了年份。

我讲的内容特别专业，消费者听了我的科普，就算找别的车商买车，也有了判断能力。曾经有同行告诉我，他的客户在买车前拿着我的短视频一一对照，检查车况。

第三，一对一分析需求，帮粉丝买到更合适的摩托车。

过去的图文帖子只能看到一辆车的大概情况，但短视频和直播能展示得特别细致，还能让客户对卖车的人有一定了解。其实买车最重要的还是看车商是否靠谱。

我直播一般两三个小时，一场直播会连麦七八十个人，帮粉丝解答问题，或给粉丝展示他想看的细节。比如，粉丝会问我这个预算适合买什么车，身高体重多少适合买什么车，想看一下哪辆车等。

通过我的讲解，粉丝可以更充分地了解自己适合什么样的车。比如，很多人喜欢雅马哈 R6，但它的座高很高，适合个子特别高的车友。

我们的定位很清晰，口碑也很好，这么多年从来没有卖过破烂车。我们在品质和价格方面把好关，消费者买车就不需要有疑虑了。现在，我们 90% 的单量来自线上。

在快手上形成品牌

在快手上讲车卖车，不仅让消费者省心省钱，也让车商获益。

二手摩托车车商大多集中在比较大的城市，北京有上千家，天津有几百家，济南、西安等大城市也有不少。这个行业没有很强的品牌意识，消费者很难判断车商是否靠谱。

每年都有很多人进入这个行业，也有很多人坚持不下去离开。离开的要么是能力不行，要么是因为骗人在这行混不下去了。

我们做二手摩托车比较多，大概占 2/3，都是全国各地收车收来的。路都是走出来的，没有人教，车商被坑也很正常。早期不太懂车的时候，我们吃过很多亏，上过很多当。

比如，在外地买车，本来说得挺好，打完钱收到货一看，基本是破烂。二手摩托车的利润率很低，只有 10%~15%。一辆卖两三万元的摩托车，就挣两三千块钱，如果去太远的地方收车，可能路费把利润都花完了。

由于摩托车车源特别分散，我们过去几乎一整年的时间都奔波于各地找车、收车。当时收车线索主要来自58同城和垂直论坛，有时费很大劲，花很多时间和钱跑过去一看，东西不是这么回事。十辆车里肯定有一辆是坏的，品质不达标。一辆三四十万元的二手摩托车，如果判断失误，赔5万块钱是很正常的。

现在，我收车的线索主要来自朋友圈、全国各地的同行以及快手，快手贡献的线索大概占20%。很多粉丝会在直播间说自己想卖车，问我能不能收。有了快手之后，我们的运营成本比过去少了很多。

来自快手的收车线索，质量比过去要好很多。粉丝知道我的专业水平，不会骗我，否则我就算去了也不会收他的车。很多云南、浙江、广东等地的粉丝，价格谈得差不多就直接把车发过来了，不用我们亲自过去看。我们给的价格也会比市场价稍微高一点，薄利多销。

在快手上，我们已经形成了一个品牌。

过去，消费者要买一辆摩托车，光靠在网上看图片和文字介绍远远不够，肯定要亲自过来看看实物，不可能直接把钱打给我。

现在，客户在我这里买车，不需要考虑车况，在我的直播间里看好这款车适不适合自己就直接下单，连去看车的路费和时间都省了。车到家之后，客户特别满意，因为车况确实好，他还天天来看我的直播，刷个穿云箭支持我。

买过车的粉丝在直播间反馈好评，对一些想购买但还在观望的人肯定有影响。很多粉丝买完车，会推荐给身边的朋友，我们的回头客大概占40%的比例。还有一些粉丝会把不想骑的车卖给我们做置换。

第六章
房产中介：可以信任的新型房产中介

传统房产中介市场，购房人与中介的利益不完全一致。在数字时代，购房人能够汇集起来，主播必须提供全流程透明的好服务，才能吸引用户。一个良性循环形成：服务越好，客人越信任，生意越好。

本章篇目

王贝乐：在快手上一年卖掉 1 000 套房	199
小明说房：做让粉丝信任的房产经纪人	209

买房者的痛点

买房者与传统中介是亦友亦敌的关系,买房者需要中介的服务,但也很难完全信任。

站在传统中介的角度,这个行业平均执业时间只有8个月,生存很难。中介必须把所有注意力放在成交上,才能有机会活下去。在这之外,对用户的额外服务,都是浪费时间。

为了成交,买房者常常被坑,这加深了买房者对这个行业的不信任,因而倾向于想方设法减少佣金。因为不被信任,中介更没有动力提供好服务。

数字时代的解法

1. 购房知识普及。有购房需求的用户,在快手平台上可以在很多主播中比较,选到自己信任的好主播。从主播那里,用户可以学到所有相关知识和信息。

2. 三四五线城市或农村的用户,有在大城市购房的需求,想找一个靠谱的中介不容易。现在有机会接触到最了解当地情况的主播。

3. 主播的服务越好,越被信任,吸引的有购房需求的用户越多,主播就可以得到更多的生意。一个良性的信任循环形成。

4. 这些用户还可以形成团购,不仅中介费降低,还能拿到买房的团购价格。

王贝乐：
在快手上一年卖掉1 000套房

> **要点**
>
> - 2018年偶然开启直播卖房，王贝乐在事业低谷期迎来了转折。2020年和2021年，王贝乐平均每年在快手上卖掉1 000套房，GMV（商品交易总额）达到20亿元。
>
> - 在直播卖房的模式下，依托主播与用户的强信任关系，房产经纪人的获客效率大大提高，还能够精准把握市场的动向。
>
> - 直播解决了传统新房交易中的一系列痛点，主播组织的集中性团购，不仅能够缓解开发商的资金压力，也能为用户拿到更实惠的价格。

本文作者为快手研究院研究员郭森宇。

小档案

快手账号：王贝乐讲房产·农民儿子

快手ID：wbl222222

粉丝数：9.7万

籍贯：吉林长春

垂类：房产

　　王贝乐原本是长春的一名房产中介，2018年，偶然接触了快手直播。在2019年和2020年这两年，王贝乐凭借快手直播，年均卖出1 000套房子，总GMV在20亿元左右。

　　按照传统房产中介的标准，平均一个月能够卖出一到两套房子的，就已经是非常顶尖的经纪人了。

　　王贝乐作为一名房产主播，为什么有这么高的产出？在直播时代，房产中介这个行业发生了什么样深刻的变化？

王贝乐（左三）在售楼处为粉丝讲解新楼盘

◎ 以下为王贝乐的讲述。

我和我爱人以前开一家小型二手房中介公司，做这一行有十几年。

前些年，贝壳找房入局，对我们这样的小中介公司冲击比较大。我们手头的房源越来越少，客户也越来越少，公司业绩在短时间内大滑坡。记得在2018年，我们公司的人员不断流失，最惨淡的时候，只剩下了3个人，其中一个还是自己家亲戚。

就在这一年，一次偶然的机会，我爱人尝试了快手直播。我们卖的是二手房，在二手房销售中，装修是一个影响客户购房意愿的关键因素。我们考虑，不如开直播试一试，把房屋内景通过直播来呈现给客户。

那时候我的账号没有发过作品，粉丝只有十几个。我记得很清楚，那天我爱人打开直播，写了一个标题"长春房子掉价了"。结果，直播间不停地进人，在线人数最高有80多人，着实让我震撼。

在直播过程中我发现，我们的知识有了用武之地。直播间的观众很爱提问题，比如，长春某个楼盘的信息、买房的流程、买房的时候该注意什么等。我们在长春房地产市场有十几年的从业经历，对这些问题都能够轻车熟路地回答上来。

从那以后，我们天天都开直播。我意识到，快手直播间里的观众，既然能提出这么多问题，那就代表有买房的需求，他们都可能是我潜在的客户。到了2019年，我决定公司全力投入到快手上，开始在快手上直播卖房。

直播卖房带来的两大变化

直播卖房为我们的中介工作带来了两点巨大的改变。

第一，获客的难度大大降低，获客的数量大大增加。

过去我们做二手房中介，最重要的工作就是找客户，那时候每天的工作就是坐在电脑前，在安居客、58同城这样的网站上"打端口"、发帖子，这种办法效率比较低，获客量也很低，最终能够转化成交的就更少了。按照我们行业的标准，平均一个月能够卖出一到两套房子的，就已经是非常顶尖的经纪人了。

过去是我找客户，现在则是客户找我。我每天直播下播后，主动联系我的客户能达到几十个，有时候甚至上百个，每天都有成交的订单。如果我组织一场看房团的话，一般都是六七十人的规模，看房团成交率一般能够达到70%。这个效率是任何一个中介公司都无法达到的。

客户多了，我就能跟地产商谈，可以拿到比市场价还要便宜几个点的团购优惠。粉丝在我这里用团购价格买房，最多能便宜好几万元。

第二，通过直播，我更敏锐地捕捉到了市场的变化，获客更精准。

最开始，我们直播的是二手房。我记得在2019年左右，直播间观众的提问都是以新房为主，对二手房感兴趣的人非常少。捕捉到这个信息后，我们的直播开始做新房。

通过直播，我们还能实时掌握消费者对新楼盘的关注动向，方便我们及时调整业务方向。我记得，在我刚开始直播那会儿，长春外围的合隆镇有两个楼盘，有一段时间，公屏上跟我们互动的内容都是关于合隆镇房价的。那时我们对合隆一点都不了解，我和我爱人就赶紧去做了市场调研。

当地有一个新楼盘叫幸福美郡，我们对楼盘的面积、价格等做了详细的了解，并在直播间进行了介绍。结果，那段时间来找我看房的人很多，一天就可以带过去四五组客户，其中至少有3组可以成交。

在快手，遇到极致的信任

房产交易涉及的交易金额非常大，按理来说，客户是很难相信一个与他从未见过面的主播的。但是在快手，"信任"二字能够体现得淋漓尽致。

在2019年我们做快手初期，那时候还没有卖房主播这个概念，我发现在直播间里跟粉丝互动时，只要从粉丝的角度出发，认真回答他们提出的每一个问题，讲得透彻一些、细致一些，他们就会出来跟我去看房。

我有一个客户很有意思，他是长春人，在国外打工，平时会通过快手来了解家乡的新闻，他也有在长春买房的需求，所以一直关注我的直播。后来他对我信任到什么程度呢？他本人在国外回不来，于是联系我，让我帮他在长春选一套房子，并且直接把定金通过微信转给我。我帮他选好房子之后，他又直接把首付款打给了我，当时可把我吓坏了。

要是让我帮忙交定金，能信任我，还好说。但是首付款，大几十万的钱也转给我，让我们来帮他交，这种信任就很不容易了。在房屋交付后,他又把装修的事情委托给了我们,说他本人没法从国外回来,让我们帮忙找人装修,装修好了以后,再帮他往外出租。

像这样对我们有极致信任的粉丝,还有很多。我们在线下还没见过面,有的人甚至还不知道我所说的新楼盘具体在哪,但就是觉得这个主播讲的这个房子没问题,信任我,直接在线上给我们转定金。

还有很多从吉林其他城市及农村地区来找我的粉丝,他们不熟悉长春,但是又想在长春买房,就会从我的直播间里获取信息,还会打电话过来跟我咨询,定好了楼盘和看房时间,往往就会拖家带口开车几百公里,到长春来找我看房。

这些事情,都是我们做传统中介的时候不可能遇到的。

如何在快手一年卖出 1 000 套房

2019 年和 2020 年这两年,我们平均每年能够在快手卖出 1 000 套房,成交额在 20 多亿元。取得这个成绩并不容易。

在快手这个讲求信任的平台上,我觉得我的成绩并非偶然,围绕着信任,我总结了以下几点原因。

第一,作为房产主播,要有足够的专业性。为什么我的直播间人气比一般人要高?因为综合而言,我对市场的理解和判断,相对来说更加准确一些。我会把个人对房产市场的理解,以及我这多年的从业经验,都融会贯通在我的直播内容里。

说白了,就是要让老百姓学会怎么去买房,把我的经验毫无保留地传授给他们。他们一定能知道，主播是不是真心对待他们，主播讲的东西都具有可信度，粉丝自然乐意跟随你。

第二，要保持始终如一的诚信。我一直要求我们公司的每一个员工，直播的时候一定实话实说，绝对不能欺骗粉丝。道理很简单，房子是一个实物，如果是有问题的房子，问题迟早都会暴露出来。我们如果在做中介时骗了消费者，受损的绝不仅仅是消费者，还有我们房产主播自己，因为诚信是做主播能够持久的基石。

第三，凡事都要想在消费者的前面。我的原则是，要保证通过我买的房子是没有任何问题的，粉丝来找我买房，就是想把问题都提前解决，而不是说后期出现问题，再去做售后解决问题。

就拿那位在国外的粉丝来说，他把这么多钱打给我，万一我拿钱就跑掉了呢？这是不会发生的，因为我们凡事都想在了他的前面。我一定会把自己的身份证、营业执照和从业简历等资料全部都提前发给我的粉丝，让他们对我能够放心。彼此的信任，就是在这样多次互动中建立起来的。

第四，消费者信任快手平台，平台将这份信任赋予了我。在东北，大家都很认快手。从粉丝的角度来说，快手现在是一个很大的平台，他能看到很多电商主播一场卖几亿元，有的还能假一赔十，那么，我这个房产主播跟其他带货主播一样值得信任。

很多粉丝觉得，在快手上买的东西好，在我这里买的房子一定也不会差。这一点，是快手平台赋予我被信任的基础，作为平台的主播，我也一定不会辜负这份信任。

升级传统房产销售模式

我认为，快手直播卖房是对传统中介模式的升维，但这一过程并不是一蹴而就的，在转型初期，我们还是受到了行业很多的不认可。

第一是开发商的不认可，之前没有开发商意识到直播还能卖房；第二是经纪人同行的不认可，他们普遍认为，我们做的这些事情都是没有意义的，无非是在偷懒，或者属于无用功。

直到我们做了第一次团购，情况才发生改变。当时有一个新楼盘，好几栋楼是我们卖出的，没有任何其他中介渠道能跟我们相提并论。这个时候大家才开始关注到我们，关注快手直播，然后越来越多的房产主播成长起来。

房产主播的兴起，离不开长春新房市场日趋扩大的需求，也和新房销售普遍面临的痛点有关。

现在，房地产商面临着非常大的竞争压力，长春市的土地供应量在2020年排名全国前列，仅这一年的新楼盘就有350多个。供给量大，销售不给力，资金回流太慢。

房地产商新楼盘的销售模式，无非就是两种，第一种是售楼处直销，第二种是和中介签渠道。在贝壳找房登上舞台之后，开发商一般会跟贝壳找房或者58同城这样的大平台合作。但是，一个开发商与大平台签约，并不一定能带来多高的转化，因为大平台一定会和很多开发商签渠道，开发商也不会只选择一家平台签渠道。

这样，虽然开发商与大平台签约了，但大平台的客户不一定会来。大平台在一个项目上无法形成一家独大的规模优势，拿不到合适的返点，就没有那么大的积极性。

此外，新楼盘的销售，现场气氛特别重要，这也说明了为什么团购形式这么重要。人都有一种从众心理，一起买的人很多，大家争先恐后去抢好的户型，这就会促使犹豫不决的人下定买房的决心。但是，无论是网络大平台，还是传统的中介，他们对接的永远都是零散的客户，无法形成一个成规模的客户团带看，这就是传统销售模式的一大痛点。

现在，快手的房产直播模式很好地解决了这些痛点。

第一，获客更容易了。直播间里的粉丝都是潜在客户，我不再需要像以前一样费力地找客户，而是等着客户来找我。

第二，通过直播，能获得最精准的客户，并拉动吉林省其他地区的人来长春买房子。

在东北，人口向省会城市集中是一个趋势，下沉市场的老百姓其实都有去省城买一套房子的意愿，但如果依靠地产商传统的宣介渠道，他们是很难精准获得这部分客源的，或者说不容易拉动这部分人群进城买房的积极性。

但是主播不一样，拿我来说，我大多数的粉丝都不是长春市的，我的直播，主要是吉林省其他城市的人在看，这样一来，我能够很好地满足这些老百姓看房、买房的需求，也促进了市场供需的匹配。

第三，我做直播，很容易组织团购，在线下进行集中的购买。现在，我卖房的主要模式就是做团购，提前几天在直播间预热，每场直播下播以后由助理收集客户信息，之后定好日期，组织粉丝一起去看房。这样一来，现场气氛一般都能够调节得很好，转化效果也非常好，对于开发商来说，短期之内能有资金的回流，皆大欢喜。

第四，我做团购，能为粉丝拿到最优惠的团购价格。我每次组团人数能够达到 60~70 人，客户足够精准，转化率也足够高。这赋予了我更高的议价能力，让我能为粉丝争取到更便宜的价格。

现在，开发商已经对快手主播形成了认知，至少开发商很信任我，让我来组织团购，甚至还愿意跟我签独家渠道。我的粉丝也知道，跟着我能拿到实惠的价格。通过快手，房产的交易更加直接和透明，交易链条更短，不再有中间商赚差价了。

小明说房：
做让粉丝信任的房产经纪人

> **要点**
>
> - 买房是老百姓的人生大事。过去，房产销售只关心怎样快速把房子卖出去，房子有问题也不跟客户讲，而是把房子说得很好，来刺激客户冲动消费。
>
> - 在快手上，主播不仅用通俗的语言把房产行业的内幕和避坑攻略告诉粉丝，还把很多线下中介会隐瞒的房子信息讲出来，整个卖房的过程被透明化了，粉丝更加信任主播。
>
> - 快手上主播和粉丝之间的信任，让房产销售有了更多新的可能性。粉丝能够以合理的价格买到合适的房子，主播也扩大了销售范围，提升了销量，双方实现共赢。

本文作者为快手研究院研究员郭森宇。

小档案

快手账号：小明&说房

快手ID：XM19860616

粉丝量：23.3万

籍贯：辽宁沈阳

垂类：房产

  房产经纪是一个信息严重不对称的行业。经纪人比购房者更了解情况，经纪人为了成交，让购房者吃亏的事情是很多的。

  但是，小明在快手上做主播后，有一段时间，认为房价要下跌，所以一直劝购房者不要买房。

  出现这样的奇怪现象，背后也是符合信息经济学原理的：小明希望自己成为最靠谱的房产经纪人，所以处处为客户的利益着想。因为在快手上，他为客户着想的一举一动，客户们都是看在眼里、记在心里的，所以，他的做法反而让他脱颖而出，成为品牌。

  而在快手这样的平台出现之前，他的好行为，如果想让客户都知道，成本是高得不得了的，几乎是不可能的。也就是说，如果要活下去，就不能有真正为客户着想的好行为。

  快手平台鼓励了信任的创造。

◎以下为小明的讲述。

我做销售出身，2006年开始在上海、深圳等大城市做珠宝销售，2010年回到沈阳，在朋友介绍下，进入房地产领域做二手房销售。

2012年，我加入一家房地产公司，负责用地推的方式卖新楼盘。那时，新房销售的客户拓展方式还很简单，我们会在商场或社区做一个展点，摆一些礼品，销售员分散开来散发广告。假设商场一天有8 000的客流量，我们得保证至少6 000人能看到我们的广告。

在这家公司，我慢慢从普通的销售员做到了片区经理，带领团队游走于沈阳的各大商场，也逐渐积累了销售经验。

2014—2016年，我和两位同事成立了一家房地产销售代理公司，公司业务是承包售楼处相关业务，帮开发商引客流、卖房子。我负责组建团队，在售楼处卖房，在外拓展客户，渐渐摸索出了一套自己的销售模式，做到了销售总监。

2016年离开这家公司后，我又做过一段时间的商业网点销售，并在2018年加入一家房产代理公司，一开始负责新房销售。2019年年末，我的上司负责在沈阳组建二手房业务，我被派到天津参加了几个月的培训，学习做房产经纪人。

2020年年初新冠肺炎疫情暴发，大家不能出门，只能通过视频聊天和开会，我听同事说快手直播能卖房子。那时沈阳已经有一些二手房中介通过直播卖房子了，他们也是最早的房产主播。

领导当时就让我开直播试试，我第一反应其实是有点抵触的。我都做过销售经理、销售总监了，怎么能直播卖房呢？

于是，我安排手下的区域经理去做直播，发现他播得还不错，再加上领导一直鼓励我，认为我经验丰富，一定能讲得好，我才开始自己做直播。

让房产交易过程更透明

2020年刚过完春节，我在家里开始了直播。一开始，我的直播间很惨淡，只有五六个人在线，还都是亲戚或同事。我对着镜头也不知道该讲些什么，非常尴尬。

就在开播后的几天，沈阳恒大的房子突然降价了，所有新房打七五折。听到这个消息，我马上在直播间取了标题："恒大七五折是真的吗？"就这样，我的直播间不停地有同城的人进来，在线人数也从几个人变成了几十个人。

虽然不懂直播，但我有多年的房地产销售经验，很善于营销和抓眼球，也知道很多开发商营销手段背后的目的是什么。再加上我的语言组织能力比较强，针对恒大降价的话题，我能够讲得很透彻。我告诉大家，这就是先抬价再打折的常见营销策略，实际上并没有便宜多少。

之后一段时间，我每天会把这件事情反复讲5遍，流量越来越大，每天都能涨几百个粉丝，快手号也有了一些起色。

2020年，贝壳找房逐渐在沈阳统一了二手房房源，我们公司没有房源，做不了这块业务。开春上班后，我开始做业内人所说的"二级半市场"，也就是以中介形式做新房销售。

在售楼处和看房过程中，我都会打开直播，给粉丝讲各大房地产商的新房，那时我直播间的人气已经稳定在几百人了。

2020年4月，我的粉丝涨到了两万多。我逐渐意识到，做快手能挣钱。于是我从房产代理公司离职，全身心投入做快手，每天早晚各直播两个小时，每次直播能涨500~800个粉丝。因为长时间直播，我的嗓子都快哑了。但我的付出获得了很不错的回报，粉丝量和直播间人气一直在向上走。

我直播的内容，主要是讲楼市政策和走向，以及买房的过程和注意事项。比如，房子买完后什么时候交定金，定金收据、认购协议、备案合同、首付收据都是怎么回事，哪些地方可能有坑，不同户型和楼层的房子有什么样的优缺点。

我认为，我的成功有以下3个原因。

第一，2020年4月和5月，恰逢沈阳楼市行情大热和降准降息，大家都在抢固定资产来预防通货膨胀，关注房产的人自然很多。

第二，我比一般的房产经纪人更专业，因为至少我做过房产销售总监，房产公司所有的营销套路、所有的坑我都知道。我能够用通俗的语言把房产行业内幕和避坑攻略给大家讲明白，并对楼市的走向有非常准确的判断。

第三，我卖房的整个过程透明化了。我手上的房子，外部条件和内部条件如何，什么楼层会有什么问题，户型有什么缺点，我都会在直播间里讲清楚。老百姓在线下买房过程中很多被中介隐瞒的信息，我都会讲出来。

就这样，信任我的粉丝越来越多。

用专业帮老百姓避坑

2020年5月，沈阳的房价已经连续上行了4年，居高不下，但我预测楼市不久可能会下行。

我对市场的预判主要来自两个方面。一是市场数据，比如看二手房带看量、挂牌量；二是粉丝给我的反馈。我发现，二手房的存量越来越大，流通量也很大，但市场上流通的客户都是投资需求，找我问房子的，10个里有6个是投资的。刚需买房的粉丝反而表示买不起房子，躺平了。

一旦市场过热又没有刚需来接盘，泡沫就会产生。再加上2020年受新冠肺炎疫情冲击，成交数据并不理想，我判断短暂的投资热很可能会进入疲惫期，并迎来更严格的调控政策。

我每天都在直播间帮老百姓分析，告诉大家谨慎投资。

其实投资买房的成本是非常高的，但很多老百姓不知道，盲目跟风，连远郊区县的楼盘都不放过，总觉得自己花7 000元/平方米买到的房子，过两年就能涨到1.5万元/平方米。

我还会给大家算账，比如，你贷款买房，每年的资金成本是5%，如果房价一年涨不了5%，你就是亏的。简单来说，如果你花100万元买房，几年后如果这个房子涨到130万元，你才能保本。

这些道理我每天都会讲，能听懂的粉丝都很信任我，能够及时止住投资。但我遭到了全行业以及投资买房人的抵制，因为这时所有开发商和房产中介都在拼命地卖房子，告诉大家房价绝对不会降。就好像正是割韭菜的时候，而我却一直对韭菜说："别动，你们是韭菜。"

没过多久，调控政策陆续落地，限购限售政策越来越严。从

2020年6月开始,"成都十七条""深圳二十二条"等调控政策不断落地;8月,国家出台三条红线限制房企资金流入;9月,沈阳出台八条调控政策限购限售。无论是税费、交易成本还是房屋贷款都在收紧。我知道,楼市下行的迹象越来越明显。

2020年"沈阳八条"落地后,沈阳新房、二手房的成交量不断下滑,听我劝的老百姓及时把买的房子退了,交了定金的也退了。2021年6月左右,沈阳房价全线下跌,好点的一平方米跌一两千元,不好的能跌4 000元,我也没料到下跌会这么严重。

一场活动卖20多套房子

主流的房产主播都在卖房子,但我从2020年开播到2021年夏,一直没有在快手上卖房子,我一直给老百姓讲解为什么不建议投资房地产,而且我的粉丝中有太多只想投资的人,所以我只讲不卖,我得对得起我的粉丝。

2021年,我开始在快手上卖房子。我始终遵循一个原则,就是卖房过程全透明化。

过去,房产销售只关心怎样快速把房子卖出去,房子有问题也不跟客户讲,而是把房子说得很好,来刺激客户冲动消费。我卖房的方式完全反其道而行之。用真实的信息和信任的关系来卖房,做老百姓贴心的房产顾问,反而收获了更好的效果。

2021年5月,快手"快说房"组织了一场团购,我一场活动卖出去了20多套房子,其中有3套房子,老铁定房时人都没来。他们说,小明推荐的房子,只要价格合适,他就买。

有一个内蒙古的大姐，儿子未来想来沈阳发展，她从我这里给儿子买房子，通过我交了定金、办了贷款，甚至还让我帮她装修，到现在都还没有来沈阳看她的房子。粉丝对我的信任，能达到这种程度。

做快手，最大的感受就是快手上的信任太强大了，我和粉丝之间有非常高的信任联结。我的粉丝很为我着想，有时嗓子不好了，大家会给我邮寄一些缓解嗓子沙哑疼痛的药；我最近瘦了，大家也会关心我是不是哪里不舒服。我从没想过，屏幕外从没见过面的陌生人居然能跟我这么心心相通，这么信任我、喜欢我。

我也不会骗粉丝。人都是善良的、有良知的，我相信任何人在我这个位置，当老铁对你这么信任的时候，都不会坑他们一星半点，否则心里过得去吗？我宁可少卖一套房子，也不会骗我的粉丝，这就是信任的魅力。

快手的信任经济，让房产销售有了更多新的可能性。买房是人生大事，是老百姓真正关心的东西。未来我会在平台帮助下继续为老百姓选好房，并利用团购的方式把价格压下来，让我的粉丝获益。

第七章
装修家居：装修行业的信任革命

装修行业历来被认为"水很深"，根源在于消费者懂的远远不如商家多。在数字时代，装修的过程和细节都被展现在直播间里，消费者变聪明了，商家骗不了消费者了。同时，直播减少了中间环节，消费者与源头商家可以更好地信息互通。一个更好的装修行业已经诞生。

本章篇目

法宇：做"极致信任"的装修行业	220
阿振：从刮大白小工到装修公司老板	236
一起装修网：直播改变装修行业乱象	240
祝哥：一年卖两个亿的装修材料	248
好莱客：直播已经是一件必做的事	261
林氏木业：为用户创造更有温度的家具购买体验	270

社会痛点

装修是一件很花钱的家庭大事。同时，装修市场混乱，"坑"很多，也是尽人皆知的痛点。

其中的原因可以分别从消费端和商家端来看。

从消费端来看，装修的环节多，知识多，而消费者一般懂不了那么多。商家即便"宰客"，消费者通常也不容易发现。消费者无可奈何之下，理性的反应是认为所有商家都是坏人，最佳策略是"谁便宜，我选谁"。

从商家端来说，老百姓一辈子装修次数有限，是"一锤子买卖"。商家即使服务好，也不会在一个消费者身上多次获利；即使服务差，也不会轻易受到惩罚。商家缺少提供好产品和服务的动力。

所以，装修是一个透明度和信任度都比较低的行业，"水很深"。

数字时代的解法

在直播时代，当消费者们可以方便地聚集起来的时候，装修行业就迎来一场深刻的信任革命。

1. 最根本的一点是消费者教育让消费者变聪明了。要装修的消费者，对知识是渴求的。有了快手平台，这些消费者可以聚在一起。人多了，就可以吸引到有经验的人，给大家讲装修知识，讲行业里有哪些不为人知的陋习，讲什么是好的装修。

原来，消费者因为不懂，很容易"挨宰"。根据柠檬市场理论，他们只能认为所有商家都是坏的，此时，最佳策略是"谁便宜，我选谁"。

这反过来导致劣币驱逐良币。市场上只剩下差的产品和服务。

消费者懂了后，就可以从只会看价格向选择品质转变了。而这对商家也有规范和引导作用，商家不得不收敛一些差的行为，转而去做更多对消费者有益的事情。

2. 消费者变聪明了，没法忽悠了，商家的竞争点，就从谁更会投机取巧，变成了谁可以提供更好的服务和产品。在直播间里，大家天天聚在一起，所以服务是全流程、全透明的。同时，在直播平台上，消费者在商家之间切换变得更容易了，商家的竞争也变得更激烈了。商家只有全流程提供最佳服务，才能得到更多的信任、更多的生意机会。

3. 在传统市场，从工厂到消费者，中间环节很多，消费者付出的价钱往往是出厂价的好几倍。在直播时代，消费者团结起来，可以通过主播直连供货源头。中间环节少了，消费者出的钱少了许多。

而对于源头厂家，因为可以更方便地获得消费者的需求信息，所以可以根据消费者的需求，做更好的产品开发。

举例：过去，一个出厂价 30 元的水龙头要抵达消费者手中，需要经历多个中间环节，价格至少要增长到 4~5 倍。但在直播间里，因为环节少，主播只要加价十几元，厂家和主播就都有钱赚。消费者聚合，还可以撬动上游工厂进行定制化生产，更好地服务消费者。

所以，在直播时代，装修行业发生的信任革命，是颠覆性的，是深刻而广泛的，是数字消费的新形态、新场景。这可以带来消费者福利的根本性的改善，带来商家竞争力的根本性的提升，可以让市场在更高的水平上达到均衡。

法宇：
做"极致信任"的装修行业

> **要点**
>
> - 在劣币驱逐良币的传统装修市场上，坚持站在消费者立场上是很难的。只有通过快手，我们才有机会获得业主的极致信任，有机会创建自己的品牌：首先，通过直播告诉他，我干活儿有自己的标准和方式；其次，实实在在地把装修质量做到最好；最后，极其重视售后。
> - 我们通过直播卖装修材料，坚持卖好东西，可能少挣一些钱，但换来的是安心，而且确实给我带来了更好的口碑。
> - 一些外地的装修公司也开始学习我们的模式，坚持高品质，坚持为业主考虑，取得了很好的效果。

本文作者为快手研究院研究员高珮菁。

小档案

快手账号：法宇说装修 装饰设计家

快手ID：FYZS888888

粉丝数：289.4万

籍贯：黑龙江哈尔滨

垂类：家装

◎ 以下为法宇的讲述。

我是装修行业中最早玩快手的一批人。我在直播间讲装修，相当于免费教学。很多人叫我老师，我觉得这是非常尊重人的称呼，感到特别自豪。

我的粉丝黏性特别高，像朋友一样信任契合。别人直播间2 000人在线，下单的也就三四百人；我直播间就400人，但这400人都会下单。

法宇在直播间为粉丝讲解装修细节

在劣币驱逐良币的传统装修市场上，坚持站在消费者立场上是很难的。如果没有快手平台可以阐述我的思想和观念，可能我也坚持不到今天，不得不学着别的公司玩套路，甚至玩得比他们更狠。

只有在快手上，我才能跟业主建立起极致的信任。

有一个粉丝在北京买了别墅，非要让我去装修，说给工人买飞机票、包吃包住，我一个月能去监工一次就行。他之所以信任我，是因为天天听我直播，我讲的内容跟他之前买房装修上当受骗的经历能完全印证上，几乎一模一样。就算我不能去给他装修，他所有的装修材料也都要买我的。

还有一个粉丝，在我直播间听了一年，从施工流程到跟客户对接施工方案全学会了。他先是按照我讲的装修自己家房子，有经验后又帮忙给亲戚朋友装了3套，现在开了自己的装修公司，还到哈尔滨找我学习，拿我的作品给工人提要求，装修材料也是在我家拿货。像这样的粉丝还有很多。

我没有多大能力，但我希望在装修行业起到带头作用。我一直跟粉丝说，我希望装修行业拼的不是价格，而是品质和服务。

通过快手，找我装修的人越来越多

我家做了20多年建材生意，我从小耳濡目染，十七八岁初中毕业后就跟着父亲干活儿，但只是个干活儿的。

经过两三年的锻炼，我慢慢可以接到厨卫局部改造的活儿了，虽然不怎么挣钱，但这意味着我的事业起步了。

2017年，我第一次接触快手，发了几个工地的短视频，吸引了一批粉丝，也获得了同行的认可。在快手上，我可以跟有同样思想的人交流。

粉丝涨到 3 万多时，突然有一个哈尔滨本地的粉丝联系我，觉得我人实在，干活儿不糊弄，想让我帮他装修房子。

这一单其实没挣到多少钱，但是我第一个整装的客户。我开始考虑，如何通过快手做生意。我开始坚持发段子，琢磨什么样的内容才能让别人愿意看。

我玩快手的初心就是帮大家装好房子。我觉得只有把活儿干好，干得跟其他人不一样，粉丝才会信任我。

为了提高工艺水平，我们花更高的工资，雇水平高、技术好的专业工人，我和表弟负责监督让所有步骤衔接好、配合到位，用好的装修材料，所有细节都要做到最好。

价格降下去，质量做上来，意味着成本增加、利润缩水。两万元的装修款，别的工长至少赚 20%~30%，我们只赚 500~1 000 元，一个月赚 1 万元，只能满足基本开销。但有舍才有得。工人干出好活儿，我就能拍出好作品；找我的粉丝多了，工人就有活儿干，这是一个良性循环。

问题在于这个循环能不能挺得住，能挺一个月还是一年。客户一定会接受好的工艺，但前提是要坚持。我用了 3 年时间，就差在工地吃馒头了。

2017 年年底，快手粉丝涨到 10 万后，我开始了第一场直播，连续四五个小时一口水都没喝，下播后嗓子疼得说不出话来。

但我发现直播有一个特别大的好处，很多人会在评论里提问。问到我不懂的东西，我会很实在地告诉粉丝我暂时不懂，但下播后就会到网上搜索，找工人请教，想尽一切办法学习。就这样，我懂的知识越来越多，在直播中帮粉丝答疑解惑，找我做装修的人也越来越多。

2018年，我有了自己的工作室。以前装修都是请外聘的设计人员，跟业主口头交流，现在有了专门的设计师，可以量房、画图纸、做预算，业主到公司后我去沟通。

2021年，我开了自己的装修公司，有设计、助理、客服，有专门的谈单会议室。70多个工人跟着我，我过去承诺让他们有更多活儿干，挣更多的钱，现在算是做到了。

挣钱的同时不坑人，就会越做越好

我发现很多客户找装修公司，上来先咨询价格，不看质量，不看配置，不看增项。这其实是因为装修市场上长期存在一些诚信问题，导致客户对装修公司望而却步。

市面上一些装修公司玩的都是套路，明明需要8万元的装修款，却只报6万元。等业主交完钱，再堂而皇之地增加项目、多收费，业主反而更容易被坑。就算业主发现不对劲想退款，也得付给装修公司30%的违约金。

比如水电改造，一开始只收2 000元的预付款，开工后再按线路长度收费。这听起来很合理，但因为消费者不懂，装修公司想绕多少就绕多少。原本1万元的费用，很可能被增加到3万元。

现在工作节奏快，人们没时间盯装修，导致坑越来越多，人越来越累，业主和装修公司相互不信任。

在双方互信程度很低的市场环境下，想获得业主的信任，首先得通过直播告诉他，我干活儿有自己的标准和方式。别人在玩套路，我是真心实意地对你。

我们做水电改造是估算后收取固定费用，多出来的成本由我们承担。先把水电改造干完，再收水电这部分钱，这意味着我没办法玩增项的套路，报价多少就收多少。说白了，消费者就是不想被骗，我作为装修公司让一步，业主就比较容易放心了。

其次，就是要实实在在地把装修质量做到最好。我对我的工人非常有信心，能干出哈尔滨市场最好的活儿，让人挑不出毛病来。

为了吸引和留住技术好的工人，我要保证他们在我这里一直有活儿干，尊重、认可他们，而且不会少给一分钱。所有工地我都会亲自去检查，如果工艺不达标或者没清理干净，必须无条件返工，赔钱也要达到要求。

装修完只是刚刚开始。装修后家里出现问题，我为业主服务，这才是相互磨合的关键点。为了服务好客户，我哪怕自掏腰包也要帮他解决问题，这就是建立好感的过程。

我家十几个客服都和厂家的技术人员拉了群，尽可能减少沟通的流程，以免拖延时间给客户造成不好的感觉。如果产品有问题，不需要寄回审查、反复确认，先发新的给客户安装。我家售后特别少，因为东西质量好。

直到现在，快手后台每天几十条甚至几百条私信，我每条都会回复，经常熬到大半夜。售后过程中只要消费者有疑问，我都会直接打电话亲自处理，一定要让客户有最好的体验。

这些付出是能换来回报的，那就是粉丝的信任。

普通装修公司给客户打电话，只能谈价格有多便宜，因为消费者不认识他。但粉丝通过看我的直播，了解我、信任我，只要价格合理就能谈成，所以我说快手自带30%~50%的成单率。我不糊弄、不坑人、服务好，粉丝还会介绍亲戚朋友来找我。90%的粉丝在装修之后，都会给我介绍活儿。

用不好的材料，虽然短暂地挣了钱，但失去了客户。我的想法是，装一套房子要交一个朋友，而不是树一个敌人。挣钱的同时不能坑人，就会越走越好。

卖品牌货可能少挣钱，但换来的是安心

2018年6月，快手还没有小黄车时，我在粉丝的推动下开始尝试带货。有人卖垃圾货，但我坚持卖大品牌。粉丝装修一次不容易，不管价格多少，起码要让他买的东西好、用得住，不能忽悠人。

我干了多年装修，对装修材料比较懂，要求也高。装修材料分为通货和高端货。通货就是普通零售店卖的，比如锌合金的水龙头，价格特别便宜，但质量很差，用两三年就可能漏水，万一漏到别人家还得赔钱。这时，水龙头的保质期已经过了，没人管了。

一些不良商家或工人为了获取暴利，8块钱进这种垃圾货，卖30多元。但我发现，在乎装修的人一般经济条件比较好，买我东西的基本是中端以上的装修，只要价格合理，谁都愿意买好东西。品牌货质保至少5年，用好了能用一辈子，但加上广告费、店面费、员工和库存费用，成本100多元的东西得卖到300多元。

过去，消费者不懂产品，只能去比价格。我干活儿时经常发现客户家里用一些质量不好、容易损坏的产品。比如浴霸、花洒，花200多元买一个质量不好的，用两年坏了厂家不管，还得再花钱。还不如一咬牙买个五六百元的，既好用又用不坏。

我选品的标准是，哪怕自己少挣点，也一定要用好东西，这样才能做得长久。我们经常在直播间把产品拆开，一个零件一个零件地去讲解，就是为了让粉丝一目了然，更直观地看到产品的好坏。

直播卖货的优势在于销量大、成本低，而且不需要压库存，厂家直接代发。我一场直播卖几千个花洒，这个量线下门店一个月也卖不出去。

装修材料的客单价高，我家卖的水龙头300多元，烟机灶台三四千元，床垫2 000多元，但我会把性价比做到极致。比如智能马桶，要达到我要求的功能，大品牌的供货价就得八九千元，粉丝接受不了。但如果找这个品牌的代工厂，价格就能降到3 000元，差了一倍还多。

比如水龙头，进货价300元，我卖300多元，才挣几十块钱，同样质量到一线品牌店里得卖1 000多元。有厂家找到我，要以100多元的价格给我供货，看起来一模一样，能挣得更多，但我没带。

我是个主播，卖货量特别大。如果找不靠谱的小厂供货，产品出问题找不到厂家怎么办？或者有一天我不玩快手了，粉丝找谁去？我选的牌子既不能太大，否则太贵；也不能太小，必须得经营时间长、有实力。我卖的是品牌，厂家有强大的售后团队和更好的商誉，如果有一天出问题，厂家得兜着。

有一次，一个粉丝买的花洒掉漆了，厂家说是个人使用不当造成的。我说不行，厂家必须拿出态度，给我的粉丝解决问题，哪怕厂家不出钱我自己出,也不能把责任推到客户身上。我考虑问题,必须站在消费者的角度。

坚持卖好东西,可能少挣一些钱,但换来的是安心,而且确实给我带来了更好的口碑。

粉丝觉得我人实在、干活儿好,信任我,我卖什么东西他们都觉得特别好,都愿意买。很多粉丝说,我的货他闭着眼睛买。

2018年下半年,我正式开始带货,比如厨房的烟机灶台和洗菜盆,卫生间的花洒和地漏,还有家具,几个月卖了400多万元。2019年和2020年,我们全年销售额分别达到了1 000多万元和两三千万元,占总营收的一半左右,当时预计2021年还会翻番。

主播就像医生,要帮粉丝解决困扰

快手这么多老铁相信我,让我通过带货获得更好的收入,我也不能辜负他们的信任。

粉丝在直播间消费的,大多是99元以下的产品,基本是快消品。能买4 000~8 000元装修材料的消费者,一定需要对主播有极度的信任。主播在消费者心目中就相当于医生,能帮他解决困扰,这个人设很重要。我讲的装修知识真的有用,才会获得消费者这种极度的信任。

我从20多岁开装修公司,一点点磨炼到现在,已经有一套自己完整的知识体系了。

第一步,我会告诉粉丝怎么验房,地面平不平,窗户漏不漏风,有没有凹陷的地方。验完房,我会给粉丝讲装修风格,告诉他最近流行什么样的造型和工艺，如何选择装修材料。客户对哪里不满意，我就去学习和提升自己。

过去人们选装修公司，得来回对比、再三考虑。但我的粉丝持续听一段时间直播，就学会了如何选择适合自己的装修公司，知道有些东西需要提前去跟装修公司交涉，以及装修完价格大概是多少、怎样签合同、如何跟工人沟通等。

装修公司一看他这么专业，也不会过分忽悠。这就避免了一些粉丝的困扰，真正帮他们解决了疑问。

老铁怕被坑，我会告诉他装修公司会玩什么样的套路，比如量米、大包限量、升级。量米是指水电改造不估算总价，而是按长度收费、多退少补，其实就是骗消费者的。大包限量是指合同里包含50米的柜子，到橱柜只剩下3米了，但你家得用4米多，这种情况就得加钱。还有一种套路叫升级，装修公司的合同里包含1 500元的门，不能按照报价单退款，但会引导业主加钱装更贵的。

消费者看了我的视频，到装修公司一看，发现确实是这样，我帮他避坑了。有什么问题在直播间问我，我一对一地帮他解答；再在我这儿买点几十块钱的小东西回家看看，发现在本地确实找不到这么便宜且质量好的，就会特别信任我。

也有粉丝问完价格后选择了其他公司，后期后悔了，发现我之前讲的内容都说中了，但没办法换了。在这种情况下，我还是会毫无保留地帮他们解答问题，他们也还会给我介绍活儿。

有的客户找不起装修公司，只能请亲戚朋友帮忙干活儿，那些工人不专业，或怕麻烦不愿意做。我们会通过短视频和直播详细地告诉他，比如卫生间暗漏怎么做，坡度做几厘米，防水刷多高、刷几层，怎么做闭水试验。

很多外地的粉丝想让我们去装修，我们针对这部分粉丝提供设计服务，把所有的尺寸、位置都标出来。有了确定的方案，粉丝可以直接拿着图纸找装修公司或工人，就不容易被糊弄了，省心、省事、省时间。

我讲的内容特别专业，得坐下来耐心去听才能听得懂，而且得持续不断地听。不管卖不卖货，我都会这么讲，目的是想教会更多人。装修价格不便宜，涉及好几万元甚至十几万元，老百姓赚点钱不容易，我们为他省的不是一星半点。

两位用户的访谈

快手研究院访谈了两位法宇的用户。

河北张家口的黄先生在法宇的直播间，一边学习一边装修了自己的房子。之后，他在张家口开起了装修公司，受法宇的影响，公司非常注重品质。

在吉林延边开装修公司的刘亚东在法宇引导下，用的材料好、装修工艺好，很快就树立起好口碑，成了当地有名的装修公司，也带高了当地的装修水平。

访谈一：黄先生

我家在河北张家口，2020年6月，我有一套房子想装修，就在快手上搜索，偶然碰到了法宇直播，就开始长期关注。

我对比过很多装修类主播，觉得法宇讲得特别全面和专业。比如卫生间装修，其他装修主播要么不懂，要么讲不明白。但在法宇直播间，怎么找坡度、什么时候做防水、暗漏如何安装、工人怎样施工，全部都讲得清楚透彻，有不懂的问题还可以发私信问他。

很多装修公司为了挣钱不惜昧良心，业主不懂的话很容易被套路，对方要多少钱就给多少钱。但听了法宇老师直播，人人心里有一杆秤，也知道装修公司的套路在哪里。我们张家口没有什么大的装修公司，我对比过几家，聊几句就知道是否专业、有没有责任心。

我是做长途运输的，平时工作特别忙，十天半个月才回家一次，没时间盯装修。工人干活儿时给我发照片和视频，我按照法宇老师讲的内容指导他们怎么做，做完后还要亲自去验收。

在设计理念方面，装修公司给我家设计的是满墙贴壁布，但我自己做主，把床头背景墙和沙发背景墙换成了木饰面，把电视背景墙从人造石换成了天然大理石，档次、美观度都提升了不少。

整个张家口市有几百家大大小小的装修公司，最大的公司一年差不多有二三百家客户。我们这儿装修工艺基本全是老一套，因为没有新的东西出现，客户不懂，也不会挑剔。装修工艺很多时候没有标准，我按照法宇老师说的要求工人，做出来的工艺水平是我们当地最好的。

我家里用的所有家具电器，大到几千元一套的沙发和床，几千元的蒸箱、烤箱、微波炉，小到水盆、龙头、花洒，还有电视柜、茶几、餐桌、洗碗机、抽油烟机，全是在法宇直播间买的，加起来有好几万块钱。有些产品我之前在别人家买过，对比完发现还是法宇家的好，就全部扔了重新买。

通过法宇老师一年多的直播讲解，我学到了很多装修知识和经验，从小白进化成了专业的装修人。

装修完自己家，我把几个亲戚朋友家的活儿揽了过来。装修是个很烦琐的过程，但遇到任何困难我都不怕。我的后盾是法宇老师，遇到不懂或者拿不准的地方，给法宇老师打个电话发个信息，很快就解决了。

装修结束后，业主对工艺和服务特别满意，又给我介绍了好几家生意。

因为和法宇老师学习了很多装修的知识，我现在正在着手开一家自己的装修公司，打算春节后彻底放弃运输行业，专心干装修。我要做一个良心商家，把这些好的工艺带给业主。

我计划把以后所有业主的户型图全部发给法宇老师，请他家专业的设计师帮忙做设计，购买装修材料也要跟他长期合作。我宁可多花点钱，也要给业主做出一个漂亮温馨的家。

我准备做张家口第一家先装修后付款的公司。装修完一步，业主验收合格后交一部分钱，我再做下一步施工。大的装修公司养着设计师和工人，装修一户挣两万块钱才能覆盖成本，我只挣6 000元，把利润返给业主。

我对我做的工艺很自信，我的装修公司是张家口唯一这么高标准的，再找不出来第二家。比如，铺贴瓷砖会容易出现空鼓，我们铺墙砖、地砖不允许有一点点空鼓，否则马上砸了，给业主换新。装修完，我们会用靠尺去保证平整度，误差不超过一毫米。业主拿我们的工艺跟别人家比，能一目了然地看出来区别。

我们拼的就是价格、工艺和服务，这些全是法宇老师在直播间引导给我们的，也是他平时实实在在做的。

访谈二：装修公司老板刘亚东

我是吉林延边一家装修公司的老板，2018年年初开始从事装修行业，公司有22个工长和100多名工人。

同一年，我在快手搜索装修，关注了"法宇说装修"，发现这个主播讲得特别好，专业强、工艺好，就开始坚持每天看直播，收获特别大。过了两三个月，我加了法宇的微信，遇到装修问题就打电话向他请教，他每一次都毫无保留地教我。

过去，延边的装修市场很乱，几乎没有正规的装修公司，大多是工长带队包活儿或是小作坊。这些公司为了抢生意，给客户的报价低，但增项特别多。客户越是想省钱，往往被宰得越狠。

我听了法宇的直播，坚持前期跟客户沟通好所有细节，装修过程中不增项、不多收钱，时间长了，口碑越来越好。

更重要的是，我通过法宇的直播间学到了很多更新更好的装修工艺，不但在众多装修公司中脱颖而出，还引领了我们当地的行业风尚。

跟大城市相比，延边的装修工艺一直落后很多。

比如贴墙砖时遇到90度的角，过去都采取加一根白钢条的方式来处理，不但有凸起，而且特别不美观。我在法宇直播间学到了"瓷砖倒角"的工艺，把两块瓷砖的边缘磨成45度后对齐，视觉效果就好了很多。

再比如，现在卫生间下水流行做暗漏和坡度，以前延边的装修公司没有这个意识，积水不容易流下去，还可能出现返味儿的情况。

在法宇老师引导下，我用的材料好、装修工艺好，很快就树立起好口碑，我的公司成了当地有名的装修公司。虽然我的报价比别的装修公司贵10%，但客户都愿意选，而且百分之八九十的客户来自转介绍。2018年，我服务了几十位客户，流水七八百万元。2019年，我的业务量提升了20%。在2020年新冠肺炎疫情期间，很多装修公司干不下去了，但我的生意并没有受到影响。

我还发现，只要我出什么样的新工艺或新服务，隔段时间其他装修公司就会跟着学，以至于本地的整体装修水平大大提升，就连装修工地的卫生状况也明显变好了。这样一来，最终受益的是消费者。

认识法宇后，我特意跑到哈尔滨去找他请教，跟着他在工地现场学习。法宇也来过一次延边，跟我长谈几个小时，还到工地上帮我指出各种细节问题。如今，我 20% 的装修材料都是在法宇那里拿货，他会给我代理价，或直接把工厂对接给我，比我们当地建材市场至少便宜 30%。

直到现在，我还坚持每天在快手直播间听法宇讲装修，即使两天能学到一个新的小技巧，对我来说帮助也是非常大的。

阿振：
从刮大白小工到装修公司老板

> **要点：**
>
> - 通过快手平台，短短一年半的时间，大家都认识了我。在我们当地开了10年以上的装修公司，现在都没有阿振装修有名。
>
> - 通过快手平台，我把装修行业很多"行业秘密"告诉了用户，一些装修公司也不得不有所收敛，很多灰色利润被压缩了。装修行业变透明了。以前的装修行业利润高，我们则薄利多销、以量取胜。
>
> - 我把这些水很深的地方讲明白了，消费者就可以从只会看价格向选择品质转变了。

本文作者为快手研究院研究员高珮菪。

小档案

快手账号：梅河口市阿振室内装修有限公司

快手ID：407327860

粉丝数：9.1万

籍贯：吉林梅河口

垂类：家装

◎ 以下为阿振的讲述。

我从13岁开始当学徒，学刮大白，念了两个月初中就踏入了装修行业，一直干到现在。

2017年，我开始玩快手，主要发一些装修过程、装修细节、施工工艺类的内容，比如水电该怎么做，该用什么样的管，类似于科普。当时我只是装修市场上一个普普通通的个体户，客户主要来源于同行的转介绍，一年到头能挣七八万块钱。

刚开始玩快手时，没想到随便发个作品就很容易上热门，播放量冲到一两万甚至5万多，上热门后就能涨粉。2020年下半年是我涨粉最快的时候，本地粉丝占一半以上。

2018年10月，我第一次通过快手接到了粉丝家的活儿。2019年年初，又在一天之内接到了两户，就这么一点点做了起来，在这一年我开了自己的装修公司。目前已经有70多名正式员工。

2019年，我们公司通过快手接到了78个客户，营业额达到了900万元。2020年，我们通过快手接到了138户生意，占整体单量的70%左右，公司营收近2 000万元。2021年上半年，我们来自快手的客户突破了100户。

梅河口这个城市比较小，一传十、十传百，我们的口碑慢慢就起来了。在梅河口开了10年以上的装修公司，现在都没有阿振装修有名。我通过快手平台，在短短一年半时间里，让大家都认识了我。

以前的装修行业利润高，我们则主要靠薄利多销、以量取胜。因为我通过快手平台，把装修行业很多不为外行所知的"行业秘密"告诉了用户，很多灰色地带的利润被压缩了。比如，同样品牌的水管分三六九等，而消费者对此并不知情，装修公司就可以换更便宜的材料。再比如，做橱柜、衣柜，背板厚度不同差价很大，一个衣柜的成本能差出来千八百块钱。同样一家装修，我报价10万元只能挣1万元，因为材料好、工艺好，而有的公司报价8万元，他能挣两三万元。

传统装修公司吸引客户主要靠业务员，业务员谈下一个客户就能拿到返点和提成。他们为了拉客户，靠低价把单子签下来，到装修的时候就开始加项、加钱。很多装修公司都是玩这种套路，10万元的合同费用之外，加2万元到5万元都很正常。有一些公司卖给客户套餐，多少钱一平方米，但真到装修时就不是这个价格了，比如套餐里只包含两米的橱柜，你家橱柜是4米长，那就得额外加钱。

在没有快手直播之前，很多消费者是不懂这些门道的。我把这些水很深的地方讲明白了，让装修行业变透明了，消费者就可以从只会看价格向选择品质转变了。一些装修公司也不得不有所收敛。也就是说，我们还带动了一部分人向好的方向转变。有的同行提到我会有些反感，但我还是坚持做这件事，希望通过快手让更多人懂装修，让他们了解我、认可我。我不是靠便宜吸引客户，而是靠自己的专业能力和诚信待人。

我是梅河口第一个通过快手做起来的，从 2018 年开始就陆续有很多人模仿我。很多人看到我一个刮大白的都能火了，也去玩快手、做直播，甚至很多人想转行做装修。我们本地有三四百家搞装修的，但在快手上做得不错的目前也就十来家。

一起装修网：
直播改变装修行业乱象

> **要点**
>
> - 过去，装修公司抢到客人的生意，猛赚一笔才是理智的。客人分辨不清装修的质量，且基本是一次性买卖，所以装修公司越替客人考虑，可能越吃亏。劣币驱逐良币。
>
> - 快手直播间可以把装修过程真实、完整、细节丰富地呈现出来，消费者从中可以了解装修知识和需要避开的"坑"。装修变得透明了，而且是全流程透明。装修公司越是做得好，越是注重口碑，越有机会得到消费者的信任，获客成本越低。良性循环建立。
>
> - 一起装修网20%的业绩是新媒体贡献的，70%的客户来自转介绍。通过快手来的客户信任度特别高，很多人直接过来交钱下单。

本文作者为快手研究院研究员高珮著。

小档案

快手账号：铁锤行动-黄然

快手ID：ZX17house

粉丝数：69.9万

所在地：北京

垂类：家装

◎以下为一起装修网新媒体负责人尹松的讲述。

装修行业水很深，95%的装修超预算，90%的装修延期。我们行业有一句话，装修一次就是"钱基本花光，人基本累伤，夫妻感情基本闹僵"。

原因有两个：一是装修频次特别低，业主觉得你好，一般也不会有第二套房给你装，所以是一次性买卖；二是装修的环节特别复杂，里面有很多细节性的问题，消费者很难搞清楚。

在这种情况下，业主在选装修公司的时候，往往只看谁的价格低。而装修公司为了吸引客户，故意压低价格恶性竞争。先把生意抢到手，后面再通过漏报、增项、偷工减料等套路赚回来，行业里称之为"低开高走"。

快手直播间的出现，给乱象丛生的装修行业带来了改变。

一方面，主播可以花很长时间，把装修知识和需要避开的"坑"讲清楚，消费者有了相应的知识，就有能力判别和选择好的装修公司。另一方面，主播可以把装修过程和细节真实、完整地呈现在直播间，特别是关键的监理验收环节。消费者看了之后，很容易对主播和这家公司建立起信任。

　　有了知识和信任，业主就会聪明地选质量好的装修公司。这几年，快手让我们收获了很多新客户，增加了品牌曝光。目前，我们公司 20% 的业绩是新媒体贡献的，70% 的客户来自转介绍。我们发现，短视频直播的派签率（从派单后联系客户到最后签约）比以往高了很多，通过快手来的客户信任度特别高，很多人直接过来交钱下单。

一起装修网的主播"铁锤行动-黄然"（中）在装修工地现场为业主讲解

从团购转型做直播

　　一起装修网创办于 2009 年，一开始是做团购平台。我们把大量业主汇聚到一起，拿货量大，议价能力强。我们对接的不是零售商，而是省级代理或全国总代理，省掉了很多中间环节。业主在我们这里买建材，最多能节省 40% 的钱，消费者得到了实惠。

　　这种方式在当时很受欢迎，最多的时候，一场线下团购会有两万多人参与。

但慢慢地，只卖建材已经无法满足业主的需求了。在北京这样的城市，消费者没时间用一整天去参加展会，自己买建材，再盯着施工队装修，他们更倾向于到网上买，或者找装修公司全包。

随着淘宝、京东等电商网站的出现，线下采购的需求逐年减少。2016年，我们公司全面转向做整装。

也是在这一年，我们开始做新媒体。一开始是图文，到了2018年8月，我们开始招聘专门的策划、拍摄和制作团队，在快手做短视频。快手的日活越来越高，流量在哪里，营销就应该在哪里。

对于装修行业而言，短视频和直播的效果比图文好太多了。

装修的特点是低频，客单价又高，消费者几乎什么都不懂。在这种情况下，要通过图文了解这么复杂的一件事，就太费劲了，用户也没有能力判断各种说法谁对谁错。但短视频和直播不一样，粉丝能看到真实的场景。看视频的效率也比图文高很多。一篇500字的文章起码得看几分钟，看视频一分钟就能获取很多信息，而且大家还在不断提高视频的信息密度和价值。

此外，图文平台有很多，但短视频时代，我们针对一个平台创作一个视频，就已经覆盖了百分之七八十的视频用户，很可能收获几万甚至几十万的播放量。

在2020年2月新冠肺炎疫情期间，我们开始专注于做直播。春节后，北京大多数公司停工，线下装修业务受到很大影响，设计师讲方案都只能通过视频会议，去自己工地还得偷偷摸摸像做贼一样。但因为短视频平台发展迅猛，通过新媒体获客这块业务反而做得很不错。

通过快手，我们公司整个后端的转化效率提升了很多，20%的业绩是新媒体贡献的。与网站的自然流量和信息流广告相比，短视频直播的派签率高了很多。我们能明显感觉到，通过看视频或直播过来的客户，对我们已经有很高的信任度了。

做了10个快手账号，最重视的是主播的专业度

我们目前一共有10个快手账号，未来还会持续增加。

我们目前知名度最大的主播是"铁锤行动-黄然"。黄然是一起装修网的全国交付部门负责人，他每周都要去工地现场巡检，大概去四五家，我们会拍成短视频，每周五晚上直播。

我们每个工地都有一把锤子挂在现场。全国各分公司的总经理和交付部门的负责人，也会每周带着相关人员去工地现场突击检查，看工地有没有工艺不合格的地方，不合格就拿铁锤砸掉。这个巡检我们已经做了5年，代号就叫"铁锤行动"。

我们直播的就是真实的工地现场，遇到业主不满意直播"翻车"的，我们也不回避，而是会在现场提供解决方案。用户特别喜欢看这种类型的直播，因为里面业主问的问题都是大家关注的。一旦一锤砸出去，那种宣传效果太强了。

通过快手直播，黄然在行业中的知名度和影响力越来越大，大家都把他当专家。他去一个正在集中施工的别墅区，很多工长是他的粉丝，很多业主更是像追星一样。公司招聘的很多人是奔着他来的，只要能跟着他干什么都行。

其他的主播，"设计师西西"和"设计师小田"的人设是设计师，主要呈现真实的旧房改造，进行很直观的前后对比。北京的老房子痛点都差不多，粉丝产生共鸣后，会认可主播的设计能力。"胡一刀"是北京分公司的总经理，每周会抽半天时间到工地现场做直播、拍视频。

我们不卖货，也不靠颜值或幽默段子吸引粉丝，选主播最重要的标准就是专业，其次是在职时间比较长，了解公司和用户。我们后期做内容，还是不能脱离实际。

我们不是特别看重粉丝量，而是看重粉丝的精准度。只要具备输出内容的能力，一定能把这件事做好。

全程透明，全程服务

业主在装修过程中，最怕的就是超预算。

我们公司有专门的审核部，帮业主审核设计师的合同有没有漏项。在合同中，装修流程和报价中包含哪些项目，都非常详细地列进来。不包含的项目中，哪些是后期有可能额外产生费用的，也要一一列进来，全部说清楚，避免后期扯皮。

关于装修材料，我们有统一的用材标准和工艺标准，全部用的是一线品牌，但价格并不高。

我们之所以能够将装修行业透明化、让消费者得到实惠，是因为获客成本和材料成本低。

传统装修公司获客主要靠打广告。户外、电视、电梯等传统广告渠道费用很高，随便一个区域的电梯广告都得五六百万元，向房地产中介、物业等买业主信息的转化效果也并不好。比如一家装修公司花2 000万元投广告，只能签2 000个合同，这意味着每个合同至少有1万元的成本必须赚回来。

我们很少投广告，而是依靠新媒体的自然流量和客户的转介绍，节省了很多成本。再加上过去在团购过程中跟供应商合作多年，绝大部分品牌都是直接跟品牌或源头工厂对接，而不是通过经销商或代理商，拿货价更低。

比如，消费者去大商场买地砖，一平方米200元，我们拿货价可能才60块钱，卖150块钱仍然有很高的利润。

对于业主而言，装修好只是第一步，售后的重要性不容忽视。

很多装修公司承诺30年质保、终身质保，但实际上做两三年就倒闭了，同一帮人、换一个地方、换一个名字重新做，同样花钱打广告、用优惠把客户吸引过来，运营不下去就继续换名字。这是行业内经常玩的套路，像游击队一样，打一枪换一个地方，一拨一拨地割韭菜。

去百度、知乎、大众点评或住小帮搜一搜在北京经营时间比较长的装修公司，基本差评满天飞。

我们在做直播和拍视频时也会提醒业主，不要看广告，一定要自己查口碑，最好是身边人介绍的。

我们从2009年做团购会开始，就非常注重维护自己的口碑，业主有任何疑惑或不满意都会解决，从来不敢跟业主抬杠，以至于合作商家觉得我们太惯着业主了。做直播更是如此，同时有很多人在线，有人在评论里发表不好的评价，大家都会看到，直播就翻车了。

这些付出也给我们带来了回报。我们有很多回头客，70%的客户来自口碑传播。虽然业主自己装两套房的概率比较低，但会推荐给身边的亲戚朋友。

快手老铁文化真的很好，粉丝对我们的认可度很高，很多人在直播间询问当地有没有装修服务。可惜我们目前只能覆盖十几个城市，很多快手用户不在我们的服务范围内。未来我们打算拓展业务范围，要整合供应链，研究当地工艺和材料品牌，还有很多配套的东西得跟上。

祝哥：
一年卖两个亿的装修材料

> **要点**
>
> - 装修行业水很深，粉丝要在你这里消费这么多钱，不把真实的情况展现出来，不取得他的信任，怎么可能下单？我们靠的就是专业和真实。
>
> - 在直播间，价格比过去更透明了，质量更有保障了。粉丝只要细心点，装修的整个过程和细节全都一目了然。
>
> - 东西好不好，消费者心里有杆秤。我做快手一直走质量路线，如果只是一味压缩成本、打价格战，那就是坑人。

本文作者为快手研究院研究员高珮菪。

直播如何改变装修行业

传统市场	直播时代
商家即便卖好货，买家也不识货，久而久之，劣币驱逐良币，市场会充斥劣质货。	消费者成为专家，越是高质量的产品和服务越受欢迎。主播还可以帮消费者反向定制。
客人付完钱，商家给了货，交易就结束。	客人买货之前和之后，有问题都会找主播，主播必须提供全流程服务，而且全过程在直播间是透明的。主播必须注重专业和真实，用户才会信任他。信任越多，生意越好。
从工厂到消费者，中间环节很多，消费者付出的价钱往往是出厂价的好几倍。	消费者通过主播直接连通供货源头，消费者出的钱少了许多。
商家只能服务100公里之内的客人。	一个主播往往服务好几个省的客人，销售半径大为扩展，客人的数量也比原来高出一个数量级。

小档案

快手账号：祝哥装修材料

快手ID：DY2883777

粉丝数：775.5万

籍贯：吉林梅河口

垂类：家装

祝哥拥有近 800 万粉丝，是快手家装类头部主播。祝哥原先在沈阳南塔市场做了十几年装修材料批发，2017 年开始玩快手。

2020 年，祝哥在快手销售额达到 2 亿元，销量比做批发时高了 10~20 倍。更重要的是，祝哥发现，向来"水很深"的装修行业，正经历深刻的变革。一个更有信任度的新市场已经诞生。

◎以下为祝哥的讲述。

老铁们相信我，我才能卖得这么好

2020 年，我在快手卖出了 1 万个马桶、2 万套花洒、5 万个水龙头。老铁们一晚上在我直播间下单的商品，一家线下品牌专卖店 10 年也卖不出去。

2020 年，快手在成都举办了一场"理想家"的活动，邀请了 8 个主播。我想带某个全国知名家居品牌的货，但该品牌方要求千万级粉丝的主播来播，我当时只有 300 多万粉丝，就选了一个叫"好风景"的家具品牌。

那是我第一次带品牌货,也是我第一次卖大型家具。我心里没底,不知道粉丝能不能接受这么贵的大件东西,带货前心里悄悄给自己设了个 50 万元的小目标。没想到,整场销售额冲到了 2 000 多万元,其中一张售价 1 999 元的床卖了 1 000 多单。这个品牌当时只准备了 50 万元的库存,生产不出来,只能硬着头皮打电话让消费者退单。太不可思议了。

我后来分析,之所以能卖得这么好,是因为老铁们相信我。我家铁粉特别多,每场直播下单的有百分之八九十是老粉。在直播间经常看到的评论就是"祝哥质量老好了""在你家消费好几万了"。有人大老远跑过来给我们送各种各样的土特产,牛肉干、药材、海鲜、水果都有。有粉丝发现我有鼻炎,给我寄了一大包药。

祝哥讲解不同板材的木质和规格

快手还没有小黄车时,很多人跑过来,当面把四五万元现金的货款给我们。有时一天来好几个粉丝,刚开始我还管他们吃饭和住酒店,后来来的人太多,只能请他们吃碗面条了。我甚至想过把家里做成商场一样，欢迎全国各地的粉丝来参观。

粉丝相信我，是因为我卖的货质量好。"无敌"这个口号，是我在快手上最早喊出来的。一个床垫，几个小伙子站上去跳、开着卡车轧过去都没事。普通小厂的灯芯只有30克，我用的是知名大品牌的同厂产品，足足100克，价格却只有后者的1/5。我家卖458块钱的洗菜盆，最近发生了3起被装修工人偷偷调包的事件。

东西好不好，消费者心里有杆秤。我做的家具，材质、工艺跟大品牌线上渠道的货一个级别；我给品牌带货，质量达不到标准的直接拒绝。如果只是一味压缩成本、打价格战，那就是坑人。

我家沙发卖3 000~5 000元，沙发、茶几、电视柜的套餐一万元左右。能在我这里消费这么多钱，得下多大决心？装修家居这个行业，如果粉丝和主播之间没有强信任关系，是不可能下单的。

按照我的经验，跟客户建立信任没有任何捷径，最好的方式就是发作品。粉丝看多了作品可能对你有兴趣，但他还不一定敢买贵的东西，要通过买小件一点一点地建立信任。

从后台数据看，新粉丝通常很少直接下单，他会观察一段时间直播流程和讲解内容，再尝试着买点小东西。从不相信到相信，到变成铁粉后尝试下单，再到花四五万元买一整套家具，我们需要漫长的过程和大量作品的投入。来我家买家具的粉丝，90%已经买过水龙头、花洒、马桶之类的小件。

快手和其他平台最大的区别，就是主播和粉丝之间的信任度。我在四川成都带家具的运营商告诉我，其他平台很多千万级主播都到当地带过货，带了很多场，有时一场销售额可能连10万元都达不到，以至于厂家对这个渠道失去了信心。

我第一次去成都带货时，下了飞机没人接，直播时也没有工厂的人陪同讲解，晚上要回酒店时半天打不到车，我们4个人拖着行李箱在马路边等了好久。但那次带货之后，过去态度高高在上的厂家，都主动找过来了。

十几年积累的专业能力和经验

我能在快手上收获粉丝的信任，主要得益于我在装修材料行业十几年积累的专业能力和经验。

早在2000年左右，我就在梅河口铁北市场开了个五金日杂店，生意还行，能挣点基本的生活费。但我很快就发现，我一天卖1 000块钱都挺费劲，跟批发商进一次货两三千块钱，人家还不爱搭理，而批发商的利润并不比零售低很多。

我决定去沈阳南塔市场干批发。当时我手头只有不到一万块钱，在南塔市场边上租了个月租800块钱的车库，交了两个月房租，又到市场上花100多块钱买了一张床。我晚上在车库里睡，白天就到市场里去转。

我找到合作过两三年的批发商，跟他们谈好价格，他们给我让5个点，我自己再加5个点，相当于做二批。我把商品做成图册，自己带着图册和样品出去跑市场，住20块钱的旅店，有时连1块钱的公交车都舍不得坐。

我一直没有租档口，自己在外面跑市场，雇人在家里打包发货。一开始是因为没钱，南塔市场普通地段两米宽的档口，一年租金就得七八万元，要把我的货都放下，得租10米多的档口。

后来我发现，跑市场最大的好处在于选品，能找到好货品。我可以跟每家店的老板交流，知道哪些货卖得好，我的方向就有了，定位准确了，回家赶紧更新图册，比坐在家里等顾客上门好很多。我跟20家店铺打交道，这20家是我从几百家批发商中精选出来的，相当于把市场上的精品集中到我一个人手里了。

用了近5年时间，我逐步找到了源头工厂，覆盖了一万家零售门店，产品图册也从一两页增加到了十几页，一年能卖近1000万元的货。

做零售和批发生意的这几年，奠定了我玩快手的基础。消费者需要什么东西，同行在卖什么，谁家东西好谁家不好，我都知道。虽然在快手上跟消费者不是直接见面，但通过这几年沉淀，我知道他们需要什么，这是别人没有的阅历。

2017年刚开始玩快手时，我发的每个作品大家都觉得稀奇，随便拍个水龙头、地漏的视频就能涨一两万粉丝。但当时我以批发为主，没想过在快手上零卖东西，怕麻烦。

2017年年底，在直播间要买东西的粉丝太多了，我就把账号交给我小舅子管，答应卖货挣的钱都归他。没几天，他就跟我说这活儿干不了，因为买东西的人太多了。

2018年5月，我在直播间搞了场活动，一两个小时卖了30多万元，我当时就被震住了。从那一刻起，我决定不再发展沈阳的批发生意，投入全部精力，好好玩快手。

当时我只有30多万粉丝，但生意特别好。5个客服忙得不行，开单累得手都要断了。从早上9点到晚上10点电话一直响，大家一起吃饭时手机都放在桌子上，吃两口就得接电话。晚上睡一觉第二天醒来，每个手机上都得有几百条未读信息。

跟线下实体店比，我只是在工厂批发价的基础上稍加了一点利润，价格优势太明显了。粉丝听完我的价格到线下实体店讲价，也没人肯卖，因为他们的成本价比我的卖货价还高。

在直播间，装修的过程和细节一目了然

装修这个行业很特殊，水太深了，不是主播简单讲几句话就可以卖货的。粉丝要在你这里消费这么多钱，不把真实的情况展现出来，不吸引他，不取得信任的话，他怎么可能下单？我们能干起来，靠的就是专业和真实。

首先是价格比过去更透明了。在传统交易渠道，商品从工厂出来，首先要有区域代理，再通过批发市场走进五金商店或建材商店。到五金商店，也不一定到消费者手里，中间还可能有装修公司。

拿一个普通的合金水龙头举例，出厂价30元左右，区域代理加5元，到批发市场加上20个点和运费，起码得50块钱。到五金商店后，因为现在生意不好做，利润点要求高，得卖到100块钱。如果再通过装修公司，到消费者手中得150元，最起码5倍的差价。但如果从快手平台买，主播在出厂价基础上挣十几二十个点，加上运费40多块钱到手，消费者就大大受益了。

其次是质量更有保障了。做零售时，贵的东西往往卖不出去。一条街上好几家都做一样的生意，客户不懂好坏，商家也不可能像开直播这样耐心地一对一讲解，所以他们一般都选便宜的。为了打价格战，商家进货时也会特意选择便宜的、低端的，进一个高档的摆半年才能卖出去。这样导致质量越做越差。但在直播间里，主播不敢卖假货。如果售后做不好，粉丝直接在评论中投诉，说一句话可能一场直播都没法卖了。

为了展示马桶内部的材质构造，祝哥在直播间砸了很多马桶

与传统电商相比，快手最大的优势就是直播带货。在直播间讲解跟图片卖货不一样，水龙头的主体、提杆、软管都是什么材质，得详细地告诉粉丝。是铜的，还是合金的，通过我们的讲解，消费者对这个行业的了解程度提高了。

比如在线下买马桶，消费者看着特别光亮、白白净净的，冲水效果又好，就觉得挺好。但实际上，关系到马桶使用效果和寿命的主要是盖板和水件，以及马桶的制作过程。有的马桶陶土烧过了或是烧得不够，瓷化效果不够，经常吸水，容易散发气味。有的马桶瓷面特别薄，管道里没有釉面，或是釉面不顺滑，用两年容易粘东西。有些卖家会给马桶上一层油，看着特别亮，但用一个月后亮度就没有了。为了让粉丝了解清楚，我每场直播都会现场砸一个马桶做展示。

再比如沙发。选沙发时要注意避坑的两个点，一是海绵，二是框架。很多沙发里用的不是高密度海绵，特别软，坐上去容易塌陷。有的海绵只有上下两层，里面还有"夹心"，好的应该是整段海绵。有一些沙发蒙底布的地方用的是"假框架"，有一些杂木，或者做得特别窄。这是消费者看不到的地方，但框架不好，使用寿命差很多，坐上去嘎嘎响，容易塌陷。好的沙发面料和不好的价格能差六七倍，一张3米多的沙发得用二三十米面料，一米差几十块钱，这就是1 000多块钱的差距。

在直播间，我们讲一个商品的时间至少得一个小时，全力给消费者讲透每一个细节，讲得越透越有销量。通过我们的视频和直播间，粉丝只要细心点，装修的整个过程和细节全都一目了然。就这么一点点对比、渗透，消费者就明白了、理智了。提高品质，给消费者提供保障，我赚的是良心钱。

消费者成为专家，杂牌装修公司不好干了

我在快手上赚的是薄利多销的钱。以前开一个五金店，基本也就覆盖周边一两个小区。沈阳的南塔批发市场，能辐射整个东三省地区。现在，我们的用户主要集中在北方，包括山东、河北、东三省、陕甘宁和内蒙古。

我一个人卖的家具，一个小厂全年不停地生产也做不出来。我现在合作的大概有20个工厂，他们专门开几条线给我们生产。好风景是川系家居中排名前五的品牌，这么大的企业，单独给我打造的东西，也得我催着去生产。

小零售店一天能卖1 000多元。大一点的专卖店一年卖30万元都算好的，刨去租金、水电、人力等成本，纯收入10万元左右就不错了。像好风景这样的品牌专卖店，大门店应该能做到几百万元的销量。我卖一场的销售额，大门店一年都做不回来。

线上购物对线下的影响太大了。2020年新冠肺炎疫情期间，直播电商赶上了爆发期，很多不网购的人开始尝试网购了，也买顺手了。批发市场下滑特别严重，我接触的实体店黄了很多。以前，南塔市场里面上下楼全是人，各地零售商来这里拿货，现在去看人少了很多，很多店铺关了门。市场外那条街以前挤得人都走不过去，现在车可以随便开。

受影响的还有装修公司。快手上有几个主播讲装修讲得特别好，瓷砖怎么对缝、怎么检测质量，把装修环节分解得很细，粉丝看完都快成为专家了。这些东西讲完了，很多杂牌装修公司的活儿就不好干了，老被消费者挑毛病，全行业都得往上提升质量。

有些用户的观念停留在老式装修上，容易被装修公司忽悠做那种昂贵复杂但没什么用的设计，通过快手看专业的主播讲解，很快就能明白。如果用户想做简约风或轻奢风的装修，也不用花钱专门请设计师做3D效果图了，在快手上能很直观地看到。

消费者最容易被坑的，其实还是装修环节。装修公司在施工上一般挣不了太多钱，每家报价都差不多，他们赚钱主要还是在装修材料上，特别是合页、拉手、拉篮这种容易被忽略的小件。举个例子，一个简单的合页出厂价两元，装修公司卖8元。一家装修用几百个合页，这就差了1 000多元。再比如，一个10块钱成本的弯头，很多装修公司都卖80元。

一些装修公司还会引导消费。设计师设计的家具在别的地方根本买不到，只能高价通过装修公司买，价值一两千元的沙发可能得花四五千元，价值几百块的茶几得花两三千元。更坑人的地方在于，装修公司跟你谈好多少钱拎包入住，但它会从产品质量上来赚钱。你可能觉得一样东西贵三五百块钱无所谓，但关键是装修用的东西太多了，那些看不到的地方才是最坑人的。

直播时代就不一样了。有些转变快的装修公司，利用快手直播，接到的活儿更多了。我家门口的阿振装修有5万多粉丝，老板以前就是个刮大白的工人，一个月挣几千块钱，现在一年装一二百套房子，短短两三年时间成立了本市有名的装修公司。

专做一件事，把服务和质量做到最好

我在快手上做到今天，靠的就是"质量"两个字。经过这几年一点点升级，我售卖的每一件商品，都敢喊"无敌"，可以挑战同行业、同领域中高端品牌的高端产品。

也有人找我带一些吃的、喝的东西，或者生活小摆件，但我都不卖，就是为了保住我的专业人设。我就做装修材料这一件事，把质量升级到最好，把服务做到最好。

我从一开始就明白一个道理：要想在快手上卖得多，肯定离不开质量。

2018年开发马桶市场，我们到广东潮州谈品牌合作，结果去工厂都没人接待，大一点的品牌连门都进不去。我们想办法拿到货在快手上卖，头几年做得很累，成本高、挣钱少，挣扎过多少次还是坚持下来了。坚持做质量，确实给我挣了名声。如今，品牌把快手的独家代理给了我，还安排了100个人跟着我拍短视频。

2019年，我开始全面提升质量，原因是便宜货售后问题太多。消费者还是更喜欢高质量的产品。我们会跟厂家提要求，进行定制化生产，现在我卖的商品中有70%是定制的。

比如餐桌，很多电商渠道的货是用杨木做的，我家用的是橡木，木质很坚硬。再比如床垫下面的铺板，最廉价的是锯木板，成本只有二三百元，再往上是实木，我家用的是俄罗斯进口的松木。普通铺板的框架通常是0.7厘米厚、5~10厘米宽，市面上的高端家具有1.8厘米厚、10厘米宽，我们家的有近3厘米厚、15厘米宽。消费者多花一点钱，收获的是完全不一样的品质。

我做的马桶，接受任何一家品牌最高端产品的挑战。花洒里外全铜，从铸造、组装到成品全程跟踪，要求每一道工序都做到最好。我家最好的水龙头卖500多元，单独开模具，从材料到电镀工艺跟普通的货完全不一样，使用寿命长到我敢承诺这是"传家宝"。容易坏的是阀芯，我承诺提供10年内免费换新的服务。

以我现在的资源和能力，打价格战很容易，但这样一来，生态打乱了，我的名声毁了，全网人都得攻击我，我还不赚钱，一点好处都没有。所以我不打价格战，还是选择走质量路线。

据我了解，在装修材料行业，现在快手是所有平台中卖货质量非常好的平台，快手主播手里的货都比市面上普通产品强。

我做快手一直走质量路线，很多人跟我学。他们越学我越紧张，这么多人看着我，就好像在监督我一样。我哪里有一点做得不好，他们卖货时就会提到，逼着我往前走。谁质量比我好，谁就是我的竞争对手。我想在质量上做到最好，不给其他任何人机会。

好莱客：
直播已经是一件必做的事

> **要点**
>
> - 在线下门店，销售没有充足的时间和很多客户进行一对一的沟通和讲解，能够影响的客户范围非常小，在线下做内容展示的成本非常高。
>
> - 直播可以把几千名甚至上万名客户聚集到一起，更好地呈现产品，还可以根据用户需求临时调整内容。通过这种实时性、互动性很强的沟通方式，用户很容易对主播和品牌产生信任感，转化效率很高。
>
> - 以前传统门店服务不好一个客户，对品牌造成的影响比较有限。但快手用户在直播间发表差评，会对其他消费者产生很大的影响，这会倒逼商家提升产品质量和服务水平。

本文作者为快手研究院研究员高珮著。

小档案

快手账号：好莱客全屋定制公司

快手ID：931046448

粉丝数：105.1万

所在地：广东广州

垂类：家装

◎ 以下为好莱客新媒体负责人陈柳的讲述。

好莱客成立于2002年，是做环保定制家具起家的，有1 800多家线下门店。

好莱客在直播间为粉丝讲解环保板材

2019年，随着平台流量的转移，我们开始重点布局正处于红利期的短视频。从2019年到现在，品牌全网粉丝增长了1 000多万。如果不做新媒体，只做传统渠道的话，可能就真的要被淘汰了。

2019年年中，我们孵化了3个快手账号，包括品牌号"好莱客全屋定制"，以及达人号"超哥设计好房子"和"装修Perfect哥"。我们发现，个人号更受粉丝喜爱，但品牌号吸引来的精准粉丝更多，引流客户的效果更好。

2020年春节后新冠肺炎疫情暴发，我们提高了直播频次，把开门红的活动搬到了线上。直播间在线人数、互动数量和单量全部呈指数级增长，月销售额从0直接爆发到几百万元，甚至有提前交全款的客户。

通过系统化培训，我们线下门店的经销商也开始运营独立的本地化直播账号，高峰期有上百家在做。他们无论是获客数量还是提货额，都有非常明显的增长。

在家居行业，直播已经不是趋势，而是不得不做的事了。我们直播团队目前有近20人，以短视频为主，直播频率大约一周一次，正在筹划往日播方向走。我们还在筹备做更多面向消费者端的售卖，孵化更多账号矩阵。

讲用户真正关心的内容，才能获得信任

做快手号，让我们的产品和品牌获得了很大曝光。过去在线下门店，销售没有充足的时间和很多客户进行一对一的沟通和讲解，销售只能抓住机会促进成交。因为影响的客户范围小，在线下做完整的系统化内容展现，成本非常高。

但在线上的直播间，我们可以把几千名甚至上万名客户圈到一起。而且这些客户通常比较精准，因为有装修需求的人才会一直看我们的直播。直播的实时性、互动性特别强，用户很容易在交流的过程中对主播和品牌产生信任感，转化效率很高。

我们之所以能够获得粉丝的信任，是因为在直播中输出了用户真正关心、能切实为他们提供帮助的内容。

第一，装修对很多家庭来说是一件复杂且重大的事情，需要消费者对装修具备一定的了解。我们会在直播中科普装修知识，纠正一些粉丝理念上的误区。

比如很多人装修后怕有气味，但首先要判断这个气味是有害气体还是刺激性味道，有味儿不一定会伤害人体，没味儿也不一定意味着安全。再比如，有人认为用环保材料就安全了，但如果是整体装修，可能每一样东西释放的甲醛含量都在安全范围内，但加起来就会对身体健康产生影响，装修完还是要通风半年。

我们也会告诉粉丝一些行业中的"黑幕"，以及装修过程中的"坑"。比如，大家觉得做窗帘很贵，主播就会告诉他们，窗帘不用做那么多装饰，其实那些边角料才是最贵的，才是商家最赚钱的地方。

第二，我们每场直播都会有一个主题，或者介绍一套完整的设计方案。如果用户有需求或潜在需求，确实能够了解到一些新知识。

装修涵盖的内容太多了，想通过一场直播就从不懂到懂，那是不可能的。如果我们实现日播，就可以从头到尾地循环，重复讲装修各个环节的知识。用户无论什么时候进直播间，都可以学习和互动。

我们会在直播间介绍自己的产品、服务和优惠政策，以及定制家具和传统家具的差别。我们会去业主家拍摄真实的户型，让观众产生代入感。主播也会提前搜集一些粉丝需求，在直播间里展示专业的设计效果，讲解设计亮点和改动点。这些内容会让客户对品牌产生很强的认知。

第三，我们直播并不是从头到尾都按照剧本来，而是会开放专门的提问时间，或者在一些灵活的节点跟粉丝互动。消费者有任何问题，都可以在直播间向主播提问，得到详细的解答。用户在直播间提的问题太丰富了，大到装修风格，小到水电改造和装普通空调还是中央空调，涵盖装修的方方面面。

在直播过程中，我们也可以通过评论收集用户需求，从而为他们设计更好的家居方案。

对于家居行业，短视频是一个好机会

对家居行业而言，短视频是一个很好的机会。现在年轻人的消费习惯，是先做攻略、先被种草，一定要慢慢了解清楚，一次性装修到最好。

还有一些年轻人有"社交恐惧症"，很怕到门店去问价格，如果太高不好意思直接走，如果太低又担心是不是有问题。这类消费者会在线上提前做好攻略，还会在电话中跟商家沟通很多细节，最后才是由线下门店提供实质性的服务。

短视频直播的一个好处是，通过快手，消费者利用碎片时间躺在床上刷短视频，就可以了解比门店更新、更丰富的产品。而且短视频和直播对这些内容的呈现，比图文要丰满得多，展示效果也非常强。

通过图片，我很难告诉用户这个柜子是定制出来的。但短视频和直播可以进行360度的全方位展示，还可以看各种细节。细到板材的花色配色、五金件的使用，大到整个空间的设计理念和功能性，都可以展现得非常清楚。短视频可以非常短、平、快地让用户了解一个知识点，直播则可以根据粉丝现场的反馈临时调整内容，更好地满足用户需求。

短视频直播的第二个好处，就是消费者之间互动更方便了。

年轻消费者在电商网站买东西，都会先看买家评论，觉得这才是真实的，是跟自己一样的人说的，尤其会注意看差评。快手的用户很喜欢在直播间发表一些评论，这会倒逼商家做得更好。

以前传统门店服务不好一个客户，对其他客户的影响很有限。但在新媒体平台，差评带来的负面影响会非常大，一个差评可能就会"吓跑"一群潜在客户，能毁掉品牌的很多好评，辟谣跑断腿也没用。

我们深知差评带来的蝴蝶效应有多大，所以坚持为每个家庭量身定制高品质家居方案，同时也越来越重视各个环节的服务质量升级，为消费者提供更多个性化服务，比如订单跟踪、设计师和工人的评价系统等，不断提升客户的消费体验。

深耕定制家具行业近20年，我们也沉淀了大量好的案例，比如，客户用了10年我们的产品，产品还是一样好用。我们也会利用快手，把这些积极的声音传播出去。

短视频直播还有一个好处，就是扩大了用户的范围。

与普通家具相比，定制家具的消费门槛相对比较高。八九十平方米的住宅，用普通的板材，全屋定制柜子的平均客单价至少2万~3万元。20~45岁、消费水平比较高的人群，是我们线上渠道的主要消费群体，主要分布在一二线城市。

由于门店数量少，下沉市场的消费者通过传统渠道接触到全屋定制的机会相对较少。这些低线城市的人群，也是我们未来的潜在客户。

过去，品牌曝光主要靠机场、高铁等传统广告，很难触达这些用户，也无法衡量宣传实际效果。现在通过快手，我们的线上营销可以覆盖更多、更下沉的用户，他们通过短视频了解到更新潮的生活方式，会有更高的审美追求，而不是满足于传统的花开富贵式的装修。

好莱客主播九九：
粉丝会"认人"，获得信任还要靠专业

我大学毕业后加入好莱客做管培生，在公司所有部门轮岗一年，2020年9月到新媒体部门，成为快手品牌号的主播。

快手粉丝会"认人"，主播人设特别重要。当时品牌号的前任主播非常火，账号主播突然换人，会对原来的粉丝产生冲击，所以刚开始我是不太被认可的。经常有人在直播间发表差评，在评论里说"我不喜欢你，前主播什么时候能回来"。

在那种情况下，我只能调整好自己的心态，认真告诉粉丝，前主播因为工作暂时离开这个岗位，现在由我给大家带来他们想了解的装修干货、最新产品资讯和优惠，希望大家能够支持我。我觉得做主播最重要的一点是心态好，不能太玻璃心。

前主播比较娇小，是可爱、温柔的风格。我个子比较高，形象比较年轻时尚，穿搭风格也比较新潮，比较符合品牌"潮"的调性。

另外，因为我们的品牌号不只是做人设，还要讲专业性的知识，所以粉丝抗拒我的阶段并没有持续太久。只要持续输出粉丝需要和感兴趣的内容，大家还是会逐渐被吸引，成为我的粉丝。

到现在直播快一年了，有很多粉丝一直支持我，让直播间氛围好了很多。有一些不好的言论或者基础的问题，铁粉会直接在评论区帮忙回答。

解决了换人的问题，接下来就是突破内容的难关。

我做快手和其他主播不太一样。其他主播可能只负责播，但我们直播过程中涉及的装修设计知识和产品知识会更多，因此我们直播的脚本、文案和运营，都需要我自己来操作，挑战比较大。直播比拍视频更难，它需要临场发挥，要有一定的行业知识储备。

我在直播间输出的内容，主要是围绕品牌，介绍我们的产品和工艺，也会教大家一些避坑的小知识。价格和环保是粉丝比较关注的两个话题。我会根据粉丝提供的信息，一对一地帮他们做预算，提供切实的帮助，这样会提高直播间的互动率。

有一个客户，从门店设计、报价到最终下单和安装，一直在粉丝群里给我反馈，像家人一样跟我聊天，问一些专业性的问题，让我很有成就感。遇到直播间有竞争对手捣乱或有"喷子"故意黑我们的时候，他还会在直播间帮忙维持秩序，出面维护主播。

在直播间长期沟通，可以与客户建立起很强的信任关系，我们的另一个大V超哥就是一个很好的例子。我在客服部门轮岗时，很多业主在电话中点名要求超哥工作室设计，不接受别人。他们对超哥的信任度远大于当地门店的设计师。

目前，我们每周会固定拍摄短视频，剪辑的同时进行直播和文案准备工作，一周直播一次。未来开始日播后，会有更多助播参与进来，我也会把一部分精力放到做自己独立的账号上。

林氏木业：
为用户创造更有温度的家具购买体验

> **要点**
>
> - 传统电商企业也看到了直播电商的爆发力。传统电商平台以图文介绍为主，直播电商可以提供比线下门店和图文介绍更好的体验感，更强调与客户之间的信任。
>
> - 品牌自播用企业自己的账号、自己的客服，与粉丝沟通会更方便一些。粉丝沉淀下来，是数字资产和信任创造的过程。
>
> - 很多工厂过去没有销售渠道，只能为品牌代工。短视频直播平台出现后，工厂也有了创建自己品牌的机会。

本文作者为快手研究院研究员高珮著。

小档案

快手账号：林氏木业官方旗舰店

快手ID：Linsy2007

粉丝数：9.4万

所在地：广东佛山

垂类：家装

◎ 以下为林氏木业新媒体事业部负责人郑胜进的讲述。

作为全国四大家具产业带之一，广东佛山是现代家具的重要发源地。

如今，很多传统家具品牌开始尝试直播卖货。有电商经验的只要增加主播、运营和操盘手就可以快速起步，也有线下实体商家跳级去做直播。

林氏木业的主播在"林氏社区"体验产品功能，为直播间的粉丝讲解

很多工厂过去没有销售渠道，只能为品牌代工。现在，工厂发现自己可以通过做内容来吸引粉丝，然后直接开直播卖货。在它们中间，有可能诞生新的品牌。

单场销售 1 300 万元，看到了直播电商的爆发力

我们做传统电商起家。2020 年新冠肺炎疫情期间，开始尝试做直播电商，这一块的爆发力太强了，已经被确定为公司的战略方向。

2007 年，线上购物兴起，依托佛山的家具产业带和大量家具代工厂，我们在淘宝开了一家家具店，2008 年创办林氏木业品牌，算是最早一批的"淘品牌"。2014 年，我们开设了首个线下店。

目前，林氏木业在线上渠道基本常年位居全国前三，在全球有 600 多家门店，线上和线下的销售贡献比例大约为 1∶1。

做直播电商，我们一边找外面的达人带货，一边自己孵化达人。

2020 年 10 月底到 11 月初，我们邀请快手上的家具垂类主播做了 4 场带货直播，GMV 约 1 500 万元。其中一场，原计划 GMV 五六百万元，没想到一下子卖了 1 300 多万元。这次合作让我们看到了快手直播电商的流量和爆发潜力。

2020 年 3 月，我们集团旗下传媒子公司孵化了一个快手达人账号，叫"料哥玩搭配"。最开始的一年，料哥只做纯内容分享，侃侃家常，聊聊装修怎么避坑。他专业度很高，又有亲和力，粉

丝对他很信任。

在粉丝的强烈要求下，2021年4月，料哥开始尝试直播带货。有一次卖床垫，料哥躺在床上替大家感受，粉丝们看着他躺了一晚上，下单买了200多套。这件事被我们戏称为"睡播"。

我们还有一个快手账号叫"设计师夹子"，主播本身的职业就是家具设计师，围绕年轻人的需求设计一些创新家具。我们计划再孵化七八个达人，做账号矩阵。

我们把做直播电商确立为公司战略，现在只是很小的开始，我们希望未来能做到几亿元甚至几十亿元的体量，冲到快手第一。

目前，我们的直播团队有80多名员工，未来人员数量可能还会翻倍。

很多线下门店的经销商也已经开始做直播，把更精准的当地用户引流到店里。客户在直播间充分了解产品后，再去体验店已经有很明确的意向了，而不是盲目地逛。我们也会定期帮经销商门店做一些直播培训。

直播带货的两大优势：流量大，体验好

直播带货的第一个优势在于，与线下销售相比，流量更大、获客成本更低。

短视频直播平台的日活太高了，不容忽视，我们必须把产品和店搬到那里去。就像在线下开门店会选择人流量足够大的繁华区域一样，流量在哪里，我们就往哪里走。

直播的第二个优势在于，它能提供比线下门店和图文介绍更

好的体验感。

过去，消费者走进家具卖场，看到每一家店都觉得光鲜亮丽，但价格高低不等，他没有能力判断不同产品的差别。门店导购也会一对一地为客户讲解，但时间有限，只能以介绍产品卖点为主，引导成交。

传统电商平台以图文介绍为主，但图文的缺点在于，消费者很难对产品有很强的感知，也无法对商家产生信任，只能基于品牌和价格去判断。品牌知名度越高，产品价格越低，消费者就会越倾向于选择它。

直播电商弥补了线上销售的这一传统弊端，带来了更多可能性。在直播间，主播会详细介绍家具的尺寸、材质、框架、填充物，可以按照粉丝的要求去体验并讲述使用感受，产品功能可以得到更丰富的展现。用户有什么样的顾虑都可以提问，主播会一一解答清楚，还可以告诉用户一些家具保养的知识和摆放的常识。

把一款产品讲透，可能需要20多分钟，这就是商家和粉丝建立信任的过程。

更重要的是，在直播间里，主播和粉丝的互动是即时的、有热情的，主播情绪可以感染到很多人。而不是像过去那样，消费者咨询客服，只能得到冷冰冰的文字回复。

为了营造一种真实的家居生活氛围，让观众产生代入感，我们专门修建了3 000平方米的直播基地，取名叫"林氏社区"。

在"林氏社区"里，我们针对不同人群设计了不同大小、风格的空间，比如北欧风的现代公寓、适合三口之家的温馨两居室等，希望展现100种不同的生活方式。主播直播时在基地里四处走动，直播间呈现的场景更加丰富，也能让消费者更好地感知到产品的温度。

相比灯光效果更好的专业直播间，粉丝对"林氏社区"的反馈更好，看到喜欢的空间，就会顺带想买里面的家具。直播时镜头扫过，就会有粉丝过来问主播，想看某一款产品。还有很多粉丝过来问，是不是空间里所有产品都有，他们全都想买，想实现同样的效果。

不断加大品牌自播的比重

目前，我们在快手的电商销售还是以达人带货为主，GMV贡献占70%~80%。不过，我们在不断加大品牌自播的比重。

家具客单价高、消费频次低、决策周期很长，找到真正有GMV产出的达人其实并不容易。即使是全品类的头部达人，在没有充足时间讲解产品的情况下，想卖得好也比较难。更何况达人带货既不稳定，价格又会压得比较死，企业只是供货方，基本没什么利润。

企业一定是做长期的事情，因此绝对不会忽略自播，自播和品牌是互相成就的。

首先，品牌有一定的知名度和品质背书，消费者对品牌已经有了一定的认知，看到我们在这个渠道做直播，信任度明显会更高。

其次，对于品牌而言，快手品牌号就像一个旗舰店，每天开着，每天都能创造业绩，还可以不断宣传推广自己的品牌。

对于家具行业，只有在前期通过短视频和直播不断种草，不断积累粉丝，慢慢到后期才会有真正的转化，而且客单价和转化率会越来越高。品牌自播用企业自己的账号、自己的客服，与粉丝沟通会更方便一些。粉丝沉淀下来，未来才会有滚雪球的效应。

最后，做自播可以及时地在直播间评论区与消费者互动，了解他们的需求，带动新产品开发。

在直播的准备阶段，我们会针对快手客户的实际需求去筛选产品。比如，快手北方老铁多，实木家具、真皮沙发会更受欢迎。一线城市用户看重颜值，三四线城市用户则更加追求产品的材质和实用性。

我们还会根据老铁在评论中提出的需求去和产品团队讨论，研究开发新产品。比如，快手老铁喜欢很厚实的实木排骨架，我们会在后期改良产品材质和设计。

现在，我们全年在售的SKU（最小存货单位）超过1.3万，每个月会有1 000多款上新。我们计算过，上一个新款的时间周期为30天，这在行业内算是比较快的速度。

03

第三部分
数字经济新形态：农业与共同富裕

第 八 章　粮食生产：全国种粮农民的新社区

第 九 章　苹果种植：300万苹果种植户的数字家园

第 十 章　肉牛养殖：400万养牛农民的信息集散地

第十一章　农机维修：全国养农机农民的新社区

第八章
粮食生产：全国种粮农民的新社区

农民搞粮食生产，涉及买种子、买化肥和买农药，粮食收获后还涉及卖粮。这些环节都有长期遗留的难点和痛点。种子、化肥和农药这些行业，水都比较深，农民经常花冤枉钱，还不见得可以买到好产品；在卖粮环节，也经常踩坑，少卖了钱。在数字时代，全国种粮农民聚集起来，形成社区，中间环节少了，而且市场透明了。农民可以买到质优价廉的种子、化肥和农药，卖粮的时候也不容易被骗了。

本章篇目

金博士：快手开启种子市场革命	283
菌崔莱：把好化肥送到农民手里	293
小周说农资：把农药价格打下来	303
贾胖子：让卖粮农民不再轻易受骗	310

农民买农资的痛点

1. 种子、化肥、农药的品种多,农民没有能力辨别产品质量的好坏,很容易被坑。

中国有 4 000 余家种子企业和 2 000 余家农药企业,农资种类繁多,质量参差不齐,经销商为了赚钱,存在种种不规范的行为。农民缺乏足够强的辨识能力,很容易被骗,买不到性价比高的农资。

2. 层层分销,农资价格居高不下。

在传统的农资销售体系下,工厂生产出产品,通过市县两级经销商代理和乡镇农资店,最后才能到农户手中,层层分销,层层加价。农民不得不花高价买农资,承担不必要的经销成本。

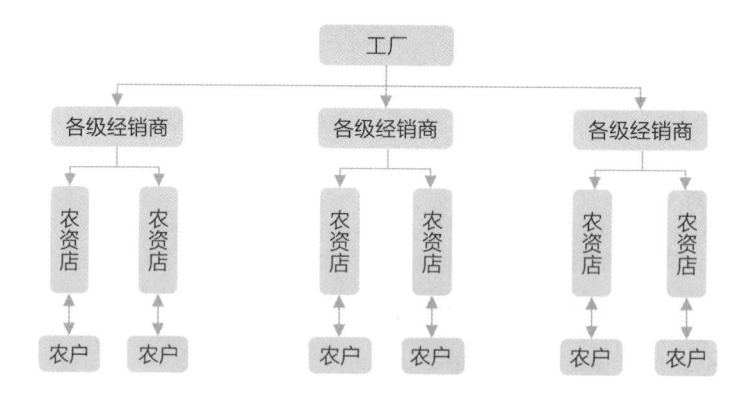

传统模式下的农资分销体系

3. 农民得不到完善的售后服务。

农资使用需要因地制宜，再加上专业指导才能达到好的效果。农民种庄稼遇到突发性病害，也需要即时性指导。但农民只能在购买农资时听店员讲解，服务范围和质量都有限。

企业卖农资的痛点

1. 企业在与经销商的博弈中占下风，无法控制销售。

农资企业与经销商进行价格博弈，不仅需要承担高昂的宣传成本，被经销商分走利润，也无法控制销售渠道。这导致企业始终面临不确定性，很难扩大生产，保持良性发展。

2. 信息不透明，优质产品卖不出高价，劣币驱逐良币。

农资市场准入门槛低，监管困难，大量没有资质的农资企业进入市场，靠打价格战侵占正规企业的市场份额。优质农资卖不出高价，企业没有动力研发新产品。

3. 企业覆盖范围有限，服务不好客户。

企业只能靠有限的技术员、销售员，为农民客户提供一对一的服务。农民分布广而散，企业的服务能力非常有限。

数字时代的解法

在快手上，渴望学习种植技术、买到优质农资产品的农民聚集起来，形成社区。主播和企业在传播知识的同时，可以直接将农资卖给农民，交易过程中的信任度提升了，企业和农民双方都获益。

1. 农资知识得到普及。

主播在直播间讲解农资的性能和用法，传播农技知识，农民遇到问题，可以随时随地得到解答。

2. 农资交易更加透明。

企业直接触达农民，打掉中间环节，信息不对称、不透明的现象减少了。农民少花钱，不用再担心买到假冒伪劣产品，还可以获得更好的服务。好的企业也可以自己掌控销售渠道，实现以销定产，良币驱逐劣币。

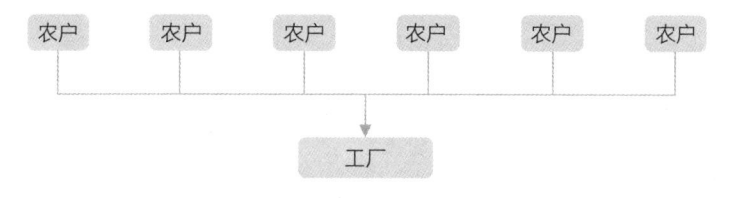

快手上的农资销售体系

金博士：
快手开启种子市场革命

> **要点**
>
> - 种子行业过去面临三大痛点：流通难，售后难，监管难。企业只能通过经销商和农资店将种子卖给农民，中间商层层加价，为了赚快钱不择手段。农民买种子不但花高价，还经常被骗。
>
> - 在快手上，企业直接触达用户，中间环节消失了，种子价格降低了。农民对种子的诉求可以更好地被满足，获得更好的服务。
>
> - 企业在快手上做自播，直接服务广大农民，中间可以省下很多精力用于研发和扩大产能。企业的产品越优质，就会发展得越好。良币驱逐劣币，优胜劣汰。种子产业会发展得更健康，农民会是最大的受益者。

本文作者为快手研究院研究员郭森宇。

小档案

快手账号：河南金博士种业公司

快手ID：979442025

粉丝数：28.9万

所在地：河南郑州

垂类：农业

种子行业年产值上千亿元，是个大行业。但由于行业门槛低、中间环节多，监管难，这个行业市场秩序混乱，对农民和企业都非常不利。

农民买的种子很贵，而且经常买到假种子。而企业则是"小而乱"，全国目前有4 000余家种子企业，其中能盈利的不足一半，能投入研发的不到1/10，而获得农业部颁发的"育繁推一体化"种子经营许可证的只有100多家。

金博士副总经理金福建（左）与快手主播"老玉米"在田间直播

金博士种业成立于 2001 年，主营种子研发、繁育和销售，是行业内排名前十的大型企业。

2019 年，金博士开始接触快手，2020 年就在快手实现了千万元营收，占集团收入比例的 10%。2021 年，金博士将快手销售额目标提升到 8 000 万元，总营收占比达到 40%。金博士还通过快手打造出了网红玉米品种"金博士 825"，首次线上销售即突破 10 万袋。

金博士如何借助短视频和直播成功破局出圈？金博士种业副总经理金福建是集团线上营销的总操盘手，他围绕金博士在快手上的高速发展、中国种业的线上化发展趋势，谈了自己的看法。

◎ 以下为金福建的讲述。

我 2005 年加入金博士种业，2006 年开始负责电商业务，力求拓展线上销售渠道。2006 年，我尝试建立门户网站来销售种子，但效果并不好。

我们总结了原因：首先，农民群体中用电脑的不多，线上购物对他们来说门槛太高；其次，当时快递业比较落后，如何把种子送到农民手里是个难题；最后，种子的特性和种法很难在线上跟农民讲清楚，导致我们遇到了很多售后问题。

此后 10 年时间，我们公司的电商业务基本处于停滞状态。直到 2019 年接触到快手，金博士才算是真正开始了电商业务。

截至 2021 年 9 月，我们在快手已经累计销售了 80 万袋不同类型的种子，主播已经出现了严重缺"弹药"的情况。过去是开春了种子还发愁卖不完，现在是秋收还没开始，种子已经卖到缺货了。未来3年内，我们集团的销售业务将进一步向线上倾斜，计划线上销量占到总销量的60%。

目前，快手农资电商才刚刚起步，但我相信这是未来发展的必然趋势。如果有一天，全国有一半农民知道在快手上能买到货真价实的农资，我认为这件事就能成。

种子市场的三大痛点

金博士算是最早一批做电商的种子企业，我们公司之所以思路这么超前，是被市场逼出来的。

中国农村分布广而散，种子销售非常艰难。过去，企业只能依靠层层分销的体系将产品送到农民手中。企业经营能否成功，很大程度上取决于触达终端农民的能力。

在这个过程中，种子行业面临三大痛点：流通难，售后难，监管难。

第一个痛点是流通难。

在传统销售体系下，我们只能依靠经销商，将种子层层分销给农民。这一方面导致企业利润微薄，另一方面企业无法把控销售量，始终面临存货积压的风险。

一公斤种子从繁育基地生产出来的成本大概是12元，经过包装和加工，成本在16元左右。我们直接给市级经销商的价格是20元，一级经销商转手给二级经销商或直接卖给农资店，到终端的零售价是35~38元。这样一个层层加价的流程下来，农民多花钱，而厂家的利润只有每公斤4元。

找经销商不是件容易的事。我们每年都要在全国巡回开种子宣介会，向经销商推销产品。达成合作后，种子销售会由地区经销商全权负责，厂家无法把控。

经销商为了降低自身风险，会向厂家提出赊销、降价、退货等要求，厂家不答应，种子就销售不出去。如果一个地区的经销商销售不完，通常会把种子原封不动地退给我们，造成库存积压。

如果一个地区经销商有20%的货没卖出去，我们公司在这个地区就一分钱也挣不到，甚至会赔钱。种子退回来，我们得拆包装、重新加工，把这批种子挪到第二年销售。但种子放的时间久了，必然导致出芽率降低，种子只能折价转为商品粮出售，每公斤价格直接从16元降到3元，一公斤损失13元。

一旦上一年种子出现存货积压，我们第二年就必须相应减少繁育规模。控制不了销售，我们只能控制产能，甚至缩减产能。这就是很多种业公司发展不起来的根本原因。

第二个痛点是售后难，也就是服务能力跟不上。

很多种子企业做传统电商平台，基本做不起来。原因在于，种子的售前咨询和售后服务很重要，而线上渠道处理不了这些问题。

过去我们做服务，只能依赖线下农资店到田间地头，一对一、手把手地指导。但农资店的服务也很难做到位。比如，一个农资店可以辐射1 000~10 000个客户，一方面服务半径有限，另一方面农资店自身水平有限，做不到精准指导。这导致农资店人累、效率低、效果不理想。

厂家也有自己的技术员，负责访问全国各地的客户，为他们提供售后服务。公司每年还会针对全国几百个终端销售点，巡回培训销售人员。但中国太大，农民太多太分散，我们每年能服务到的客户，只占总客户数量的三分之一。这也是制约我们品牌发展的重要痛点。

第三个痛点是监管难。这也是让政府、种业公司和老百姓都很头痛的问题。

企业研发一个新品种种子平均需要8年，好不容易上市了，一些没有资质的小企业、小作坊，三下五除二地就用他们的包装袋把新品种套走了，拿着别人的成果去卖。这种事屡见不鲜，市场上充斥着套包种子、假种子，不仅导致正规种子企业的生存空间不断被挤压，好种子的价格也卖不上去。厂家研发付出了高额成本，但回报与付出不成正比。

从政府的角度来说，整治生产假冒伪劣种子的行为，一直是监管部门的头等大事，但乱象仍然屡禁不止。我认为，原因在于这个行业门槛低、从业人员素质不高，很多人都想赚一把快钱。不正规的小作坊、小工厂很难被消灭。另外，种子造假成本低，被发现的难度也大，因为假种子并非不出芽，只是出芽质量差一些。

这些乱象，导致农民在购买种子时经常受骗。农民买到假种子可以举报，但大多数农民并没有举报意识，也不知道该怎么举报。这导致农民受骗成为家常便饭，市场监管也苦于没有举报线索。

传统的线下分销体系存在这么多问题，所以种子企业都迫切想要寻找新的、能够掌握在自己手里的销售渠道。

快手让企业更好地服务用户

快手的出现，让我看到了希望。我能看到，农民和企业的痛点都可以得到比较好的解决。

从农民侧来说，主要有3个方面。

第一，快手可以让企业直接触达用户，农民对种子的诉求可以更好地被满足。

过去，经销商只会按照自己的喜好选择种子，农民可选择的种子范围很有限。农民各有各的喜好和需求，比如，有人喜欢粒大的玉米，有人喜欢抗风抗倒的玉米，但乡镇农资店的种子不一定能满足，农民只能被迫接受。

现在，农民可以在直播间了解我们所有的产品，选择权回到了农民手上，企业也能更好地实现供需精准匹配，双方共同获益。

第二，企业直接对接消费者，农民可以得到更好的服务。

过去，我们服务客户只能一对一地进行指导，人力不足，成本也高，服务还不到位。现在，主播全天在直播间讲解我们的种子和种植技术，能够跨时间、跨地域进行一对多的指导。农民买种子之前心里有底了，我们的售前服务就算做到位了。

比如，我们会在直播间讲如何买到合适的种子。买种子要看当地积温，针对积温高和积温低的地区，我们研发的种子特性完全不同。此外，我们还会针对土地性质、形态为农民做精准指导，否则种子买回去很难达到最好的效果。

在传统电商平台，这些信息很难告诉农民，而快手直播能够完美解决这个问题。主播不仅随时可以帮农民解答困惑，农民有任何售后问题，也都可以通过视频、图片或直播连麦找主播，我们会进行精准指导。

我们有一个小诀窍，所有主播的小黄车上只放一款种子的链接，主播会在农民填写收货地址、拍下种子以后，根据农民所在地区的积温和地理条件，对种子进行筛选，选择出最适合客户的种子发货。这样一来，虽然我们辛苦一些，但售后压力大大降低，农民在直播间不会买到不合适的种子了。

第三，快手平台有严格的资质审查，农民不用担心买到假种子。

主播想在快手开直播卖种子，要面临严格的资质审查。我们只有提交国家监管机构认证的证明，这款种子才能够上架。平台也更愿意与金博士这样有资质的品牌企业合作，这样产品质量和信誉度都能够得到保障。

也就是说，平台帮老百姓把好了第一道关。农民在快手上买种子，不用担心像在农资店一样受骗。

企业做品牌自播，也更有决心和动力去严把质量关。金博士每天有十几个主播直播，每一个人的卖货数据都有统计，还有专业的团队在直播间巡视，确保主播不瞎说，不为了冲业绩而欺骗老铁。这两年，我们一起投诉都没有接到过。

退一万步讲，就算农民在快手上买到了假种子，他们的购物记录也有迹可循，直播可以回放，可以更容易地找到假种子的源头，监管成本比线下低很多。此外，我们公司还会为消费者提供假一赔十的保障。

而从企业侧来说，最重要的是让企业掌控销售的控制权。

过去，企业只能在定期的宣介会上向经销商推荐产品，现在全年24小时都可以直播卖货，找经销商和宣传的时间成本、经济成本都节省下来了。没有了中间商赚差价，销售成本降低了，流通效率也大大提高了，企业再也不用担心库存积压的问题。

比如，种子的销售期是秋收后到来年4月，过了4月还没卖完就要成为库存。有了快手，我们7月就已经开始预售来年开春的种子了，农民提前在直播间锁定订单，全年随时可以发货。2020年，我们年前就把种子全部卖完，比过去提前了三四个月。2021年，由于销售增长太快，我们的种子到10月就已经卖断货了。

这意味着，我们可以把更多精力用于研发和扩大产能，这在过去是不敢想象的事情。

未来的一些打算

我对未来有一些设想。

一是做直播矩阵，这是我们直播带货的成功秘诀，会坚持下去。在快手上，名字里带"金博士"后缀的主播非常多。我们旗下目前有十几个主播，全部在统一的规章制度下统一行动，推一个产品很快就能火，非常有效。

快手上几十万粉丝的大主播带种子，都不如我们家一个4万粉丝的主播销售量高。通过矩阵式营销，我们的粉丝非常精准，金博士这个品牌也逐渐受到老铁的认可。我们相信，人海战术在品牌自播这里是行得通的。

二是我们还会引导经销商转型做线上销售。如果未来线上销售在某些地区的用户渗透率非常高的话，经销商和乡镇农资店都可以转型成为我们的前置仓。

比如，有一个屯子的农民都要买金博士的种子，现在我只能通过快递挨家挨户地发过去。但如果农资店成为前置仓,我们可以统一通过物流发货到农资店,再由他们分发到农民手上。这样销售成本还会更低,农资店也可以从中获得利润。

农资店还可以成为我们品牌的体验店。我们过去培训的技术员和销售业务员,可以就地转岗成为体验店的店员。农民到店里不仅能买种子,还可以随时接受店员的技术培训。

我秉持的理念是,不要让别人无路可走,要资源整合,大家共同富裕。

我们相信,有了快手这样的平台,获益者是品牌。只要我们有优质的产品,品牌企业就能做起来,不再受过去传统模式下的种种约束。倒霉的则一定是产品不行的"皮包"种子公司,良币驱逐劣币,优胜劣汰。

市场整合完成后,中国可能不会再有4 000家种子公司,只能剩下800家甚至更少,这对于种子产业将会是很大的利好,而农民一定是最大的受益者。

菌崔莱：
把好化肥送到农民手里

> **要点**
>
> - 在原来的模式下，从化肥厂、代理商、农资店到农民，化肥交易的各个环节都在博弈。农民为买化肥付出的钱里面，有一部分是化肥厂的广告费成本，还有一部分是中间商乱吃差价。
>
> - 通过直播，对化肥有需求的农民可以汇聚起来，与化肥厂建立起直接联系。化肥企业不需要支付广告费和业务员的成本，节省下来的都可以反哺给农民，把农资价格压下来。
>
> - 化肥企业可以把所有的心思放在如何做好产品、如何赢得农民的信任上。

本文作者为快手研究院研究员郭森宇。

小档案

快手账号：菌崔莱刘老师

快手ID：LH567999

粉丝数：288.4万

所在地：河北石家庄

垂类：农业

菌崔莱是一家化肥企业，总部位于河北石家庄。每天晚上7点半，公司董事长刘懂会准时在快手开播，为老铁们讲解农技知识和农业政策，销售公司自主研发的特种化肥。

自2021年年初快手电商开通农资类目以来，菌崔莱5次蝉联农资类带货第一名。2021年，菌崔莱的年度GMV有望突破5 000万元，相比上一年的销售业绩，增长超过50%。

一家化肥企业做直播，革新行业传统的做法，并给农民带来了更多的利益。

菌崔莱董事长刘懂会讲解行业销售难题

◎ 以下为菌崔莱刘懂会的讲述。

我在化肥行业摸爬滚打了15年，从做网站到微商，再到如今的快手，始终跟随互联网发展迭代自己的经营模式。

化肥行业有两个基本特征：一是集约程度低，二是分销链条长，往往存在市县、乡镇两级分销体系。这导致化肥企业竞争非常激烈，且无论在哪里都是"渠道为王"，谁有更高的知名度和更广的代理商网络，谁就有更大的市场空间和利润。

石家庄化肥厂家比较多，它们始终面临如何找到代理商和客户的难题。通常，化肥厂只能依靠做广告和外派业务员这两种方式在各地寻找客户，不仅效率低下，而且成本高昂。

2009年，我嗅到了商机，创办了一个线上B2B（企业对企业）信息平台，并雇用了十几名业务员，四处收集各个化肥厂的生产信息，以及区域化肥代理商、大型农业合作社的化肥需求，将这些信息录入在平台上，帮助供需两端进行对接。

到2010年，我已经积累了很多客户资源，我服务的化肥厂运转效率也明显提升，找客户不再是难事。于是我开始筹办化肥厂，做自己的化肥品牌，并通过信息平台进行销售。很快，我的化肥厂年产量就稳定在了10万吨。

2017年，我们遭遇了危机。推广费用越来越高，运营成本也不断增高。化肥本身是一个利润很薄的行业，很难支撑这种推广模式。寻找下一个转型的突破口，迫在眉睫。

我一直在思考，买化肥的客户究竟是谁。

过去，化肥厂的客户就是代理商，由代理商分发给农资店，农民再到农资店购买化肥，化肥厂没有直接对接农民的能力。我想，既然化肥的最终客户是农民，能不能通过网络直接把产品卖给农民呢？剥离中间环节，可以大大降低成本，让农民得到实惠。

当时恰逢微信在农村普及，我迅速把关注点转移到了微信上，在过去的客户资源基础上，不断加好友，把农民聚集在微信群里，推销我们的化肥产品。现在看来，这就是微商的玩法。

但很快，我发现这个模式存在很大问题：获取微信号的效率太低，且非常不精准。在网站上留信息的主要是批发化肥的代理商，真正种地的农民很难触达。

更何况，在线下销售占主流的大环境下，靠微信运营私域，抢不到多少市场份额。我可以建10个群、100个群，我的客户可以覆盖10个村子，甚至一个县城，但这个规模对于化肥企业来说仍然微不足道。

2018年春节，就在我陷入两难的境地时，我无意中下载了快手，一下子打开了新世界的大门。

当时，快手上有很多唱歌跳舞、喜剧段子等娱乐内容。我想，观看这些视频的观众里会不会有很多农民？我可不可以也拍一些视频来推销自己的化肥呢？

就这样，我开始了在快手上的尝试。

日复一日直播，与用户建立信任

2018年，快手以娱乐内容为主，没有小黄车和直播电商的概念。一开始，我拍摄关于农业政策、农业信息的段子，吸引农民的关注。

我深耕农业多年，对农民关心的很多话题比较了解，比如土地确权问题、农民养老金改革、土地流转政策等。那时候，只要每天坚持发段子，每天就能稳定增长 5 000 到 1 万个粉丝。

我被这样的宣传效果震撼了。在几乎没有成本的前提下，我的快手号竟然能聚集这么多粉丝，而且这些粉丝是被农业内容吸引过来，他们大概率就是关心这些问题的农民，是我的客户。

我很快开始了直播，并亲自挂帅做主播。白天发完段子后，晚上我还会在直播间讲解，围绕段子里的一些核心内容提前准备好，详细解答粉丝的问题。

2019 年，通过一年运营，我们的账号积累了 100 万粉丝，成为快手头部的农业主播。

在线下，由于市场长期混乱，化肥企业恶性竞争，农民购买农资上当受骗是家常便饭。让农民相信在网上能买到好的农资产品很难，让农民相信我们这个品牌的化肥好用，更难。

最初两年，我们一直在摸索怎么做直播，怎么留住粉丝，并在粉丝心目中建立信任。

首先，我们会持续在直播时做一些营销活动，抽取幸运粉丝免费发放产品，让粉丝去自家田地里试用，通过粉丝反馈的好口碑，逐渐建立大家对菌崔莱这个品牌的认知和认可。

其次，粉丝可以随时联系我们团队的客服，如果在种植过程中遇到什么问题，都可以发图片或视频给我们，免费得到解答。

就这样，我通过日复一日的直播，逐渐与粉丝建立起了信任，开始考虑在快手上推广化肥。

当时，我们直播一晚可以加 200 多个粉丝进群，之后就在群里和粉丝互动交流，宣传我们的产品，借此拓展一些愿意购买化肥的农民老铁。通过这种方式，我们可以成交大笔订单，收获了很不错的业绩。

2019年下半年到2020年年底，快手增加小黄车功能，但没有开通农资类目，化肥产品无法上架，我们经历了短暂的低谷期。虽然达到了1 000万元的年销售额，但并没有达到我的预期。

不过这个阶段，我们一直在涨粉，与老铁之间的信任度不断加深。

2021年年初，快手电商农资类目开通，我们迎来了客户和销量的快速增长。受原材料价格上升和限电措施影响，这一年化肥行业普遍不景气，但我们仍然保持了50%以上的增长率，在全行业中一枝独秀。

2021年3月的快手春耕育农会上，我们拿下了单场400万元的销售业绩。2021年快手历次农资带货竞赛，我们蝉联了5次冠军。

化肥是使用周期长、消费频次低的产品，考验一个品牌的口碑，复购率是最关键的指标。我们化肥的复购率非常高，新客户能有1~2次复购，老客户5~10次复购都打不住，我们的小店评分也都是4.9分、5.0分的高分，这个成绩在农资行业非常不易。

可以说，我们已经赢得了农民的信任。

厂家直卖，没有农资店赚差价

我把菌崔莱的成功总结成了一句话："快手直播，厂家直卖，没有中间商赚差价。"直播让化肥企业直接面对消费者成为可能，省去大量宣传和渠道费用，厂家和农民双方都能获利。

在过去的分销体系下，化肥企业有两件事必须做：一是投广告，增加品牌曝光度；二是招聘业务员。大一些的化肥厂一般有几百名业务员，他们负责招代理商，也就是销售化肥的经纪人。

代理商选择哪家企业，取决于品牌的知名度。广告越响亮，农民知道的越多，代理商才越可能选择这个品牌。无论是中央电视台黄金时段、省市各级电视台的天气预报里，还是乡村楼宇的外墙上，都会出现各式各样的化肥广告。

大的化肥企业每年在电视广告和地面广告上投入几亿元，上百个业务员在外奔波的食宿和差旅费用数额也不小。

哪一家企业让利多、价格便宜，代理商就愿意选择哪家企业的化肥，企业只有不断降价，即使是优质的化肥也卖不出高价，利润微薄。

到了农资店，农民买到好化肥也并不容易。

在乡镇，农民买化肥一般要向农资店赊账，待来年作物收成后再付钱。一方面，种植期间农民手里没有现钱；另一方面，农民希望买到货真价实的化肥，试图通过赊账对农资店产生一定约束，求得心理安慰。

然而，农资店背负着赊账的风险，自然要想办法多赚钱。农资店坑农民的方法有很多，要么利用信息不对称抬高价格，要么利用不同价位的化肥做手脚，从中谋取差价。

结果形成恶性循环，农民越是不相信农资店，越要赊账；越赊账，农资店卖的货质量越差、价格越贵。

从化肥厂、代理商、农资店到农民，各个环节都在进行博弈，导致化肥行业信息壁垒高、价格战盛行。

通过快手，厂家能够直接触达农民，不再存在任何中间环节，彻底打破了层层分销这一困扰行业几十年的难题。

菌崔莱做快手的这两年，过去所有的业务员和渠道关系都已被淘汰，我们不需要支付广告费和业务员的成本，节省下来的都可以反哺给农民，把农资价格压下来。同时，我们在小黄车上架化肥，与线下实体店相比监管更方便、更高效，农民能够买到放心的好化肥。

我认为现在最重要的，就是把好东西送到农民手里，把选择权交到老百姓手上。这就要求企业不再依附于代理商，而是实打实地做好产品、做好品牌，而快手为化肥企业提供了这样一种可能性。可以说，这一销售模式的变革能真正给老百姓带来好处，为社会和农业造福。

用顺丰寄化肥，坚持把服务做到极致

在化肥行业，做品牌难，树口碑更难，菌崔莱为何能取得今天的成绩？

"不要骗老铁"，这既是快手电商的宗旨，也是菌崔莱能够走到今天的原因。我们始终把服务农民放在首位，"为老百姓服务"就是我们企业的理念。

第一，我们拥有花两三年时间沉淀下来的个人IP和几百万粉丝，我们有耐心，也有长期耕耘的魄力，我相信这是做快手成功的根本。

第二，我们始终承诺不满意退货、无效就退钱，前段时间平台出台了假一赔十的政策，菌崔莱是农资行业第一家执行这个政策的。我一直在直播间强调，你拿我的肥料去检测，如果出现含量不够的问题，我一定赔你 10 倍的价钱。

第三，我始终站在农民的角度，倡导农民按需下单，不要多买。你先买三五百块钱的肥料，先买一瓶十几块钱的农药，如果用得好再来找我，如果效果不好，我会给你退款，就当白送给你。

第四，通过实实在在的行动，切实为农民解决问题，提供便利。

作为一家化肥企业，面对上百万个潜在用户，这种情况是史无前例的。一开始在快手卖化肥，我们也面临很多意想不到的困难。比如，农民在我这里买化肥，我怎么给他送过去？

过去，化肥都是大包装，工厂直接整车发到代理商手里，一车能装 30~40 吨，只需要付一车的物流费。如果直接卖给农民，一个农民一次最多买 5~10 袋，物流成本骤然升高。

面对这个难点，我开始规划调整产品体系，将化肥按照大肥、中肥、小微肥进行分类，并决定从此后菌崔莱只卖小肥。小肥也叫叶面肥，包装形式以瓶装或袋装为主，一瓶的价格在几十块钱，单件价格远低于大肥。

通过产品布局的调整，我们把产品从高客单价拉到低客单价，从整吨物流发货转变为几公斤以内的快递发货。虽然客单价降低了，但运输成本也降低了，利润率比大肥提升了不少。

此外，我还坚持为粉丝发顺丰快递。

农民在线上买农资，最难的就是"最后一公里"。我们通过走访市场发现，在辽宁、内蒙古等地区，村落分布稀疏，村子与乡镇之间距离非常远，如果发普通快递，一般只能放到镇上，农民还要走几十里地去取。这非常影响农民线上购买农资的体验，而目前只有顺丰能够进村。

很多人难以想象，化肥这么重的东西，竟然还能发顺丰。

实话实说，我们从生产直接到终端，利润并没有那么大。我们把服务做到了极致，坚信留住客户才是最根本、最重要的事情。如果纠结快递价格，可能暂时能得到一些利润，但我们与老百姓的内心联结和信任关系会打折扣，最终客户会逐渐减少。

2020年，我投资了2 000万元，在青岛收购兼并了一个化肥厂。我打算持续扩大产能，将公司全部资源投入快手，通过直播把我们的产品宣传出去、卖出去。

我没想过一定要在快手上挣到多少钱，而是更想通过打造我的人设和菌崔莱这个品牌，给化肥行业带来一些改变，不再让劣币驱逐良币，而要让良币驱逐劣币。

未来我不仅要为菌崔莱代言，也要为优秀的化肥代言。任何肥料企业的产品，只要能达到我的标准，我就愿意为它代言，通过我的直播间让最好的化肥流入市场，为农民耕种保驾护航。

小周说农资：
把农药价格打下来

> **要点**
>
> - 在层层分销的传统销售模式下，农药市场交易环节多、链条长，而且存在严重的信息不对称，导致农药价格居高不下，假冒伪劣产品横行。农民不懂相关知识，买农资时经常被骗。
>
> - 通过快手直播，农民在直播间汇聚起来，吸引到优秀的主播做科普，农民的知识水平提升了。
>
> - 通过主播，农民可以直接联系厂家，打掉了中间环节，农民能够买到价格更实惠的农药，厂家提高了生产的精准度，还可以让利于农民。

本文作者为快手研究院研究员郭森宇。

小档案

快手账号：小周说农资

快手ID：V182-7499-5910

粉丝数：50.3万

所在地：湖南长沙

垂类：农业

　　小周原名周昌南，曾就读于中国农业大学植物保护专业病虫害保护专业，是一名农作物病虫害防治的专业人士。毕业后，小周深耕农业一线，做过农药企业的农技员和产品经理，后来自己创业成立农资公司，对农药药理、农业技术都比较熟悉。

　　小周深谙农业农资领域的痛点，做快手后，他致力于通过短视频和直播向农民普及专业的农技知识，并尝试以直播带货的形式，把性价比最高的农资卖给农民。

　　凭借干货满满的短视频和良心的农资价格，"小周说农资"的快手号开号3个月内涨粉近50万，月销量达到了200万元，成为快手农资领域的带货达人。

◎ 以下为周昌南的讲述。

　　我出身于农民家庭，对农业一直很有感情。我当年高考考了600多分，选择很多，但一个伯伯建议我报考农业大学。他说了一句话，我至今记忆犹新："年轻人不做农业的话，以后地谁来种,老年的农民谁来服务?"

这句话对我触动很大。我下定决心报考农业大学,毕业后也一直留在这个行业发展。我觉得,学习农业是很有意义的事情。

农民目前有几大痛点。一是农产品卖不出去,价格卖不起来;二是农资市场混乱,很容易出高价或买到假农资;三是不懂技术。

通过快手,我一方面可以为农民朋友答疑解惑,传播农技知识;另一方面可以力所能及地把种植成本和农资成本降下来,帮农民解决痛点。

直播让大规模农技科普成为可能

大学毕业后,我入职了一家农药企业,从最基层的技术员开始干。技术员有一个很重要的工作,就是下地帮农民朋友去做一些技术诊断,把农民召集起来开培训会,讲病虫害的防治方法和种植相关的农业技术。

农技知识对农民来说是刚需,传播知识的技术员又是稀缺品,因此农技员在农村通常很受尊重。

12年来,我开了不下1 000场线下农民培训会,大的有上千人参加,小的只有五六个人。每个村子大小不一,哪怕一个村里只有六七个农户,我也会义务去讲。我做了个简单的推算,平均每场培训会有30~50人,按1 000场计算,被培训的农户总共也就只有3万~5万人,可能比一个县城的农民数量都少。

离开农药企业后,我做了几年农资经销生意。2020年,农资行业受新冠肺炎疫情冲击特别大，普遍不景气。恰逢短视频平台兴起，我这才将目光投到了短视频上，开始尝试做账号。

短视频是传播知识的完美载体，讲农业自然也不例外。经过研究，我发现快手上有着很大的农民群体，相比其他短视频平台，快手更注重底层民众。我下定决心，抓住机会，认真做快手。

根据我对农民的了解，我有明确的账号运营思路。我每条视频长度都是20~30秒，每条视频只讲一个知识点，并且所有脚本都要精心打磨，力求简单明了，让农民一听就懂。

到目前为止，我的视频播放量最高能达到近千万，也就是说，近千万个农民能听我讲课，从我这里学到知识。这个规模，在过去是完全不敢想象的。

农药对农民而言是非常重要的生产资料，也是很大的农资类目。快手是第一个放开农药带货的平台，我瞄准了这一机遇，很快把工作重心转移到了快手上。

2021年夏，我第一次尝试在快手上直播卖农资，没想到短时间内就取得了非常好的成绩。

虽然只有50万粉丝，但我每场直播的累计观看人数都能达到几万，相当于每天晚上都有上万农民愿意在快手听我"掰扯"农药和农技。从开播到现在，我基本上每场都能卖3万~5万元，一个月销售额150万~200万元。比起我之前做线下销售，快手直播带货的效率高太多了。

刚起步就能取得这样的成绩，让我对在快手上卖农资非常有信心。

传统农资市场的痛点

国内农药市场规模达上千亿元，有 2 000 多家农药企业，销售额从几百万元到几千万元不等，没有龙头企业和标杆性品牌。传统的线下农药市场有几大痛点。

首先是假冒伪劣产品横行，价格还居高不下。

在传统的销售渠道模式下，从工厂到市县一级的经销商代理，再通过乡镇农资店到农户手中，是农药从生产到销售终端的全链条。环节多、链条长、层层加价，农民支付的农资价格中，往往包含很多不必要的经销成本。

农民的主力军是 50 岁以上的男性，这部分人群文化程度较低，对农药的品牌、药理没有太多认知，对产品的辨识力普遍很弱，只能依赖于熟人推荐。这导致农民买农资经常容易被骗。

其次是信息不对称。农药企业不了解用户需求，导致生产效率低、速度慢。

过去，由于层层经销需要耗费很多时间，农药企业必须提前生产和发货。一般情况下，农药企业会以农户实际使用的日期为准，提前 3 个月生产，提前两个月把货铺到经销商那里，经销商则提前 1 个月把货送到零售的农资店。在这 1 个月里，农民陆续零零星星地去农资店购买耕种需要的农药。

这意味着，农药企业永远不知道产品会卖给谁、卖多少，做不到以销定产，只能通过上年的销售额大概核算当年的产量。因为需要提前把货生产出来，工厂不敢盲目地扩大产能。

但目前，农资店仍然是农民购买农药的主要渠道。原因在于，像农药这样的高技术含量产品，非常依赖线下的售后指导，农资店往往临时承担了农医生、农专家的角色，为农民提供售后服务。

举个例子，如果今年某地有新的疫病，农民需要买新的农药去治疗，这时他只能依靠农资店的人帮他把农药的使用方法讲明白。再比如，农民的田里出问题了，一般也只能求助于农资店的人，后者骑着摩托车可以很快赶到现场进行诊治，提供即时性服务。

但问题在于，绝大多数农资店的人并不是真正的"专家"。他们更多的是拥有熟能生巧的经验，而不是通过专业、系统性学习获得的科学知识，只能应付简单的常见病。如果出现传染病迭代、农药公司有新产品上市，他们很难服务到位。

无论对上游的农药公司，还是对下游的农民而言，这都是一个很难解决的问题。

在快手卖农资，降价提效

快手的出现，彻底改变了农资行业过去的玩法。

首先是农药销售的中间环节消失了。

过去农药到农民手中，要经过层层分销。现在，我只跟厂家直接对接，农民在我的直播间里下单，工厂一件代发，老百姓免于承担不必要的经销成本，农资价格实实在在地被压下来了。

与线下农资店相比，我们的销售半径大大扩展，可以薄利多销。而且我们没有实体店铺的一系列成本，对利润要求比较低，厂家少支付一些佣金也可以接受。

对于工厂而言，原来卖出一件产品，厂家要把一半的利润分给经销商和业务员团队。现在,厂家通过我的直播间直接触达消费者,省去了这些成本,可以利用这些资金投入研发、扩大产能。这样一来,最终其实达到了三方共赢。

其次,快手可以让农药销售的速度更快,效率更高。

通过直播间,企业能够直接对接终端消费者了,我把这称为C2M(用户直连制造)变革。在C2M模式下,企业能够实现两种销售方式。

第一种是主流的应季预售。农民开春种什么、种多少亩,他自己心里有数,可以在农忙前一两个月的交易淡季把订单报给企业,交付定金。企业可以按需生产,在开种前把货发到农户手上。这样一来,企业生产前已经知道要卖给谁,能够以销定产,逐步扩大产能规模。

第二种是反季节销售。农资分为淡季和旺季,每年4月到8月是需求旺季,全国土地都在耕种期,所有厂家都在开足马力生产。这个时候,农资价格肯定会高一些。11月到来年1月是农田抛荒的生产淡季,农药企业购买原料和招工人的成本相对较低。如果厂家在这个时期生产销售,就可以更大程度地让利给农民。

当然,反季节销售还只是我的设想,实现起来还有很多难题。比如,工厂反季节囤货是有成本的,淡季生产出货来,这个货能不能顺利进到农户家里?再比如,淡季毕竟需求量小,能不能给厂家持续、稳定的团购量,支撑厂家开生产线?

过去,我不敢想这件事,但现在,我觉得这是有可能在快手上实现的。快手上有足够多的用户,也有足够快的信息流速,我有信心做这个尝试。倘若可以实现,农民买农资的成本就可以实实在在地降下来。

贾胖子：
让卖粮农民不再轻易受骗

> **要点**
>
> - 过去，农民与收粮人之间存在着严重的信息不对称。收粮人垄断了一个地区，可以利用信息优势吃差价。农民卖粮过程中，从粮食称重到粮食入库，每一个环节都可能有猫腻，农民都可能被坑。
>
> - 直播间把农民汇聚了起来，形成了社区。农民可以随时了解粮食的市场价，了解整个收粮过程中的各种猫腻，还可以学习种植和储粮卖粮的知识，整个流程都透明了，农民不再会轻易上当，增加了收入。
>
> - 收粮人在某个区域垄断粮价的局面也被打破了。农民在当地的粮价如果被压得过低，可以找到自己信任的主播收粮，哪怕主播在几百公里外也没有关系。

本文作者为快手研究院研究员郭森宇。

小档案

快手账号：贾胖子.666

快手ID：247978513

粉丝数：56.6万

所在地：吉林四平

垂类：农业

每到秋收时节，东北农村家家户户的院子囤满了收获下来的玉米，经过烘干、晾晒，等着收粮人下乡收粮，把一年的收成卖出一个好价钱。

国家在2004年放开了粮食流通市场。除了指定的国家战略储备粮外，农民的粮食都可以自己支配买卖。收粮人负责收购农户的粮食，卖到工厂、批发市场、港口等，从中赚取一定差价。

贾胖子在田里查看玉米长势

贾胖子是一位从业 16 年的收粮人。他同时也是一位快手主播，每晚六点零六分，他在快手准时开播，告诉农民最新的粮价信息，指导他们在合适的时机卖粮。在他的指导下，有的农民一年可以多收入几千元，这是一笔不小的数目。

过去，农民和收粮人之间是一种博弈关系，农民少赚一点，收粮人就可以多赚一点。直播让贾胖子成为一名新型收粮人，贾胖子坚持和农民站在一起，让农民少踩坑，多赚钱，这种"信任经济"的玩法，推动着收粮这个行业的转变。

◎ 以下为贾胖子的讲述。

我父亲是地道的农民，做收粮这个行当。我 20 岁时跟随父亲步入了收粮行业，到现在已经 16 年了。作为一个农村的孩子，我深知农民种粮、卖粮的难。

在东北这块土地上，粮食是最多的。农民年复一年地耕种，买种子、化肥、农药和收粮卖粮，是年年雷打不动的刚需。我选择收粮这个行业，不用担心失业，还能帮农民一把。

收粮的每一个中间环节，都可能存在猫腻

每到秋收时节，东北农民把自家玉米收割之后，就可以等着收粮人进村，把粮卖出去。每个村屯通常有固定的收粮人，他们根据当天的粮价收购农民的粮食，称重后装车运到港口，走海路送往南方的工厂。

受市场供需关系影响,港口每天的收粮价格都不一样,粮价的涨跌趋势像股市一样起伏不定。作为中间商,从业时间较长的收粮人往往能获得市场上的一手信息,进而把握粮价波动规律,预测未来一段时间粮价的高低走势,依靠信息差来赚取利润。

这样一来,收粮人与农民之间存在着严重的信息不对称,掌握信息优势的收粮人,很容易从农民手里赚到更多钱。另外,从粮食称重到粮食入库,中间的每一个环节,都有一些套路,收粮人都有钱可赚。

首先,十几年来,一个村或一个镇的粮,基本是由一个收粮人垄断的。因为缺乏竞争,收粮人可以垄断一个区域内的粮价,出价多少自己说了算,自然会倾向于赚更多差价。在东北,每个村屯的粮价都不一样。

贾胖子正在把收来的粮食运进粮仓

农民即使想把粮食卖给其他乡镇的收粮人,打破垄断,也很难做到。每家每户的粮食都是几万斤以上,大多数农户家没有运输车，只能坐在原地等收粮人上门。因为信息闭塞，农民也很难知道市场粮价，在价格博弈中占不到任何便宜。

其次，收粮过程中有过秤、验水的环节，收粮人很容易在中间做手脚，多赚钱。

过秤是给粮称重，收粮人一旦"压秤"，地种得多的农民，一批粮最多能少称几千斤。验水是检测玉米中的水分含量，含水量越高，价格越低。验水过程通常由收粮人把控，农民如果不懂其中猫腻，收粮人把水分多说一两个点，一斤玉米价格就要少几分钱甚至一毛钱，几万斤粮食就要亏几千元。

最后，一些收粮人会跟农民玩心理战术。有的收粮人下乡时会带一些小礼品，如果农民同意收粮，就送他们一件棉袄或一辆电动车。很多农民贪小便宜，但其实，收粮人只要给的价格低了几分几毛，农民亏的钱要远远大于这些礼物的价值。

作为资深收粮人，我总结了3句玩套路的经典话术。第一句是"这苞米有点湿啊"，第二句是"该卖就卖吧，过两天没准得掉价"，第三句是"也就是你，我用这个价收走，别人我给的价更低"。

每当我在直播间给老铁复述这3句话时，大家都纷纷表示，被这3句话坑过太多次了，听了我的总结才恍然大悟，以后能避免上当。

每天直播讲解收粮"猫腻"，推动行业透明化

很多年前，我有一次下乡收粮，粮食装车后正准备走，回头就看见一大家子人趴在地里，从土里抠出掉落的玉米粒。收粮时难免会有玉米粒掉进土里面，农民就从土里抠出来，抠一天能抠个几十斤，也就值几十块钱。

那个场景对我触动非常大。当时我就想了两件事。一是农民太苦，我这辈子绝不会做对不起农民的事；二是我对收粮懂得挺多，为什么不把经验分享给每一个农民，让更多农民受益？

2019年12月24日，我在快手上开了第一场直播，给农民讲课。我直播的出发点，是希望把我的知识分享给每一个农民，让农民得到更多实惠。一个多月后，新冠肺炎疫情暴发，我就每天都待在家里直播，收获了很多粉丝的信任和支持。

从那时起，我每天坚持直播，没有落下过一天。

粉丝之所以信任我，是因为我深知农民的痛点，并通过快手为他们解决这些痛点。

第一是讲收粮过程中的猫腻。

卖粮过程中很多环节见不得光，我每天会在直播间反复讲，毫无保留地展现给粉丝。农民听了以后不再轻易受骗，有了切实的收益。

第二是通过快手讲粮价。

过去讲粮价，我只能一个一个地给农民打电话。现在，港口粮价有任何变化，我随时可以打开直播，把这个信息同步传达给几万农民，让粮价更透明。在快手上讲玉米价格的主播不少，农民每天刷快手，哪里的粮食卖了多少钱，全部一目了然，信息不对称的局面被彻底打破了。

第三是我收粮的范围更广了。

过去，收粮人各有各的区域，大家都很默契地不插手别人的"地盘"，以免"串价"。如果收粮人出价太低，农民接受不了，粮食就卖不出去，囤久了水分升高，结果还是掉价。现在，这种"割据"的局面被快手彻底打破了。如果粮价被压得过低，农民没办法卖到合理的价格，只要在快手上联系我，我就会去收。

我的粉丝中有不少是老人和其他弱势群体，他们常常在家门口被欺负，辛苦打的粮食卖不出价。只要遇到这种情况向我求助的，即使离我几百公里远，我也会义无反顾地开车过去，按照市场价帮他们把粮收走。因为我是外地人，当地的收粮人也奈何不了我。

我的存在，给传统的收粮人带来了很大危机感，因为农民不再需要依靠他们来卖粮。我相信再过几年，收粮人想靠信息差赚农民的钱基本不可能。我希望推动收粮行业向透明化发展，我就是推动变革的第一人，即使被再多收粮人记恨也不怕。

科普农业知识，教农民科学储粮、有序卖粮

除了讲粮价，我在直播间还会花更多精力为农民普及关于农业的各种知识。

国家提倡"藏粮于民、藏粮于地、藏粮于技"，农民种粮需要更多科学指导，也需要提高储粮意识，卖粮不扎堆、不盲从。普及农业知识，才能为农民、为社会带来更大好处。

每年夏天，我都会在快手讲农技，直播间就像是东三省农民的交流基地。

农民老铁种庄稼遇到问题，比如，玉米生了病，农田受灾了，想知道如何处置，都会在直播间与我交流。比如吉林南部山区的粉丝在直播间提问，说自家玉米地出现了什么病害，我就会根据自己的经验判断，这个病用什么药能治，会不会向周边蔓延。

如果粉丝的问题超出了我的能力范围，我会去找种子公司或农业大学老师讨论，把讨论出来的结果在直播间告诉大家。这样一来，不仅粉丝的问题能得到及时解决，也能同时给大家普及知识。

类似的案例，每天都在我的直播间里发生。要了解东北种植业的一线消息，我的直播间就是信息最灵敏的地方。哪里有病虫害、哪里的庄稼可能被传染，我都能协助农民预防。

到秋冬季节，我的直播就围绕粮食展开，讲怎么储粮、卖粮。

我不仅讲粮食的价格和卖粮的时机，更重要的是，我会持续向农民普及有序卖粮的意识，还会在收粮后反复讲科学储粮的技巧和方法。

为什么卖粮一定要有序？打比方说，一个县有100万斤玉米，如果这个县的农民都瞅准了粮价高位卖粮，就会出现"踩踏"的情况，粮价不保。这既不符合农民的利益，也与市场规律相悖。因此有序卖粮非常重要，供需平衡，让市场慢慢消化，这才符合大多数人的利益。

就这样，我积累了一大批忠实粉丝。他们关注我的直播间，对我有着极致的信任。

我去粉丝家收粮或举办粉丝见面会，粉丝见到我的第一句话往往是"感谢快手平台，让我能认识贾胖子"，很少有例外。如果没有快手，我的知识和技能无法影响这么多人，农民也无法这么方便地获取知识，摆脱年年被坑被骗的状态。

有一个黑龙江的粉丝，是一位卧病在床20多年的大姐。她原本觉得自己是家里的累赘，对生活没什么希望，但在快手上关注我之后,她学会了很多种地卖粮的知识技巧,帮家人卖粮多挣了不少钱。我去回访她时,她整个人状态都不一样了。

2020年12月收粮结束以后,我特意在家办了3天酒席,邀请粉丝来家里做客。那几天陆陆续续来了几百人,大多是年纪大的种地农民,有人坐了一宿的火车,有人需要儿女陪着才能走长途,还有人走不动路,让儿女代替他们过来,就为了跟我道一声谢。

有这样一群粉丝,我怎么可能做对不起他们的事?

农民是我的粉丝,更是我的家人,农民的支持就是我前进最大的动力。我相信通过努力,我能为收粮行业带来一些正向改变,也希望未来能影响更多收粮人,一起将这个行业变得更透明,帮助农民过上越来越富足的生活。

2020年12月,贾胖子组织的线下粉丝见面会

第九章
苹果种植：300万苹果种植户的数字家园

中国至少有300万种苹果的农民，他们想种出好苹果，卖出好价钱。在数字时代，最偏远地区的农民也可以方便地得到技术指导，了解到大城市的消费者需求和苹果行情，并据此改进自己的产品和包装。

本章篇目

江苏小苹果：教种植、卖农资，带果农种出好苹果	322
上海沈老大：讲行情、找销路，帮果农卖出好价钱	333

果农的痛点

种植环节的痛点是不会种。

1. 种苹果树比种粮食难得多，如果不了解如何"剪枝、套袋、打药、施肥"，会导致无法"结果"。村上、镇上虽然也会举办种苹果树的线下培训课程，但常被果农认为太理论、不够实用，果农们主要靠自己边种边摸索。

2. 果农去村上、镇上的农资店买农药化肥，也常为价格虚高、不懂用什么药有效而犯愁。有时候，一种病要对应买七八种药，果农总觉得这钱花得冤枉。

销售环节的痛点是不会卖。

1. 没有销路。

果农们最愁的还是销路问题，除了等人来上门收购，不知道卖给谁。

2. 不掌握行情信息。

很多产区的信息不发达，果农与苹果经纪人是亦敌亦友的关系，果农很难了解到市场上真正的需求和价格。一旦对行情误判，错过了销售机遇，可能就会赔钱。

数字时代的解法

果农都有手机，在快手上会接触到教种苹果的主播。讲得好，果农就会停留在主播的直播间。因此，在好主播的直播间，会有越来越多的果农聚集，形成了全国性的社区。

1. 对果农来说，在快手上不仅能学到种植技术，还能获得信息和销路。果农受了教育，变得更聪明了。

2. 对农技师出身的优秀主播来说，在快手上教人种苹果，可以做成知识付费课程，还可以薄利多销地卖农资化肥。他的学生不再局限于一个县、一个产区，而是全国，只要技术过硬、产品优质，容易获得较为可观的收入。

3. 对果商出身的优秀主播来说，可以轻松联系到果农，形成稳定的供应，提升自己面对销售终端的谈判力。

主播还可以把消费者的需求直接反馈给果农，帮助果农针对市场需求，在品质和包装上优化升级。

整体而言，在数字时代，种苹果的果农离技术更近了，离消费者也更近了。当市场的信号可以更好地传递给果农的时候，果农可以更好地获得收入，中国苹果的质量提升速度也会加快。

江苏小苹果：
教种植、卖农资，带果农种出好苹果

> **要点**
>
> - 真正想靠种苹果致富，首先要种出好的苹果。帮果农带货卖苹果，只能解一时的燃眉之急，而苹果的定价权在市场，教果农如何种出精品果，才是根本。
>
> - 种苹果树比种粮食难得多，如果不了解如何"剪枝、套袋、打药、施肥"，会导致无法"结果"，乡镇里虽然有传统的线下培训课程，但常被果农认为不够实用。
>
> - 主播"江苏小苹果"在快手上讲解苹果树的种植技术，很多粉丝使用他的种植方法做到了增收增产，种出的苹果不氧化、价格高，收入比之前增长了3倍。

本文作者为快手研究院研究员刘冉。

小档案

快手账号：江苏小苹果（陈厚武）

快手ID：A-xiaopinguo

粉丝数：47.9万

籍贯：江苏丰县

垂类：农业

江苏丰县华山镇赵屯村的陈厚武今年43岁，有19年苹果种植经验。2019年春节后，他开始在快手上为老百姓讲解苹果树的种植技术，短短两年圈粉40多万。

小苹果在直播中讲课，课程名称为"怎样防治早期落叶病"

很多粉丝按照他教的种植方法，做到了增产增收，收入比之前扩大3倍。88元至129元不等的知识付费课程，从2019年11月起，江苏小苹果卖了约2万份，而买他课程的几乎都是农民。他们中有原来年收入七八千元的普通菜农，也有原本放弃果园进城打工的农民工，还有一些在其他行业里挣了钱然后进军农业的生意人。

与其他教种苹果的农业主播不同，有着本科学历的陈厚武，是典型的农业技术管理人员，他从 2016 年开始，就被大型农业企业、合作社聘为技术总监，曾在一家拥有 1 500 多亩果园的江苏农场负责技术管理工作。

与那些农药化肥企业的指导老师也不同，陈厚武本身就是果农，至今依然坚持下地亲自种植苹果树，晚上七点半直播为果农讲解果树知识。

◎ 以下为陈厚武的讲述。

我大学毕业后，回到家乡种苹果，很快就成了我们县里种植苹果的第一名，2006 年，我种的苹果就卖到了一斤 3.5 元的高价，当年一共卖了 10 万元。那时候，我感受到了种苹果可以真真正正改变我们农民的生活，由此立下目标——通过种苹果，改善家人的生活。

后来我又陆续在市里、省里拿到了果品大赛的金奖，并连续拿了好多年，成为当地种植苹果的明星。县里组建了果业协会，每年在县周边组织公益培训，我都是主讲人，讲果树种植的重点难点，比如剪枝、打药等。以前，受人员、场地等限制，县里组织的线下培训一场最多 300 人，每年十几次。

2019 年接触快手后，听我讲课的人数以万计，他们遍布全国,从西藏林芝、新疆阿克苏、云南昭通到东北三省都有,有三分之一的粉丝来自甘肃。

江苏小苹果的课,教会了全国各地数以万计的农民

	课程	价格(元)	购买人数(人)
苹果	修剪	99	5 290
	植保	99	5 063
	施肥	88	3 439
樱桃	修剪+植保+施肥	129	97
梨树	修剪+植保+施肥	129	485
桃树	修剪+植保+施肥	129	347
果树	植保升级	99	316
总计			15 037

注:数据截至2021年8月13日。

西北地区的经济整体不如南方发达,农民在村里鲜有打工的地方,他们学习果树种植的愿望最为强烈。村民们几乎都会下载快手,通过视频来学习种植技术。快手能打通扶贫的"最后一公里",我又由此立下坚定的目标——通过在快手上教大家种苹果,改善更多人的生活。

真正想靠种苹果致富,首先要种出好的苹果。帮果农带货卖苹果,只能解一时的燃眉之急,而苹果的定价权在市场,教果农种出精品果,才是根本。

想要种好苹果,归根结底要靠技术、人才。所以我要推广种植技术,推广能产出精品果的技术。

我国的精品果产量目前还远远不够。中国苹果种植面积全世界第一,产量占全世界一半,而出口占产量的3%不到。换句话

说，我们的精品果还不够自己吃。

日本、新西兰、美国是主要的苹果出口国，他们产出的苹果很多都是一个能卖上十几元的精品果。而我们的苹果价格，多数还在十块钱三斤左右徘徊。

精品果的口感更好，微量元素更高更丰富。为什么我们的精品果少？原因是以前除草剂、化肥用得太多，土壤有机质含量较上述出口国低不少。提高土壤有机质含量，我们至少还有20年的路要走。配合国家"两增两减"政策——增加有机肥、生物菌肥投入，减少农药、化肥的使用量，以此提高土壤有机质含量，我利用直播、线上课程等一直在宣传这样的用药方案，带领我的粉丝们走上精品果生产的道路。

2020年，我代表快手参加全国农村创新创业创意大赛，项目名字叫快手"培育+服务"现代化果农，获得了全国三等奖。我希望借助快手平台的力量，为中国果业的实力提升做些贡献。

3 位用户的访谈

快手研究院到江苏、甘肃，访谈了江苏小苹果的 3 位用户，以下为主要内容。

访谈一：果农"文婇卓越"

甘肃省定西市通渭县菜子村，家有 7 亩苹果园

我丈夫在世的时候，我们就一直都不太会打理苹果树，他走以后，我只好在每行苹果树的间隙，种些容易种的品种，如小麦、玉米、土豆等，拿到集市上去卖，一年收入 6 000 多元。农忙时，我去村里别人家果园打打零工，一天挣个 100 元左右，一个秋天下来也就 1 000 元。一年到头一天闲不下来，但生活还是很拮据。

我很想种好苹果树，但种苹果树可比种庄稼难多了。如果不了解如何剪枝、施肥、打药、套袋，就会导致无法结果；即使结了果，还会因为长斑长锈卖不出去；即使能卖出去，还会因为卖相不好、卖的时间点不对，卖不上价而赔钱。

有一天儿子帮我下载了快手，他想让我看看快手解闷。2019年七八月，我在快手上刷到了小苹果老师。他讲得真好："波尔多液，就像女人的防晒霜；结果的枝条，就像怀了宝宝的母亲。"我能听得懂，后来还花了200多元，报了陈老师的苹果树"修剪""植保""施肥"三门课。

那年，我第一次给苹果套袋。陈老师在课上说，不要急着脱袋，不然可能会返青。村里80多户，几乎家家种苹果。大家都脱袋了，只有我按老师的指导，还等着。结果村里很多人家的苹果都返青了，我家的苹果红得特别鲜艳。2019年，我家的苹果卖了8 000元。

从那之后，我也不跳广场舞了，每晚都听陈老师讲课，做好笔记。我还把记的笔记发到村里和乡里的妇联群里，想让乡里的农村妇女都能学到。她们可以在家里看孩子、看老人的同时打理好苹果树，让男人出去打工，家里有双份收入。

陈老师不仅教我们怎么种果树，还教我们怎么卖水果——何时卖才能卖到高价。2020年苹果丰收，我多亏听了老师的建议，10月苹果刚下来，就按一斤5.1元的价格，及时把摘下的6 000斤苹果全卖了，除去农药化肥的成本，2020年我净赚了25 000元。要是再晚一些，就卖不到这个价了。

我们村的另一位学员没听老师的建议，她把苹果放到冷库中存了一个冬天，到春节前不得不以一斤0.8元的价格卖掉，这一年不仅没赚到钱，还赔了。

"江苏小苹果"教授的普通年份卖苹果步骤
• 采收阶段，卖掉全部苹果的40%
• 春节，卖20%
• 清明节，卖20%
• 剩下的20%，存在冷库

陈老师讲课的时候说过，他最近15年对苹果市场走向的分析基本上没错过，他也经常帮我们果农联系客商，帮我们这些学员对接销售，这是我相信他的底气。

访谈二：果农"超越自我"

甘肃平凉市静宁县赵家老庄，苹果种植大户

我家果园有10亩多，但是过去产量一直上不去，没结几个果，卖不了多少钱，所以我对种苹果树就没那么大的兴趣。

我过去一直在外打工。快50岁的人了，一天，我因为年龄大，打工被雇主嫌弃，就下定决心要回乡种好苹果树。

2018年秋回到家里，在周围人的影响下，我也下载了快手，没过几天，我就关注了好几个种苹果树的老师，其中江苏小苹果老师教的内容更实际、更全面，我就一直跟着他学习。

修剪、施肥、打农药，是种苹果树最重要的几个环节。技术上，可以向陈老师学习；但农药化肥，我就是买不到老师制定的方案里的同款——要么买不到，要么是山寨版，价格还特别贵。

化肥农药领域乱象很多，这是农民最头疼的问题。很多人打着新型肥料的旗号，说着氨基酸、海藻酸、鱼蛋白等概念，把价格提高。农药化肥公司的销售代表给果农讲课，能感觉出很多人并没真正种过地，给出的方案比正常方案的化肥贵两三倍。

我相信陈老师讲的：果树生长，像人一样需要养分，就是氮、磷、钾等基本元素，传统的肥料就够了，没必要"用燕窝代替豆腐，来补充胶原蛋白"。

关键是很多贵的化肥不仅没什么作用，反而还对果树有害。比如有些复合肥，氯离子超标，对果树的根有致命性伤害，用了以后，多少年都养不回来。

果树最怕得的病就是落叶病，常见的落叶病有8种。很多农药公司聘请的老师讲课，一种病要对应买好几种药；而陈老师把它们归纳为"早期落叶病"，用内吸杀菌剂、保护杀菌剂这两种药就足够了。小苹果老师的这个方案，一斤药水的成本只有6分钱；按其他人出的方案，一斤药水要一毛五。

我们果农的抗风险能力很弱，换化肥渠道对我们来讲，是一件需要很大勇气、冒很大风险的事情。因此，我们也特别相信身边熟人的推荐，不太容易换农药化肥渠道。

可想而知，大家是有多信任陈老师，才会在他的直播间里买农药化肥。

我2019年11月开始学习陈老师的付费课，收获非常大，比如以前打农药时没有老师讲这么精细的课，病虫特别多，腐烂的苹果也就多。

2020年春，他开始带货卖农药、化肥的时候，当年要施的肥料的30%，我都是从他那买的。这一年，我10亩地结了5万多斤苹果，收入20万元。而此前，我在2018年卖了2万斤苹果，挣了6万元；2019年挣了8万元。

感受到陈老师实实在在的帮助，2021年春，我从老师这里买了更多的化肥，占到我这年肥料的70%。

访谈三：果农徐州王姐

在徐州丰县老家承包了100亩苹果园

"种地"这件事远比我一开始想象的难，专业种植方法要从头学起。最令人头疼的是，我不懂用什么药有效，也不懂价格是多少，自己也没有足够多的资源买果苗、农具，打药、施肥等。

一次偶然的机会，我认识了快手主播江苏小苹果，随后开始在快手上向他学习如何种植苹果树，每当遇到问题就翻看他的短视频或者直播，还购买了99元的专项课程。

通过学习和答疑，我学到了很多，果园经营迎来了转机，2020年赚到了70万元毛利，净利润大约50万元，还在徐州购买了一套房产。

我总结一下，小苹果老师帮到我最关键的几点。

一是把农资化肥领域的门门道道都摆到台面上来，让我们少被骗、少走弯路，也让行业里的骗子生存空间越来越小。在信息发达的时代，未来各行各业还是要靠真本事吃饭。

二是教我们种精品果，提高产量的同时提高质量。学习了小苹果老师的技巧，种出来的苹果不容易氧化，单价更贵，我赚到了更多钱。

接下来，我打算继续扩大生产，在更大范围实现农业产业化。

上海沈老大：
讲行情、找销路，帮果农卖出好价钱

> **要点**
>
> - 果农们通过看我的视频和直播来了解行情，知道苹果该什么时候卖。他们看懂了就及时销售，一家卖10万元、20万元的都有。
>
> - 很多地方出现"卖果难"。2020年在辽宁葫芦岛绥中，我帮果农卖了1 500多万公斤苹果，光用货车就拉了六七百车，惠及绥中县2 000多家农户。
>
> - 消费升级，消费者越来越挑剔，倒逼生产端革新。有快手主播引导，果农重视果品质量，提升商品意识，注重产品标准化和品牌打造。

本文作者为快手研究院研究员刘冉。

小档案

快手账号：上海水果大王-沈老大

快手ID：SDM1305888

粉丝数：30.5万

籍贯：安徽定远

垂类：农业

上海沈老大真名沈东敏，今年43岁，2004年到上海农产品中心批发市场（简称上农批）做水果批发。2019年起，沈东敏开始在快手上分享全国各苹果产区的产量、各大城市的需求和价格行情，迅速受到果农、果商的关注。很多果农靠着沈东敏的信息将出现"卖难"（指苹果滞销）问题的苹果销往全国各地。

慢慢地，找沈东敏的人越来越多。有的果农请他帮忙找销路，有的客商请他帮忙找苹果。沈东敏索性代理了全国多个产地的苹果，一部分转给其他客商，一部分卖给上海更多线下零售和餐饮渠道，还有一部分供给了快手其他带货主播和自己的快手小店。

◎ 以下为沈东敏的讲述。

我入行做水果买卖有21年了。2008年，我在上农批有了自己的档口——沈老大果业。

为了做出独特性，我把精力主要放在苹果上。我不断走访产地，引进各地不同等级、不同口味的苹果放在档口上试水。时间一久，我对各苹果产区的产量、销量和行情都能及时掌握。

我重点关注了全国 73 个苹果产地的情况，对当地每个村镇、乡屯的信息都了如指掌。比如，今年哪个县、哪个镇，甚至哪个村发生了自然灾害，是不是有倒春寒、上冻、冰雹，我都很了解，由此分析各地的产量，并预测价格行情。

沈东敏在自己的摊位上直播，分享苹果行情信息

我积累了 21 年的水果经销经验，痴迷水果行业，除了吃饭睡觉，我每天都在研究它。

我下载快手有五六年了。2019 年年初，我发了第一个讲苹果的段子。随着粉丝越来越多，我开了直播，主要讲全国各苹果产区的产量，全国各销售市场的需求，以及价格行情等。就这样，我成了一名知识分享型主播，一位名副其实的苹果行情分析师。

果农们每天晚上看我直播讲苹果行情

我的粉丝中，有一半是果农，剩下的就是果商，以及喜欢吃水果的粉丝，总之都是和我一样——热爱苹果的人。

苹果近几年的价格一直大起大落。2018年，北方的一场倒春寒，导致苹果大面积减产，收购价比往年高了一倍还多。2020年苹果大丰收，苹果价格也从高峰跌入低谷。

那一年，采取苹果顺销策略（指没有储藏，顺着市场价格销售出去）的人，都赚钱了；有些果农则出现了误判，认为后期会涨价，损失惨重。

当时，很多在我直播间听我讲行情分析和价格判断的人，都及时销售，避免苹果滞销带来的损失。

国内苹果最大的产区在黄土高原地区，当地很多村庄信息非常闭塞，都是等着传统的苹果经纪人来村里收苹果，除此之外，他们很少有其他渠道可以接触到市场上的信息。而果农与苹果经纪人的关系亦敌亦友，果农很难从苹果经纪人的口中了解到市场上真正的需求和价格。

自从有了快手，村里的很多"60后"，甚至"50后"，都在快手上关注了我。果农们看我的视频和直播，来了解行情，知道苹果该什么时候卖。他们看懂了就及时销售，一家卖10万元、20万元的都有。

我去陕西延安、甘肃平凉等地走访产地时了解到，果农们每天晚上看我直播，比看电视剧还上瘾，饭都不吃，也要看我讲苹果行情。有些年纪大的果农，坐着小马扎，十几个人一起看我的直播。

帮果农把苹果卖出去

近几年，由于全国大面积发展果业，苹果行业供大于求，几个主产区相继出现了"卖难"情况，果农从一开始的赚钱，变成了现在的赔钱。

这几年里，受到我直接帮助解决"卖难"问题的有上千人。

每到苹果成熟的季节，我都到全国各个苹果产区上门采购。像山东烟台，辽宁瓦房店、营口、绥中，山西临猗、临汾，陕西洛川，甘肃平凉、正宁，新疆阿克苏，云南昭通等地，每个地方每年我都要收购800万~1 500万公斤苹果。

2020年起，由于新冠肺炎疫情，苹果行业出口不畅、内需不旺，出现了严重的"卖难"问题，老百姓只能赔钱。

辽宁葫芦岛绥中是全国各个苹果产区中形成比较晚的，知名度还没有完全打开，去那里收苹果的客商比较少。2020年绥中苹果的价格从刚开始的一斤两元一路下滑，跌到几毛钱都没人要。

当地粉丝通过快手联系到我，我了解情况后，就带着团队去当地收苹果。一到那里，当地果业局举着横幅来欢迎我。2020年绥中这次，我帮果农们卖了1 500多万公斤苹果，光用货车拉就拉了六七百车。我给果农们的收购价是一斤1.5元，惠及了绥中县2 000多家农户。

陕西、甘肃一些果蔬产区的县市领导，都联系过我，我也去当地考察过。因为我帮助当地销售苹果，甘肃省庆阳市正宁县领导还特地来上海授予我"正宁苹果经销商"的牌子。

这些其实都要感谢快手，是快手为我提供了展示的平台，果农在快手上关注我，我才有了这么多货源。

货源多起来了，我就要想着怎么去扩大销售渠道，帮果农找销路。

一是连锁水果门店、大型商超需要不同等级的果实，尤其是优果，我就按需求配送到货。

我的线下渠道，遍布上海 500 家左右的超市、卖场和企事业单位。家乐福、卜蜂莲花、"果真多"水果大卖场等上海的各大商超，都是我的稳定客户。除此之外，上海飞机设计研究院（简称上飞院）、华为上海研发中心，以及上海 41 家中小学校的配餐水果，都是由我来供应。平均每天我要为这些客户供应 5 万斤到 6 万斤的水果。

二是电商发展迅速，我就与水果电商、直播电商主播合作，为其供货。

比如，我除了在自己的快手小店里挂出来以外，还会放在好物联盟上分销，给大主播们供货。在快手上，每年的旺季（从 11 月到春节），我要给各大主播供应 1 万斤左右苹果。

在快手上，很多主播是用一件代发的形式，果农从产地直接发货，并告诉消费者"坏果包赔"。在遇到售后问题时，我告诉果农要"退钱不退货"。因此，我提供的商品质量、售后体验才会赢得客户的认可。

三是下级批发商户拿货量小，我就尽量以最优惠的价格保证他们的利益，刺激他们的销量。

我通过快手，不仅帮助果农们解决"卖难"问题，我个人也在这一过程中收获了前所未有的成就感。比如，上海市政府为了奖励我扶贫助农的行为，允许我在上飞院、东方航空两家单位的大楼内开设果吧，不管我要水电房租费，只要我做好服务就行。

这些都是快手给我带来的影响力。

我也想着如何回馈社会。

上农批的商贩为果农代理水果，通常会收取成交额5%的代理费，毕竟我们每年都有摊位租金、人工等费用。但我帮快手的果农老铁们卖苹果，代理费收得很少，就是希望尽我所能帮他们一把。果农兄弟们太不容易了。

我一直以来的承诺是，当我的粉丝达到50万时，我一分钱佣金都不要，完全帮果农免费卖苹果。

帮果农提高商品意识，也引导消费者吃"阳光果"

消费在升级，消费者也越来越挑剔。放眼望去，超市里的水果琳琅满目，我们的苹果要怎样才能和外国进口的洋水果同台竞技？

第一，果农要抓品质，消费者要求苹果"好吃、好看"，因此倒逼了生产端的革新。

比如，快手上出现了江苏小苹果、陕西洛川潘晓平等教种植技术的老师，帮助果农提高果品质量。

第二，果农要有商品意识，做好产品的标准化，打造自己的品牌，才会有辨识度和客户的信任度，才能在市场上有自己的一席之地。

我的团队从分拣、包装、冷藏、运输等多个环节指导果农，帮助果农实现标准化。

我的团队对产地工人进行了统一培训，使其在采摘、分拣上有更强的商品意识。即使是一棵树上的苹果，也会根据果形、色泽、大小、品质、病虫害等情况分出7~8个规格，实现标准化。这样既充分提高了每棵果树的商品价值，也使每个规格的苹果都能对应相应的市场。

比如分拣环节，果农在接受我们培训前，10斤一箱的红富士苹果，总喜欢把个头大、表皮全红的苹果摆在箱子上面一层，个头小、表皮红面少的苹果摆在箱子下面一层。其实，消费者收到这样的一箱苹果，打开以后的体验非常不好：刚打开的苹果是好苹果，下面的则越来越差，就会认为下面一层的苹果是用品质差的滥竽充数。

而我们则要求果农把同一品种的苹果，按照大小、色泽不同进行装箱。大小方面，苹果按最大横切面直径由大到小分出几个规格，比如8厘米的分拣在一起，6.5厘米的分拣在一起。这样，一整箱苹果要么都是大的，要么都是小的。

我们还会将各个不同果径的苹果，按照不同外观指标分为特级果、一级果、二级果。比如色泽方面，特级果着色面（条红或片红）要大于或等于90%；果形指数方面，特级果的纵切面和横切面的比值要大于0.7。

包装材料方面，我也会指导果农们用什么样的网套。原来线下货只包一层网套，我告诉他们，电商货要包两层。

我们再把不同品质等级的苹果配以不同的包装。这些包装是我找设计师设计的，上面印有我们自己的Logo（标识）。

第三，关注市场上消费者需求的变化，向日本等国外进口的"高端果"学习。

比如，大部分苹果都是10月上市，能在8月上市的早熟品种产量不足10%。我建议老百姓多推出中前期就成熟的早熟果，上市时错开交易高峰，减少销售压力。

再比如，多用有机肥，提高土壤有机质含量；用一些无毒、低毒的农药；尽量多种一些"阳光果"，也就是不套袋的苹果。

关于苹果种植过程中的套袋问题，在行业内一直有争议，到底要不要套袋。

消费者喜欢高颜值的苹果，因此才有了苹果套袋技术，苹果套袋可防止农药污染，防止长斑长锈。

果农关注这个问题的主要原因在于：套袋的成本越来越高，纸袋子的价格每年都在上涨，而且套袋子、摘袋子都挺费人工的，财力、物力负担都很重，本来体力劳动就非常繁重的果农种得越多，越觉得不堪重负。

有些国外来的进口苹果，到岸价格比国产苹果还便宜，品质还比国产苹果好，原因就在于我们的苹果产区是以丘陵地形为主，机械化程度低，农村劳动力减少，人工费越来越贵，再加上套袋铺膜，种植成本远高于国外。

如果苹果不套袋、不铺地膜的话，单人力和农资这两项就能让苹果成本减三成，果农们都希望能够省去这个步骤。

套袋生长的苹果，味道其实并不好，因为都是只长到六七分熟，套袋硬捂出来的早产果。所以很多人会说，现在苹果没有小时候的果香味了。

虽然不套袋种出来的苹果，就是小时候的味道，但因为苹果上有锈斑和雹点，就是卖不出去，果商都不敢收。果商给的解释是：消费者只会挑好看的买，买回之后吃的才是味道。

其实给苹果套袋的方法最早是20世纪60年代日本人使用的。当年使用的农药较差，造成了苹果表面有斑点产生，且农药残留超标，不能满足出口的硬指标。为了改善苹果的质量，日本开始推广苹果套袋技术。后来，这项技术被引进到了中国。

中国苹果现在普遍使用套袋技术，但其实现在，日本已经实现了无袋化生产。不仅日本，美国、新西兰、意大利等苹果种植发达的国家都已经实现了无袋化生产，优果率达到了八成以上。

苹果套不套袋，其实都是消费者说了算，但消费者是需要引导的。

我曾经发起全国果农联名活动，在直播间里和各个线下渠道，宣传不套袋的"阳光果"。如果所有的终端销售渠道都能宣传起来，告诉消费者其实不套袋的苹果更好吃，那消费者的选择也是逐渐会被影响和改变的。

第十章
肉牛养殖：400万养牛农民的信息集散地

农民养一头肉牛能卖4万元左右，利润跟种10亩地差不多。养牛的收入高，但技术难，风险也大。过去，农民想学习养牛赚钱，是一件困难事。在数字时代，养牛农民汇聚起来，养牛的全过程，包括繁育技术、育肥技术、治牛病、市场行情等，都变得更透明。农民养牛的门槛降低了，更多农民通过养牛增加了收入。

本章篇目

满族格格明哥：快手降低了农民养牛的门槛	348
牛.生活：在快手上为农民普及养牛技术	356
东莞横沥牛行刘代军：在快手找到靠谱的牛源	362

中国的肉牛市场，2020年的规模在6 000亿元左右，还在增长。国内的养牛业不能完全满足需求，进口占了肉牛市场的25%。中国现有存栏肉牛8 000万头，约87%由农民散养。肉牛的生产分为繁育、育肥、屠宰等环节。过去，全国各地有大大小小的牛市，活跃着很多经纪人。在数字时代，肉牛产业迎来了新的机会。

农民养牛的痛点

繁育环节，指东北和内蒙古的农民买母牛，母牛产牛犊，养成400~500斤的架子牛（小公牛），卖给内地的农民去育肥。

这个环节有两个痛点：一是怎么养，二是养大了怎么卖。

1. 养牛是一个技术活。从牛的接生，到繁育、育肥和屠宰，每个环节都有不同的技术。另外，牛病的治疗、疫情的防控，更依赖专业知识。农民学习养殖，只能通过经验性的口口相传。

2. 把牛卖出去，也不容易。在传统牛市上，牛的定价完全依赖"牛经纪人"的评估。经纪人靠"吃差价"赚钱，农民少赚的钱，就是经纪人的利润。经纪人的信息比农民多，农民动辄被坑几千元。

育肥环节，指华北等地的农民收购架子牛，养大到1 500斤左右，卖去屠宰。

这个环节有3个痛点：除了上述两个痛点，还有如何买到好的架子牛。

屠宰场、活牛收购方的痛点

人们在菜市场买到的新鲜牛肉来自屠宰场。对屠宰场来说,获得稳定可靠的活牛供应来源至关重要。

但是,特别是在南方城市,因为活牛的供应往往来自北方,所以这不是容易事。大批量活畜经过长距离运输和多个交易环节,中间有不少坑,都容易造成收购方大笔金额的损失。

数字时代的解法

在快手上,与肉牛养殖相关的人自发聚集起来,形成了社区。突然间,信息透明了,信任成本降低了,上述痛点有了不错的解法。

1. 养牛知识得到普及。

养牛农民渴望得到养牛知识,这些需求在直播间聚集起来,催生了很多主播来提供服务。

这些主播有的是从业数十年的专业养殖户,有的是收牛、卖牛的"牛经纪人",还有的是专业看牛病的兽医。

这些主播,谁的服务好,就可以吸引更多养牛的农民。好的主播可以得到好的回报。

对于养牛农民来说,从视频和直播中学习养牛,没有任何门槛。他们可以养更多的牛,赚更多的钱。

2. 牛的买卖更加透明。

比如,"满族格格"明哥不仅卖牛,还向大家讲解牛的知识,讲价格,讲行情。农民学会了看牛的技巧,了解了牛在市场中的定价。慢慢地,农民在市场交易中信息劣势被逐渐消除,被坑的风险大大降低。

3. 活牛收购的透明度也提升了。

下面第三个案例提到的刘代军，是屠宰场的牛代理人。几年前，他去河北找牛的时候，无意中发现快手上有大量关于牛的主播和信息。正是在快手上，他结识了"牛人杰哥"，并由此建立起了值得信任、可靠的供应关系。

整体而言，原来线下的市场靠大量的经纪人进行连接，缺点是市场透明度和信任度不够，存在很多"坑人"行为。

在数字时代，这些有痛点的环节聚合起来，造就了更透明高效、更容易建立信任的新市场，让农民养牛和卖牛更方便，从而大大激发了农民的养牛积极性，提高了收入。而供给端的增加，也提升了消费者的福利。

小贴士

长期以来，北牛南运是我国肉牛产业链的基本格局。东北、内蒙古是我国传统的繁育牧区，农民把牛犊养成400~500斤的架子牛，卖给内地的农民进行育肥。负责育肥的农民把牛养到1 500斤左右，然后卖去屠宰。

养殖西门塔尔牛是全国范围内的趋势，这种牛出肉多。吉林省是全国最早引进西门塔尔牛的地区之一，也是最早进行西门塔尔牛改良的地区之一。吉林绝大部分的肉牛是西门塔尔牛，而且品种最纯。纯种牛长得快、长得大，普通牛能长到1 000斤，吉林的西门塔尔牛最多能长到1 500~1 800斤，这几百斤就是1万多元的差价。

如今，像河北、山东这样的养殖大省，包括四川、贵州这样的南方省份，大部分的肉牛是来自东北和内蒙古的西门塔尔牛。

满族格格明哥：
快手降低了农民养牛的门槛

> **要点**
> - 以前我联系一个客户，又是打电话又是踩场，不仅效率低下，还要额外付出旅途成本。现在，我只要往直播间里一坐，100多名潜在客户就在那里。我的客户遍布全国各地，规模比以前扩展了几十倍。
> - 随着养牛门槛降低和市场透明化，吉林有些农村的养牛覆盖率能达到70%~80%，几乎形成了家家户户养牛的局面。

本文作者为快手研究院研究员郭森宇。

小档案

快手账号：满族格格

快手ID：VX15944471338

粉丝数：33.2万

籍贯：吉林伊通

垂类：农业

在营城子镇，明哥是最出名的养牛人，他的快手账号"满族格格"已经积累了30多万粉丝。他每晚准时开播，为农民解答买牛和养牛过程中遇到的难题，下播后，通常会有几十个粉丝与明哥联系，找他买用来育肥的架子牛。

营城子镇位于吉林省四平市，这里有东北非牧区最大的黄牛交易市场，这里交易的主要是架子牛。每天有络绎不绝的货车，将这些小公牛运送到全国各地，再由那边的农民养大到成年肉牛。

明哥（右）带客户看牛

明哥的直播，将牲畜交易市场"搬"到了线上。明哥有两个养殖场，但生产的架子牛跟不上客户需求，因此，明哥也在当地收牛，卖给粉丝。现在，明哥每月都能通过快手卖500~1 000头牛。

◎ 以下为明哥的讲述。

我父亲是个专业的养牛人，我从小耳濡目染，学习了很多养牛知识。父亲开了一家规模不大的养殖场，2002年我退伍回家时，家里有十几头牛。之后，我接手了父亲的养殖场，过上专业"养牛人"的日子。

开养殖场并不难，我主要的任务是，买来繁育用的母牛，生出牛犊，养大成架子牛，然后卖给外地的农民。他们再将架子牛养大到成年。只不过，那时我家的生意仅仅限于营城子镇范围，小打小闹，跟开小卖部没什么区别。

一直以来，山海关以南对优质牛犊的需求很大，但我们这些养殖户怎么找到南方的客户，南方的客户如何快速找到我，一直是困扰双方的难题。过去，信息闭塞，结识外地客户很困难，只能在网上不停地搜索、发帖，寻找潜在客户。比如，听说河南某县某乡镇有家肉牛养殖场，或浙江某县有个养牛合作社，我就坐火车过去实地考察，到了那边再四处打探具体位置，费时费力。

那时去外地跑一趟，能结识三四个客户就很不错了，获客效率很低。2005年春节前，我坐火车，从长春一路站票到河南洛阳，结果一个客户也没找到。返程时赶上春运高峰，又是站票，我站到精疲力竭，差点在火车厕所间边上睡着。

提供最好的服务，是我的立身之本。为了服务好客户，我推出了一整套服务体系。客户在我这里买牛，有完善的售后服务；买够多少头牛，我就提供终身售后服务。

当时很多人不懂怎么养牛，比如牛运回去怎么适应环境、牛生病如何治疗、母牛难产怎么办、牛长大了怎么卖等。每一个客户，我都会长期保持电话联系，免费帮他们解决这些问题，离得近的还会上门服务。

久而久之，我的口碑慢慢树立起来，回头客越来越多，销售范围也从东北扩展到了河北、山东等地，还有不少南方省份。我也扩大团队，招聘了几个兽医，保证给客户提供及时的售后服务。

用快手之后：销量比以前扩展了几十倍

2015年，我开始玩快手，起初我没想到能通过快手卖牛，只是单纯地记录生活。我媳妇是满族人，"满族格格"这个名字是为我女儿起的，头像也是我女儿的照片。

2017年开始，我尝试着在快手上发一些养牛的视频，评论区有不少人留言咨询养牛技术，还问我卖不卖视频里的牛。我发现，人们对养牛知识的需求非常高，而且，我还真的跟不少客户建立起了联系。从那以后，我开始坚持拍段子，逐渐积累起了粉丝。我意识到，快手能为我带来更大的价值。我的知识和经验有了用武之地，我的牛也有了更广的销路。

我把传播养牛知识、提供优质服务作为立足之本。我认为，首先是要让粉丝们在我这里学到知识，其次才是结识客户、达成交易。无论粉丝买不买牛，我每天的直播一定是无偿为大家传递养牛知识。

在养牛这个圈子内，我的直播间人气很高，每次下播后都有很多粉丝问我卖不卖牛。如今，我的客户遍布全国各地，规模比以前扩展了几十倍。以前联系一个客户，又是打电话又是踩场，不仅效率低下，还要额外付出旅途成本。现在我只要往直播间里一坐，100多名潜在客户就在那里。一场直播下来，打电话想买牛的平均有三四十人，至少能成交数单。

夏天是交易淡季，我平均每个月卖200~400头牛；到春秋交易旺季，每个月能卖近1 000头牛。这在过去是完全无法想象的，快手给我的生意带来了彻底的改变。

提供更好更专业的服务，不辜负粉丝的信任

养牛是一件存在一定门槛和风险的事，很多人对如何养牛和治牛病并不了解。比如在买牛时，如果不懂甄别好的品种，很容易被牛贩子"坑"；牛生病了治疗不及时，很可能会死掉。我通过快手直播把这些技巧和方法讲出来，普通农民也能学会。

一旦养牛赚到了钱，农民自然想要扩大养殖规模。看过我直播的人，他们买牛时大概率会首选在我这里买。这就是积累信任的过程。

我的客户一般都是看我讲养牛知识看了很久，对我有了充分信任，才会到我这里买牛。这也倒逼我为粉丝提供更好、更专业的服务，不能辜负粉丝的信任。

明哥办公室里，挂着快手粉丝送的锦旗

有一次，我给快手粉丝运送牛。没想到收牛时有牛得了肺炎，我没有分辨出来，在运输途中一车牛都被感染了，当时车开到了河北，路上就死了四五头牛。

这次经历对我的触动很大。我意识到，我的经验和知识都是通过实践得来，从来没有受过专业的兽医培训。平时我在直播间给老百姓的牛看病，都是一些常见的小病。一旦遇到牛的脑炎、肺炎这样复杂的大毛病，以我的能力是无法处理的。

从那以后，我下定决心，每年花上万元学费跟着不同的兽医学习专业知识，目前已经学了3年多。有的兽医特别会看牛蹄，有的兽医精通肺炎，有的兽医会看牙病，我要保证自己有足够的专业性，涵盖到牛的各个部位、各种病症，就得跟很多人学。

现在，我已经是一名比较专业的兽医了，牛的大病小病基本逃不过我的眼睛，粉丝对我的信任度自然越来越高。

快手让市场变得透明，降低老百姓养牛的门槛

养牛是个传统的行业，快手平台的出现，让我看到这个行业发生的巨大变化。

我小的时候，养牛的主要是老年人，每家顶多有一两头牛，主要用来辅助种地，没有太大的经济价值。现在有更多年轻人养牛了，大家更多地把养牛当成一桩可以发家致富的买卖，让牛脱离了农耕属性。

这主要得益于，快手直播带来了知识的普及和信息的透明化，极大地降低了老百姓养牛的门槛。

过去我们在农村养牛，经验基本来自同村养牛户的口口相传。但这种方式存在两个问题：一是真正有经验的养牛人不多，知识传播的范围也很有限；二是经验性的知识专业度不足，作用有限，可能能治小病，但一旦遇到大病或疫情，很难准确判断病情并对症下药。

此外，过去比较缺乏肉牛养殖科普，市面上能找到的指导材料，很多是大部头的兽医专业书，对于老百姓来说理解门槛太高。再加上，养西门塔尔牛对技术要求更高，很多传统养牛技术已经落后，农民需要更精细化的知识指导和科学养殖方法。

快手为农民搭建了一个沟通和交流的平台。在东北打开快手同城页，教养牛、养猪的主播比比皆是，像我这样在直播间与粉丝连麦问诊的主播也很多。农民每天刷着快手，就能跟专业养牛人"面对面"交流，只要多听多看多学，就能学会基础的养殖技术。

普通用户懂行了，整个市场就会逐渐变得透明。

在吉林，过去农民不懂牛，很难判断一头架子牛的价值，一头品相好的架子牛与一般的架子牛，价格能有几千块钱的差距。农民如果牵着自家的牛去市场上卖，很容易被牛贩子忽悠几千块钱。老百姓害怕被忽悠，养牛的积极性自然降低了。

如今，很多主播每天在快手直播间同步市场最新牛价，还教大家如何分辨西门塔尔牛的品质。这样一来，牛的价格、行情都是相对透明的，谁也骗不了谁。

我举一个真实的例子，在我刚开始做直播的时候，很多牛经纪人都会找到我，让我不要再讲了。为什么？因为我在教老百姓看牛。过去信息不透明到了什么程度呢？我们在市场上交易活牛，必须把手伸进对方的袖子里谈价，因为每一单交易都是秘密的博弈过程。

现在，袖口里谈价在市场上再也看不见了，所有的卖家和经纪人都可以扯着嗓子喊价。

随着养牛门槛降低和市场透明化，我个人觉得吉林农村的养牛覆盖率在不断提高，这几年应该能达到70%~80%，几乎形成了家家户户养牛的局面。现在我为外地的客户代购架子牛已经不用去牛市了，因为80%的牛都在散户手上。

农户养几头牛，收入就等于种几十亩地，相当于一年的收入直接翻番，我觉得这是一件帮助农民增收的大好事。没有快手为大家提供信息的话，这个局面很难实现。

牛.生活：
在快手上为农民普及养牛技术

> **要点**
>
> - 学习养牛技术的渠道非常有限，快手作为养牛人的圈子，是养牛新手获取知识的重要渠道。
> - 持续输出优质科普视频，邀请专家共同直播，把快手号打造成养牛人的论坛。
> - 以快手为抓手，推进线上与线下的联动，用产品思维推动养牛流程的标准化，带动农民致富。

本文作者为快手研究院研究员郭森宇。

小档案

快手账号：牛.生活

快手ID：1833631342

粉丝数：70万

籍贯：内蒙古通辽

垂类：农业

◎ 以下为"牛.生活"的讲述。

我是内蒙古通辽人，大学毕业后一直在南方打工和创业，前两年因为创业失败，我回到了内蒙古。

我有一个养牛的亲戚，他鼓励我、带着我养牛，于是我抱着试一试的心态，开始学习养牛。慢慢地我有了一些积蓄，又借了一些钱，买了一百多头牛，就这样，在2020年4月，我正式开始了第二次创业。

说实话，养牛是一件有门槛的事，把一头牛养大，会涉及方方面面的问题，新手养牛难免一头雾水。

过去我们学习养牛，就是从养牛老手那里学习经验，但一方面养牛高手并不多，另一方面，他们拥有的都是经验性的知识，并不成体系。

现在，我从0到1搞懂怎么养牛，就是通过快手学来的。对我们养牛人来说，快手就是一个养牛人的圈子，全国各地养牛的人、卖饲料的人，还有买牛、卖牛的信息，都在快手上能找到。通过看快手，我慢慢对养牛行业入了门。

自己做快手，打造养牛人的论坛

在学习过程中，我发现快手上的知识存在碎片化的问题。一方面，主播段子里的知识并不成体系；另一方面，快手上有很多主播科普，但是每一个主播的方法和配方都有可能不一样，这很容易让初学者陷入混乱，不知道听谁的才好。

主播牛.生活（右）与专家共同开直播

针对这个问题，我开始自己去拜访一些养牛行业的专家和老师。同时，我还注册了自己的快手号，把我学习和创业的过程通过视频记录下来。

我主要拜访三类人。第一类是在快手讲养牛知识的主播；第二类是专业养殖群体；第三类是兽医和专家，包括养牛方面的博士、院士，从他们那里学习专业的知识。

我始终站在一个养牛人的角度，分享我的学习、创业经历。我会把老师的话，结合我自己的所学所想，用最简练的语言说出来，录成视频发布在快手号里。

牛.生活在线下沙龙做免费培训，讲牛配种的知识

这样一来，我影响了很多养牛人，尤其是像我一样返乡创业的新人，大家看了我的视频，很容易与我产生共鸣。我的粉丝在一年时间里涨到了66万。

现在，我的视频评论区，逐渐成为养牛人交流学习的论坛。我一直坚持拍中长视频，每一期视频都有足够的内容，每一期的内容都能引发大家的讨论和思考。我也一直坚持回复评论，在我能力范围内跟大家共同探讨问题。

慢慢地，不少人开始通过快手联系我，希望到我的养殖场参观学习。一开始，每天都有从全国各地到我这里来的粉丝，有时候一天都能来两三拨人。后来我产生了举办线下沙龙的想法，通过组织线下沙龙，大家能够在同一时间集中过来，一起学习。

就这样，我陆续组织了6场线下沙龙，一共有200多人次参与。每一期我都会请几位老师，给大家免费做培训，并组织大家开交流会。

第一，我会讲一讲我返乡创业这一年我养牛创业的一些心得，还有对这个行业未来的一点思考；第二，讲我们在养牛过程当中怎么避坑，怎么买好牛；第三，讲牛的常见疾病预防跟治疗，以及牛场建设、品种选择、品种改良等技术。

我的初衷很简单，希望能够传播最准确的养牛知识，通过共同学习和探讨，和志同道合的养牛人一起进步。

用产品思维打造养殖学习通道，推动养牛流程标准化

我陆续做了6期培训，每一期都在不断地迭代和优化。虽然大家都很有收获，但随之而来的问题是，我们学习到的东西如何落到实践上？

于是，我产生了做标准化产品的想法。

我希望把这一年多来学习到的知识，梳理出一套名为"牛的一生"的产品。简单来说，就是将养牛的方法进行标准化，就像肯德基、麦当劳的员工手册，任何人拿到手里，都可以按照标准化的方法养牛。

在此基础上，我开始筹备养牛线下社区，取名为"生活社"。我觉得，有实体、有肉眼可见的效果，才会有说服力。

我把我的牛场做成了"生活社"的第一个样板实验牛场，把所学的知识，包括标准养殖场所需要的硬件、软件、数据管理技术，都应用在了我的牛场中，待我的牛场良性运转起来后，就可以将我的模式直接复制给他人。

现在，我在快手开了3个矩阵账号，每个账号定位不同方向

的内容，我希望通过快手让更多人看到我们正在做的事，让越来越多的人加入我们。

未来，我会继续通过快手把我们的样板牛场宣传推广出去，也会坚持我的科普工作，让大家能共同学习，共同进步，共同富裕。

东莞横沥牛行刘代军：
在快手找到靠谱的牛源

> **要点**
> - 广东是国内热鲜牛肉需求量最大的地区之一，而广东的肉牛供给基本依赖于北方源源不断的输送。
> - 肉牛供应商是广东肉牛市场必不可少的角色，但供应商很难在北方找到稳定的牛源和值得信任的经纪人，这是这个行业长久以来的痛点。
> - 快手是一个信息集散地，大大提高了代理商找牛的效率，刘代军通过快手找到了不少合作伙伴。

本文作者为快手研究院研究员郭森宇。

东莞横沥牛行刘代军的生意,是为东莞的屠宰场供应活牛。而这些活牛远在2 000公里外的华北地区。

刘代军遇到的主要挑战,是如何找到稳定的牛源,并找到靠谱的经纪人。在过去,这是一件效率很低的事情。

2018年,刘代军用了快手,发现快手就像一个很大的信息集散地,他的合作伙伴,大部分是通过快手找到的。

开往广东东莞横沥牛行的运牛车

◎ 以下为刘代军的讲述。

我是四川人,十几年前就来到广东打工,做肉牛屠宰起家。后来,我开了一家屠宰场。2012年起,为了扩展业务版图,我在广东横沥牛行做起了贩牛的生意,到现在已经做了9年。

热鲜牛肉，就是刚刚屠宰的、最新鲜的牛肉。广东是国内热鲜牛肉需求量最大的地区之一。我估算过，目前东莞的所有屠宰场每天要宰 200 多头牛，深圳和广州分别是 400 多头，佛山在 300 头左右，单这 4 个城市，差不多每天需要 1 200 头牛。

但是，广东本地不产牛，广东的肉牛供给基本依赖于北方的输送。

东莞横沥牛行，是北方活牛运输到广东后的中转站。在横沥牛行，最热闹的时候是每天的凌晨，运送活牛的车到了牛行卸牛后，牛当即就要被重新装车运载到各个屠宰场，以此保证早市、商超的热鲜牛肉供应。

肉牛供应商的难处

我是屠宰场的肉牛供应商，主要负责为屠宰场提供育成活牛。肉牛供应商这个角色，在广东肉牛市场是必不可少的。

中国的育肥牛基地大部分在华北地区，距离广东有 2 000 多公里。上游的牛如何跟下游的屠宰场和市场连接起来，就靠像我这样的肉牛供应商来实现。

自己做采购的屠宰场一般会亏本。为什么屠宰场自己不做采购？原因很简单，一方面他们不会挑牛，另一方面，他们很难找到稳定的供应链。此外，活牛的长途运输有很多不可控因素，需要完善的后勤保障，还要承担长账期带来的资金链风险。屠宰场本身无法承担这么多工作。

当然，做代理商并不容易，我们这一行有很多困难和痛点。

首要困难，就是找牛源，这是一件非常辛苦的事情。过去，牛源集中在河北、内蒙古这些地方，我这个南方人在北方人生地不熟，哪里有靠谱的养殖户，哪里有经纪人，只能依靠在网上搜到的一点蛛丝马迹去找线索，既辛苦，又低效。

其次，找到牛源后，还要找到当地靠谱的经纪人合作。第一，我不可能常年待在北方，我在当地需要找到中介帮我挑牛、运牛；第二，屠宰场的需求是长期稳定的，单一的养殖场不可能满足持续供应的需求，所以我需要的牛源很分散，无论是养殖场的牛还是散户手里的牛，都需要熟悉当地的牛经纪人帮助我找。

所以，这一工作的关键，就在于找到一个靠谱的牛经纪人，一旦建立了成熟稳定的合作关系，我给屠宰场供牛的工作就不再有什么大问题。但是，这并不容易，因为我与经纪人的合作，只能依靠信任维系，而找到一个真正值得信任的人，需要经历多次的博弈、试错和踩坑。

牛是一件高价值的商品，一头牛的单价在3万~4万元，从北方拉一车的牛回来，一次少说也要30~40头，那么这一车的货值基本在100万元以上。我们这个行业还有一个规矩，就是寄付现结，牛过了磅装了车，把钱当场结算给养殖户才能运走。

这样一来，我的风险非常大。一方面，牛按重量给钱，我不在现场，那牛过磅的时候经纪人会不会做手脚？经纪人会不会给我挑品质不好的病牛？这些事情我都碰到过，损失很大。另一方面，一旦我把钱转给了经纪人让他代付，他会不会卷钱跑掉？这种事情我也遇到过，那次亏了100多万元。

所以，对于我来说最重要的事，就是找到稳定的牛源，并找到靠谱的经纪人。2020年一年，我的流水有1.6亿元，但纯利润只有80多万元，可见这个活儿多难做。

在快手找到信任的生意伙伴

2018年，我单枪匹马去唐山找牛。

唐山有很多养殖户，基本都散落在农村，因为唐山在平原地带，我常常一到农村就迷路，搞不清方向。在唐山，我也没有人脉，找了很长时间都没有找到心仪的养殖场。

那时候，每天晚上我只能睡在农户家的牛棚里，一到晚上，也没有什么娱乐，只能在牛棚里看手机，刷快手。

机缘巧合下，我第一次发现，附近不少人会发关于牛的视频，拍摄的人会在视频里说他有牛卖，卖的牛品质怎么样、卖多少价钱。

当时我就尝试发私信，问到了几个卖牛人的电话，马上加微信、发位置，第二天就能找到。

行内人都知道，在唐山的农村如果能碰到一个南方人，大概率就是收牛的。

通过快手上寻找线索，我挨家挨户地去跑，效率越来越高，找得越来越精准，对方一见到我，一听口音也知道我的来路，就这样，我在唐山很快建立起了我自己收购育肥牛的圈子。

在唐山，我陆续找到了十几个牛经纪人，但几年下来，只留下来了两个长期合作的靠谱伙伴，其中一个，就是在快手上结识的杰哥。

杰哥有20多年的养牛经验，算是养牛人中做快手比较早的一批人，他自己有一个规模很大的育肥牛场。每晚七点，杰哥都坚持直播，跟大家讲一讲养殖技巧，也会收牛、卖牛。

我看了杰哥的直播有一段时间，觉得这个人说话中肯，人品不错，就尝试联系他，去他的农场看一看。很快，我们就成了很好的朋友。

杰哥做事，说一不二。举一个真实的例子，2020年的时候，牛价涨得很快，价格不太稳定，有一次我在杰哥那里订了货，提前谈好了价格，一斤16.5元，结果到了装车的那天，牛价涨到了18元不止。

你算一算，一头牛都是1 000多斤，一斤涨一块钱的话，我一头牛就要多花1 000多元，一车40头牛，我要多赔进去4万多元。但没想到，杰哥还是按照谈好的价格给我发车了，当时我人在广东，这件事情还是别人转告给我的。从此，杰哥就是我认定的能够绝对信任的合作伙伴。

屠宰场的账期很长，我从屠宰场拿到钱一般都要一个多月的时间，到9月，我还在给我的经纪人结算7月的尾款。我们的一笔账，基本都是几十万元、上百万元，这么大的数额拖欠一个多月，没有信任，是不可能实现的。

我很感谢快手，快手就像一个很大的信息集散地，我的合作伙伴，大部分都是通过快手找到的。现在，我已经有了比较稳定的供应，虽然我不需要再像过去一样四处找牛了，但也还会在快手上看看直播，了解牛的行情，对我依然有很大的帮助。

我的好友杰哥也算是快手养牛主播中比较头部的了，我觉得，大家都有一双明亮的眼睛，谁的口碑好、谁有诚信，大家心里都有一杆秤，杰哥这样的人在平台上脱颖而出是必然的。

第十一章
农机维修：全国养农机农民的新社区

农机维修难、维修贵，一直是农民的痛点。在数字时代，当全国有痛点的农民聚集成社区，农民可以方便地学到农机知识，远程得到维修指导，还能以更好的价格买到零部件。

本章篇目

小董：内蒙古、广西的客户都来找我修拖拉机	373
刘二胖：放到网上后，行业价格信息透明了	379

全球最厉害的农业机械化在美国？错了，其实是中国黑龙江。黑龙江的农业机械化程度达到了 98%，高出全国平均水平 30 个百分点，大型农机装备拥有量全国第一。但凡当地还在种地的农民家里，至少要养上两台拖拉机、收割机。

但是，农机维修保养网点密度小、专业技术人才匮乏，一直制约着我国农用机械在农业中的作用发挥。

养农机的普通农民的痛点

过去，一个农民在遇到农业机械故障问题时怎么办？

1. 自己不会修理，也找不到人帮忙。

农业机械维修是个技术活，很多农民自己不会维修，只能在线下求人找农机维修师傅，但春耕或天气不好要抢收的农忙时节，农民只能排号，因为周边的师傅根本不够用。

2. 线下找师傅，花的时间长，费用高。

拖拉机/收割机坏一个小时，耽误好几亩地的农活儿，可能农民就会损失几百块、上千块钱。东北、新疆、内蒙古等主要粮食产区地广人稀，很多时候修理师傅来回一趟就要几个小时，不算维修费用，给师傅的跑腿费少则一百元，多则数百元。

3. 没有好服务。

一些修理师傅年纪大、脾气暴躁、喜欢刁难人，让农民求着他。有些黑心商家还会在维修中偷换零件，或者虚报费用"宰客"，这让很多农民觉得"农机维修没好人"。

农机维修师傅的痛点

1. 农机维修有极强的季节性，只有在春耕和秋收的农忙时节，活儿才会比较多，平时客户很少。一个东北主要粮食产区村镇的农机维修需求，只能养得起两三家农机修理铺，并且这几家还要分别负责不同的修理领域，有的是发动机，有的是电路，有的是轮胎。

2. 维修师傅想要去服务邻镇的客户，距离太远，来回油钱就要几百块，客户不愿意来，也不愿意给上门的师傅多付费。

数字时代的解法

快手平台出现后，全国养农机的农民和农机维修师傅聚集到了同一个社区。很多农机维修师傅在快手上开号，通过短视频和直播的形式，讲解农机具相关知识，甚至通过直播连麦的形式，指导老铁修理农机。

对于养农机的普通农民来说：

1. 打开快手就能学，能找到人帮忙。

农民朋友能够通过观看维修师傅的短视频和直播，自己学会怎么进行农机修理；如果需要帮助，连麦就能找到师傅请教怎么维修。避免了农忙时节找不到人帮助，或者为一次维修付出过多时间、金钱成本。

2. 有了更好的服务、更放心的产品。

在直播间里教人维修，修的结果的好坏，接受了直播间里几千个粉丝的监督和评判。如果农民在主播这里买的零配件质量不好，就会在公屏上留言投诉，粉丝们都能看到，主播很容易翻车。

对于农机维修师傅来说：

1. 在快手上帮助老铁修理农业机械、讲解农机具相关的知识，打破了地域的限制，服务的客户比原来实体店多得多。

  2. 靠卖农机零配件获得收入。一场直播的销售额可能就会超过过去实体店一个月的销售额，所以主播师傅多采取薄利多销的策略，为买卖双方都带来实惠。

小董：
内蒙古、广西的客户都来找我修拖拉机

> **要点**
>
> - 农民遇到农机故障时怎么办？过去自己不会修理，在春耕秋收的农忙时节，只能在线下求人找维修师傅，还得排号，师傅根本不够用。
>
> - 线下找师傅时间长、费用高。师傅来回一趟就要几个小时，耽误好几亩地收割，损失上千元钱。有些商家还会在维修中偷换零件，让很多农民觉得"农机维修没好人"。
>
> - 农民朋友能够通过观看小董的短视频和直播，自己学会怎么修农机；如果需要帮助，连麦就能找到小董请教怎么修，避免了农忙时节找不到人帮忙。

本文作者为快手研究院研究员刘冉。

小档案

快手账号：电器搬运工小董

快手ID：dongqilong

粉丝数：240万

籍贯：黑龙江依兰

垂类：农业

◎ 以下为小董的讲述。

我的家乡是哈尔滨市依兰县三道岗镇。这是一个农业小镇，粮食种植条件很好，交通也便利，但老百姓并不富裕。

初中毕业后，我到三叔在镇上开的电器修理铺，开始鼓捣农机电器。20岁那年，我当掉母亲留下的金镯子、金项链，东拼西凑了2.6万元作为启动资金，在镇上开了家自己的农机修理铺，开始了第一次创业。店面比较小，资金也不够，常常连吃饭的钱都没有，兜里从来不超过20元钱。

我就这样干了4年，第一年挣了2万元，第二年挣了3万元，第三年挣了4万元，日子一天天好起来。

挣了钱，我就想着扩大再生产，我发现，不仅是镇里，整个依兰县有着广阔的农机修理市场。2016年，我向亲戚朋友借了20多万元，备货秋收。但我没有想到，其他镇的农民很少有人愿意开两个小时的车来我所在的三道岗镇买零部件、修农机。另外，我只有一个人、一双手，一天也只有24小时，想去服务几十公里外的客户，也分身乏术。

眼看二三十万元的农机配件堆在库房里如同废铁，我急得患上了"焦虑症"。医生让我放松心情，我就每天刷快手。

2018年国庆节后，我开始在快手上发自己修理农机的短视频，到春节时就涨了30多万粉丝。2019年春节过后，我开始在快手上直播卖车灯，一天卖出2 000多元的货，赶上了我实体店铺半个月的销售额。到2021年8月，我的粉丝已超过200万，直播间同时在线人数最高达到1.4万人，不仅黑龙江，整个东三省，还有内蒙古、河南，甚至有广西的客户都来买我的货。

小董正在为农民修理水稻插秧机

我在直播里不仅卖货，还会抽出一半时间与粉丝连麦，线上指导他们如何修理农机。

有一次，一台内蒙古的大型悬地车坏在地里，电线掉了，车主王大爷怎么也接不上，而售后维修人员要隔天才能赶到。王大爷想到了平时经常观看的我的直播间，就跟我现场连麦，通过视频，我迅速找到了问题关键，仅用20分钟就指导王大爷修好了。

还有一次，一辆拉木材的小四轮停在山里打不着火，夜里快 11 点了，车主也想起了我，赶紧现场连麦，我就教他怎么修，过了一会儿，终于把车打着了。

像这样连麦救援、教学的例子数不胜数。粉丝都说，请我帮忙，通过线上，跨越了地域限制。他们农忙时节经常找不到修理师傅，有时即使找到了师傅，不光要花很多钱，还要为一次维修来回在路上跑半天。通过快手找我，就能克服这些困难。

这些也让我认识到自己工作的意义，直播间的另一头是真实的老百姓，不是数据，他们有学修拖拉机、买农机零部件的真实需求，我要对得起老百姓对我的这份信任。

所以，别人问我涨粉秘诀是什么，其实就是：用心做快手，并且坚持下去；别拿老铁当傻子，以实为本。

用户访谈：内蒙古王大爷

快手研究院访谈了小董的用户王大爷，以下为主要内容。

◎ 以下为内蒙古王大爷的讲述。

我是种玉米的，养了 7 台农机，每年购置和维修费用十几万元。大型收割机一年至少修 2 次，小四轮拖拉机修 2~4 次。请师傅来家里，维修费最低 200 元，还不算更换零部件的费用。

从 2020 年秋天开始，我一直看小董的短视频和直播，学习农机修理知识，也连麦提问过。我现在掌握了农机电路维修的基本知识，小毛小病不用找师傅，自己就能修。农忙时节时间最宝贵，以前收割机坏在地里，工人在旁边干等着，我都要赔死了。

小董老师还将农机修理的过程搬到网上，告诉我们什么情况下才需要换零部件，每个零部件大概多少钱，让价格信息更透明。以前我经常被黑心商家漫天要价，明明不需要换整个发动机，维修一下小零部件即可，但由于我们农民不懂，常常被宰。

因为信任小董老师，所以零部件我都在他这儿买。他卖的零部件比我们这边的实体店便宜三分之一。实体店 35 元的小车灯，小董老师 21 元就包邮到家。2021 年，我在小董老师这儿买配件花了 1 000 元左右，比去实体店节省了 400 多元。

农民种地不容易，每年的种子价格、农药化肥价格，还有雨水多寡、霜来早晚，都决定着这一年的收成。以玉米种植为例，一亩地丰收的玉米收入 1 000 元，除掉植种、化肥、农药等费用，赚不到 700 元。在我们镇，一户村民也就十几亩地，一年也就 1 万元左右收入。所以年轻人很少留在家里种地，都出去打工了。

这还没有算农机购置、租赁、维修保养的费用。玉米种植要经历"播种—植保—收获—干燥"4 个环节，每个环节要用到一两种农机，全流程下来会用到七八种农机。凡是还在种地的家庭，每家少的会养两台农机，一台大收割机和一台小四轮。租几百亩地的种粮大户，一般会养四五台农机，甚至更多。

就算是家里只有两台农机的玉米种植户，一年的维修保养费用也得 8 000 元左右，其中包含零部件的替换、维修的人工费等。通过小董的视频，我们普通老百姓可以学到知识，能自己修的就自己修，找别人修时也能少花一些冤枉钱。

养两台农机的玉米种植户每年农机维修保养支出

小 四 轮：	每年 500 元，用于换机油、换轮胎
大收割机：	每年 7 000 元，用于发动机、电路、电焊、轮胎的保养和维修
	◎发动机+易损件：5 000 元
	◎电路：500~1 000 元
	◎电焊：1 000 元
	◎轮胎：1 000 元
	◎工具：500 元

刘二胖：
放到网上后，行业价格信息透明了

> **要点**
>
> - 老百姓在农机投入上要精打细算，买一台大型二手农机动辄十几万元，而换一台二手发动机只需要几千元。普通老百姓需要的是这种可以帮他们降低成本、提高效率的东西。
> - 农机维修行业价格参差不齐，线下修理市场一直被老百姓诟病"水很深"。但放到网上以后，行业价格信息更透明了。
> - 我卖一台二手发动机也就挣几百块钱，老百姓也都认，这比线下实体店便宜多了，但我可以薄利多销。

本文作者为快手研究院研究员刘冉。

小档案

快手账号：三道岗镇东方红配件中心

快手ID：A15045298666

粉丝数：5.2万

籍贯：黑龙江依兰

垂类：农业

刘二胖32岁，8年前在镇上开过饭店，因经营不善倒闭了。2020年秋，在小董的引导下，他开始通过快手卖二手发动机，不到一年时间，已服务了数百位农机车主。

小董说，至少有30人被他带动，成了农机维修主播。来自三道岗镇电报村的刘二胖就是其中的一位。

◎ 以下为刘二胖的讲述。

我和小董修的不一样，他主要是修电路的，而我主要是修拖拉机的发动机。我也是把修理的过程发到网上，让大家免费学。

另外，我也在快手上当中间人，把一些二手的拖拉机发动机卖给有需要的老铁。农机投入要精打细算，一台大型的二手农机动辄要十几万元，而换一台二手发动机只需要几千元。

其实咱们大多数普通老百姓，需要的是这种可以帮助他们降低成本、提高效率的产品。以前他们不知道上哪找，现在多亏有了快手平台。现在来自东三省、内蒙古、河北，甚至广西的客户，都来找我换发动机。每个细分领域都有主播服务好老铁，老铁也离不开快手了。

另外，农机维修行业价格原本是参差不齐的，线下修理市场一直被老百姓诟病"水很深"，但是放到网上以后，行业价格信息更透明了。卖一台二手发动机，我也就挣个几百块的辛苦费，老百姓也都认，这比以前线下实体店少多了，但我可以薄利多销。